변순복과 함께하는 모세오경 여행 ②
아담에서 셋 그리고 노아

창세기 4-6장

변순복과 함께하는 모세오경 여행 ②
아담에서 셋 그리고 노아 (창세기 4~6장)

초판 1쇄 인쇄 2018년 7월 26일
초판 1쇄 발행 2018년 7월 30일

지은이 변순복
펴낸이 김정희

펴낸곳 하임(the 하임)
등록일 2017년 9월 14일

등록번호 816-91-00330
주소 서울시 마포구 성암로5길 12 101동 1301호
전화 02-307-1007
팩스 02-307-1009
이메일 chaim1007@hanmail.net

디자인 하연디자인

ISBN 979-11-962203-9-6 94230
ISBN 979-11-962203-1-0 94230(세트)

* 책 값은 뒤표지에 있습니다.
* 잘못된 책은 교환하여 드립니다.
* 이 책은 (주) 서울덴탈 대표이사 고세훈님의 후원으로 출판되었습니다.

변순복과 함께하는 **모세 5경** 여행 ②

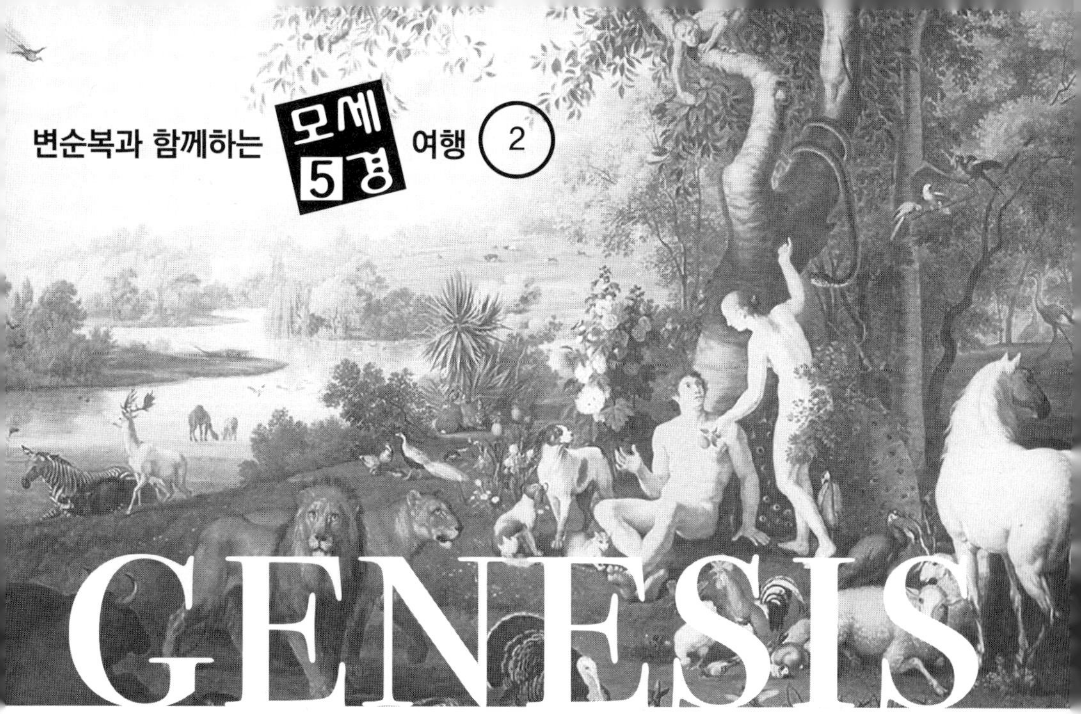

GENESIS

아담에서 셋 그리고 노아

창세기 4-6장

변순복

하임 THE BOOKS

목차

본서를 읽는 독자 여러분께 • 6
토라 연구로 들어가는 길 • 9
창세기 • 22
창세기를 여는 글 • 27

창세기 4장 • 31
창세기 5장 • 117
창세기 6장 • 173

참고문헌 • 270
부록 1 유대인 절기 달력 • 272
부록 2 히브리어 알레프 베이트의 문자 변화의 역사 • 273
부록 3 히브리어 문자의 발음 • 274
부록 4 모음 부호의 발음 • 275

본서를 읽는 독자 여러분께

～✧～

　본서는 성경 가운데 처음 다섯 권인 토라(오경)를 절별로 읽어가며 하나님께서 말씀하시는 세미한 음성을 듣기 원하는 하나님의 사람들을 위하여 기획하고 편집하였습니다. 그래서 본문의 내용은 가능한 한 쉽고 평이한 문장과 용어와 단어를 사용하려고 노력하였습니다.

　본서는 성경을 대신하는 책은 아니며, 성경을 읽는 독자와 함께 하나님의 말씀 속으로, 함께 여행하기 원하는 사람들을 위한 여행 안내서입니다. 하나님이 말씀하시는 하나님의 음성을 함께 들으며, 하나님께서 우리가 이루기 원하는 것이 무엇인지 깨닫고, 그것을 함께 이룰 수 있는 지혜와 방법을 찾는데 도움을 주는 돕는 배필이 되려고 합니다. 그리고 하나님이 말씀하신 하나님의 뜻을 함께 이루어가도록 힘을 주는 든든한 버팀목이 되기 원합니다.

　성경을 연구하는 분들은 토라(오경)를 삶의 원리라고 합니다. 구약 성경을 히브리어 성경으로 보면, 표지의 제목부터 세 부분으로 나누어져 있다는 것을 쉽게 알 수 있습니다. 히브리어 성경은 표지에 오경, 선지서 그리고 성문서 라고 쓰여 있습니다.
　성경을 세 부분으로 나눈 것은, 하나님의 사람들에게 하나님 앞에서 바르게 사는 삶의 원리를 가르치는 '토라'와 원리를 교육하는 '선지자들'과 원리를 배운 대로 자신의 삶에 적용하는 방법을 보여주신 '성문서'를 가르치기 위함입니다.

토라(오경)는 하나님께서 사람들에게 삶의 원리를 가르치기 때문에 많은 사람들은 토라를 '율법'이라 부르게 되었는데, 이는 세상의 '법'과 구별하기 위하여 '율법'이라 부른 것입니다. 그러나 토라를 '율법'이라 부르는 것은 좋지 않아 보입니다. 토라는 사람을 규제하거나 속박하기 위한 법규범을 말하는 것이 아니기 때문입니다.

토라는 사람이 이 세상에서 '바르게 사는 방법', 즉 '삶의 원리'를 가르쳐주는 책입니다. '삶의 원리'란 영적 생명을 공급받는 것을 의미합니다. '토라'는 '생명나무'라 부르기도 합니다. 토라는 하나님을 모르는 사람들에게 영적인 생명을 불어넣어 주어 하나님의 사람으로 거듭나게 하며, 거듭난 생명이 자라는데 필요한 영양소를 공급하여주는 '생명나무'입니다. 그래서 현자는 말하였습니다. '하나님께서 토라를 주신 목적은 바로 모든 사람들이 토라가 되는 것이다.' 생명나무인 토라로부터 모든 영적인 영양분을 공급받아 영적으로 날마다 더 강건해지는 하나님의 사람이 되어, 세상에 사는 사람들에게 바르게 사는 삶의 원리를 보여주는 토라가 되시기 바랍니다.

이러한 소망을 가지고 '변순복과 함께하는 모세오경 여행'시리즈를 시작하게 되었습니다. 이제 그 두 번째 책을 세상에 내 보냅니다. 우리 함께 생명나무요, 삶의 원리인 '토라'의 두번째 장을 열며, '토라'여행을 함께 떠납시다. 한 절, 한 절 함께 여행하며 영적인 떡과 음료를 마시는 하나님의 사람이 되어, 이 세상에 하나님이 살아계시는 것과 하나님이 지금도 일하시고 계심을 증거 하는 증인의 삶을 살아가는 하나님의 사람이 되시기 바랍니다.

    이 책이 출판되기까지 도와주신 여러분들께 진심으로 감사를 드립니다. 강의할 때마다 녹화를 담당하신 이좌신 목사님, 그리고 녹화된 것을 하나 하나 들어가며 한 자도 빠뜨리는 것 없이 녹취해주신 임형진 목사님이 계셨기에 이 책의 원고가 만들어 질 수 있었습니다. 그리고 원고를 반복하여 읽어가며 꼼꼼히 수정하여 주신, 김현진 전도사님, 황지현 선생님께 감사드립니다. 그리고 히브리어를 한자한자 입력하여 주신 정인용 목사님과 송은영 전도사님께 감사드립니다. 무엇보다 이 책을 출판하는데 기도와 격려와 물질로 후원해주신 (주)서울덴탈 고세훈 사장님과 조경화 사모님께 감사드립니다.

    그리고 편집과 디자인을 맡아 수고해 주신 하연 디자인과 기쁨으로 출판을 맡아 주신 더 하임 출판사 사장님과 이사님께 감사드립니다.

    또한 가까이서 기도하며 격려하며 위로해 주시는 뿌리와가지교회 정관창 목사님, 탈무드 에듀아카데미 상임이사 정현옥 목사님과 모든 이사님과 감사님께 감사드립니다.

    그리고 늘 옆에서 용기와 격려와 기도로 도와준 나의 돕는 배필 변정숙과 아빠를 응원해 주는 아들 보안, 며느리 래진 그리고 하삐(할아버지)하며 달려와 기쁨을 안겨주는 손자 요셉에게 지면을 빌어 감사를 전합니다.

변순복

토라 연구로 들어가는 길

❦

성경이란 무엇인가?

성경이라는 말은 영어로 바이블 Bible이다. 이것은 헬라어 비블리온 βιβλιον에서 온 용어로 초기 랍비들이 성경이라는 말 대신 사용한 '책들'이라는 의미의 히브리어 하쓰파림הספרים을 헬라어로 번역한 단어에서 유래한 것이다. 랍비들이 성경을 부르는데 사용한 또 다른 하나의 용어는 키트베이 하코데쉬כתבי הקדש이다. 이것은 '거룩한 기록물'이라는 뜻이며, 또 다른 성경교사 랍비들은 미크라 מקרא 곧 '읽음'이라 부르기도 하였다. 성경을 미크라 מקרא라 부른 이유는 성경은 반드시 읽어야 하는 책이지, 책 그 자체로서 의미가 있는 것이 아니라는 것이다.

그러면 현대 유대인들은 성경을 무엇이라고 부르는가? 일반적으로 현대 유대인들은 성경을 타나ㅋㅎתנ״ךלובְ 부른다. 그 이름은 그들이 구약성경을 크게 세 부분으로 나누어, 각각의 이름을 '토라תורה', '너비임נביאים', '커투빔כתובים'이라 부르는데, 그 세 단어의 머리글자를 따서 만든 두문자어이다. 한국어 성경을 유대인이 나누는 방법으로 나누어 보면 '토라'는 '오경'을, '너비임'은 '선지서'를, '커두빔'은 '성문서'를 말한다. 즉 오경을 말하는 토라의 'ㅌ'과 선지서를 말하는 너비임의 'ㄴ'과 성문서를 말하는 커투빔의 'ㅋㅎ'을 가지고 만든 새로운 단어로 'ㅌ'과 'ㄴ'에 모음부호 'ㅏ'를 붙이고 'ㅋㅎ'은

창세기 4장 | **9**

따라 오도록 하므로 '타나ㅋㅎ'라는 단어가 만들어졌다.

그러나 한국어로 성경을 표현할 때는 '구별된 경전'이라는 의미로 '성경'이라는 한자 용어를 차용하여 사용하고 있다.

토라란 무엇인가?

'토라'는 물론 다양한 의미를 가지고 있다. 유대인들은 일반적으로 토라라는 용어를 성경 전체를 가리키는 말로 사용하기도 하며, 좁은 의미로는 오경을 가리키기도 한다. 그러나 일반적으로 유대인들이 토라라는 용어를 사용할 때, 구전 토라(Oral Torah)와 성문 토라(Written Torah)를 모두 가리키는 아주 폭 넓은 의미로 사용하는 것이 보통이다.

그러나 비 유대인들, 특히 기독교인들은 '토라'라는 용어를 일반적으로 '율법 Law'이라는 의미로 사용하고 있다. 그러므로 인하여 많은 오해를 불러왔다. 히브리어 성경을 헬라어로 번역한 성경을 70인 역이라 한다. 70인 역 번역자들이 '토라'라는 히브리어 단어를 '율법'이라는 헬라어 단어 '노모스 νόμος'로 번역한 데서부터 오해는 시작되었다. 그러므로 본서는 토라를 좁은 의미로 사용하는 것이 아니라, 성경의 처음 다섯 책, 즉 오경을 지시하는 말로 사용할 것이다.

왜냐하면 토라는 처음부터 다섯 권의 책이 아니라, 한 권의 책인데 '오경'이라는 말로 사용하여 '다섯 권의 분리된' 책으로 보는 입장의 용어이기 때문이다. 그러나 창세기, 출애굽기, 레위기, 민수기, 신명기는 한권의 책인 '토라'를 편의상 다섯 부분으로 나누어 놓은 부분의 이름일 뿐이지 각각은 구별된 책이 아니다.

인쇄술이 발달되지 않은 시기에는 하나님의 말씀을 파피루스에 기록하였다. 파피루스에 기록된 토라의 방대한 분량은 오늘날의 가장 얇고 좋은 종이에 인쇄된 토라와 비교할 수 없다. 파피루스 토라는 우리가 상상할 수 없을 만큼 방대한 양을 가지고 있었을 것이다. 그러므로 토라를 운반하거나 보관하는데 힘들었을 것이다. 시편 또한 150편의 노래로 이루어진 방대한 책이므로 다섯 부분으로 나누어 편리하게 사용한 것과 마찬가지다. 토라 또한 다섯 부분을 비슷한 양으로 나누어 보관하고, 편리하게 사용하였던 것이 5권으로 나누어지게 된 유래이다. 그래서 70인 역은 토라를 '다섯 두루마리'란 의미로 '펜타튜ㅋㅎPentateuch'로 번역하였다. 그 결과 한글 성경에서도 오경이라는 이름을 가지게 되었다. 위에서 언급한 대로 본서는 오경이라는 용어 대신 토라라는 용어를 사용하고자 한다.

믿음의 책인 토라

토라는 성경이 광대하고 다양한 광물과 물질적인 자원을 풍부하게 가지고 있는, 거대한 산 속에 진귀한 보석이 묻힌 큰 광맥이라고 할 수 있다.

사람들은 어느 누구를 막론하고 자기 앞에 진귀한 광맥 표지판이 나타날 때 흥분하지 않을 사람은 없을 것이다. 때로는 높고 험한 언덕이 앞을 막을 때면 낙심하기도 할 것이며, 나무가 없는 사막 같은 길을 걸어야 할 때면 어서 이 거대한 산을 나오고 싶기도 할 것이다.

그러나 그 광맥을 따라 산속을 여행하는 것은 아주 진지하고도 흥미로운 일이 아닐 수 없다.

어떤 때는 눈앞에 나타난 아주 좁은 길, 좁지만 아주 귀한 보석이 있다는 것을 알려 주는 빛이 있어 가보고 싶은 길이 있으나, 선뜻 용기가 나지 않는 길이 있는데 이것이 바로 성경이라는 거대한 산 속에 제일 앞부분에 자리 잡고 있는 '토라'라고 할 수 있다.

토라는 그 광맥을 따라 걸으면서 다양한 광물과 물질적 자원의 풍부함을 더 확실하게 보여주는 빛을 비추어 주는 길이라 할 수 있다. 영원한 생명을 주는 생명수가 있어 한 번 마시기만 하면 영원히 죽지 않는 물가에 독자 여러분이 서 있다면 얼마나 황홀하겠는가!.

토라는 믿음의 좁은 길을 제시하는 책이다. 영원한 생명을 주는 생명의 근원이 담겨있는 책이며 또 그 길을 제시하는 책이다. 그러므로 토라는 하나님을 믿는 신앙인들이 우주와 인간과 하나님을 찾아 만나는 비밀의 길, 유일한 길을 제시하는 믿음의 책이다.

성경연구의 중요성

내가 주의 법을 어찌 그리 사랑 하는지요! 내가 그것을 종일 묵상 하나이다. 주의 계명이 항상 나와 함께 하므로 그것이 나로 원수보다 지혜롭게 하나이다. 내가 주의 증거를 묵상하므로 나의 명철함이 나의 모든 스승보다 승하며 주의 법도를 지키므로 나의 명철함이 노인보다 승하니이다.(시편 119:97-100)

성경은 무엇을 가르치는가?

벤 조마(Ben Zoma)는 말하기를, "현명한 사람은 모든 사람으로부터 배우는 사람"이라는 것을 강조하였다. 성경을 연구하는 사람은 성경 속에서 다양한 사람들을 만난다. 그때 그는 만나는 모든 사람들로부터 다양한 것을 배우게 된다. 때로는 해야 할 것과 하지 말아야 할 것을 배우게 된다.

여러분은 왜 성경을 배우고 연구합니까?

성경을 연구하고 배우는 이유는 배운 대로 삶에 적용하기 위함이다. 그러므로 성경을 읽고 연구하는 사람은 성경에서 배운 대로 삶을 살아야 하는 것이다. 그러므로 성경을 배우는 이유는 배운 대로 행하는 삶을 살기 위함이다.

선민의식이 강한 유대인들에게 성경이 무엇을 가르치느냐고 묻는다면, 그들은 선뜻 대답하기를 "성경은 사람이 이 세상에서 바르게 사는 방법을 가르치는 책이다"라고 대답한다. 다시 말해서 성경을 연구하므로 이 세상에서 어떻게 사는 것이 바르게 사는 것인지 알게 되며, 하나님께서 그 자신에게 요구하시는 것이 무엇인지 알고 그 뜻을 이루어 드릴 수 있는 능력을 얻게 되는 것을 의미한다. 또 하나님과 동행하는 삶을 살 수 있게 되는 것 이것이야 말로 형통하는 삶이며 풍요로운 삶인 것이다.

기독교인에게 성경이 무엇을 가르치느냐고 묻는다면 무엇이라 대답할지 궁금하다. 특히 성경 공부에 열심인 우리나라 기독교인들에게 묻는다면 어떤 대답을 할 것인가?

성경은 단순하게 읽혀지는 책이 아니다. 세상에 있는 많은 책들이 어떤 정보나 지식을 제공하는 것처럼 읽는 사람들에게 정보와 지식만을 제공하는 책이 아니다. 성경은 그 이상의 것을 제시하며, 그 이상의 것을 요구하는, 살아있는 인격적인 말씀이다. 그러면 이 인격적인 말씀이 무엇을 가르치는지 성경에서 그 대답을 찾아보자. 독자는 먼저 답을 찾아 기록한 다음 아래에 나오는 답을 읽는 것이 좋을 것이다.

첫째, 성경은 읽고, 배우는 사람들에게 무엇을 믿어야 하는지에 대한 답을 제공하고 가르친다.

둘째, 첫 번째 질문의 답을 찾은 사람, 즉 무엇을 믿어야 하는지를 올바르게 깨달은 사람이 이 세상에서 어떻게 살아야 하는가에 대한 답을 성경은 가르친다.

다시 말해서 성경은 이 세상에 사는 사람들이, '하나님'을 '믿어야 한다'는 것과 이 세상에 유일한 신은 '하나님 한 분 뿐이라'는 것을 가르치는데 이러한 말씀을 모아서 '교리'라 하며, 다른 말로는 '신조' 또는 '신경'이라 한다.

그 다음에 그 한 분 뿐이신 하나님을 믿는 사람들이 이 세상에서 어떻게 살아야 하는지를 또한 가르친다. 이러한 삶의 기준이며 표준이 되는 '가르침'을 '계명'이라 하는데, 어떤 이들은 이것을 '율법'이라 부르기도 한다. 그러나 본서는 이 용어보다는 '가르침' 또는 '교훈'이라는 용어로 사용하기를 권한다.

성경의 언어

하나님만을 믿어야 한다는 진리의 말씀을 연구하기 위하여, 먼저 성경을 기록하는데 사용된 언어를 아는 것이 중요하다. 구약 성경은 대부분 히브리어로 기록 되었으며 일부분이 아람어로 가록되었다. 히브리어와 아람어는 같은 셈족 언어에 속하는 언어이다. 셈어는 '히브리어', '아람어', '아랍어', '아카드어', '이디오피아어'로 다섯 종류가 있다. 이것들 중 현재 살아있는 언어로는 성경이 기록된 '히브리어'와 코란이 기록된 '아랍어'이다. 이들 중 구약 성경의 언어는 '히브리어'와 '아람어'이며 신약성경의 언어는 '코이네 헬라어'이다.

특이한 것은 '히브리어'는 자음 문자로만 구성되어 있고 모음이 없는 언어이다. 또한 대문자, 소문자가 따로 없는 언어이다. 그러므로 초기 구약 성경을 기록할 당시에는 히브리어 자음 문자로만 성경을 기록하였다.

물론 현재 우리가 가지고 읽고 있는 히브리어 성경은 히브리어 모음 부호가 있다. 이 모음 부호는 마소라 학자들이 만든 부호로 후대에 성경을 연구하는 사람들이 성경을 편리하게, 바르게 읽을 수 있도록 돕기 위해 모음 부호를 만들어 첨가한 것이다.

그러므로 현대에 히브리어를 배우는 사람들은 모음 부호를 가진 히브리어 성경을 가지고 읽기 때문에 모음이 없는 언어라는 것을 이해하지 못할 수도 있다. 그 이유는 히브리어 교재들은 한결같이 '모음'이라는 용어를 사용하고 있기 때문이다.

그러나 고대 히브리어 사본들은 모음 부호를 가지고 있지 않다. 그러면 하나님의 감동하심을 입은 사람들이 성경을 기록할 때, 하나님은 왜 모음이 없는 언어인 히브리어를 선택하였을까?

랍비들의 설명에 따르면 성경을 읽을 때 단지 눈으로 문자만 읽는 것이 아니라, 마음으로 생각하면서, 그 말씀의 의미를 묵상하면서, 하나님의 뜻을 찾기 위하여, 마음을 다하고 뜻을 다하고 힘을 다하여, 사모하는 믿음을 가지고 읽어야 한다고 한다.

토라연구의 가치

히브리어 성경은 세 부분으로 나누어지는 것을 이미 살펴보았다. 유대교에서 랍비들은 성경이 하나님의 말씀이라며 토라, 선지서, 성문서 모두가 중요한 것이기 때문에, 세상에 있는 다른 어떤 것과도 비교할 수 없는 보화라고 가르친다.

그러나 가치와 거룩의 정도에 차이를 두는 것을 볼 수 있다. 오경을 원리라 하여 가장 귀하게 보며, 선지서는 원리를 가르치는 가르침으로 본다. 그러므로 선지자들의 가르침이 원리인 토라에 위배되면 그 가르침은 거짓이 되는 것이다. 그리고 성문서는 원리를 따라 가르침을 받은 대로 적용하는 삶의 현장이라고 한다. 삶의 자리는 하나님 말씀의 원리를 배우는 자리이어야 하며, 또한 배움을 받은 대로 실천하는 자리가 되어야 한다.

그러므로 유대교의 교육 목표 중 가장 중요한 것은 "교육은 실천하기 위한 것이다(Learning is doing)"이다. 그러므로 성경을 배우는 것은 삶 가운데 실천하기 위함이다. 장소가 어디든지 성경을 교육하는 목적은 성경을 배운 사람들이 성경이 가르치는 방법대로 살아가도록 인도하기 위한 것이다.

그러므로 성경은 이 세상의 어떤 것보다 귀중한 가치가 있는 것이다. 하나님을 믿는 사람에게 있어서 가장 중요한 것은 하나님의 말씀이다. 그러므로 이 말씀을 배우고 연구하는 것은 더욱 중요하다.

한 상가의 주인이 한 사람을 고용하여 창고에 있는 재고를 파악하고, 재고의 가격이 얼마나 되는지 조사하라 하였다. 주인은 그에게 아주 좋은 전자계산기를 주었는데, 불쌍하게 그 사람은 최신형 계산기를 사용하는 방법을 몰랐다. 사용 설명서 또한 자신이 이해할 수 없는 언어로 기록되어 있어서 그 계산기는 무용지물이었다.

이와 마찬가지로 하나님의 말씀은 있는데 말씀에 대하여 무지하다면 말씀은 능력을 나타내지 못한다. 또한 말씀을 배우고 연구하여 머리로만 안다면 그 또한 모르는 것과 다를 바 없다.

말씀을 배운 후 말씀을 알고 행하지 않는 것은 무지한 자라고 성경은 가르친다.

그러므로 누구든지 나의 이 말을 듣고 행하는 자는 그 집을 반석위에 지은 지혜로운 사람 같으리니 비가 내리고 창수가 나고 바람이 불어 그 집에 부딪치되 무너지지 아니하나니 이는 주초를 반석 위에 놓은 연고요 나의 이 말을 듣고 행치 아니하는 자는 그 집을 모래 위에 지은 어리석은 사람 같으리니 비가 내리고 창수가 나고 바람이 불어 그 집에 부딪치매 무너져 그 무너짐이 심하니라(마 7:24-27)

그러므로 유대교 랍비들은 성경 그 자체보다 성경을 연구하여 아는 것이 중요하며, 또 아는 것보다 성경에서 말씀하고 있는 대로 실천하는 것이 더 중요하다고 가르쳤다.

실로 토라를 연구하는 것은 왕관을 얻는 것보다 더 귀한 것이다. 토라를 연구하는 것(지혜)은 진주보다 귀하다고 성경 잠언 3:15에 기록하였다. 이러한 결과로 유대교에서는 성경을 연구하는 것이 예배라고까지 한다.

토라를 연구하는 것을 통하여 인격적인 하나님을 만나고, 하나님의 말씀을 알고, 하나님의 임재를 온 몸으로 느끼며, 말씀을 따라 하나님과 동행하는 삶이 곧 삶의 예배이다. 그러므로 토라를 연구하는 것은 세상의 어떤 것보다 귀중하고 중요한 일이다.

토라 연구는 토라를 연구하는 사람의 삶을 보장한다.

토라 연구는 하나님을 진실로 믿는 사람의 미래를 보장하는 보증이며, 하나님의 인감도장과 같다. 어떠한 환경에 있을지라도 토라를 연구하는 것은 아주 중요한 일이기 때문에 중단할 수 없는 일이며, 토라 연구는 바로 삶의 자리인 것이다.

아주 재미있는 이야기가 있다. 여우 한 마리가 강변을 거닐고 있었다. 여우는 강 속에서 물고기가 떼를 이루어 이리 저리 다니는 것을 보고, 그들에게 물었다. "너희들은 무엇으로부터 자유를 누려?" 물고기들이 대답하길, "우리는 우리를 잡기 위해 사람이 쳐놓은 그물에서 자유해."라고 하였다. 여우가 다시 물고기에게 "애들아, 땅 위로 올라와서 나와 함께 평화롭게 살지 않겠니?"하자, 물고기가 대답했다. "우리가 살 수 있는 환경에 두려움이 있는 것은 사실이야, 하지만 물을 떠나서 우리는 살수 없어, 그리고 물은 우리의 집이야. 너는 참 어리석구나! 우리가 물을 떠날 수 없다는 것을 모르니!"

마찬가지로 사람들이 사는 세상 또한 두려움이 있으며, 악한 것들이 쳐놓은 그물이 수 없이 많이 있다. 그렇다고 다른 곳에 가서 살 수 있는가? 물고기가 물을 떠나서 살 수 없는 것과 같이 하나님이 우리를 부르시기 전까지 이 세상을 떠날 수 없다.

그러면, 어떻게 사는 것이 현명한 것일까? 하나님의 말씀을 연구하고, 배우고 또 배운 대로 실천하는 삶을 살 때에 하나님은 우리의 피난처가 되시고 보호자가 되시고 목동이 되셔서 우리와 함께 서 계시는 것이다.

네 하나님 여호와를 사랑하고 그 말씀을 청종하며 또 그에게 의지하라 그는 네 생명이시오 네 장수시니 … (신 32:20)라는 말씀과 같이, 토라를 연구하고 따르는 것이 연구하는 사람의 미래를 보장한다.

오직 토라를 연구하므로 토라라는 거울을 통하여 우리는 누구이고, 어디에서 왔고, 어디에 살고 있으며, 또 어디로 가고 있는지를 분명히 알게 된다. 또한 앞으로 우리가 어디로 가고, 거기에서 어떠한 사람 즉 어떻게 변화될 것인지 알 수 있다. 그러므로 토라 연구만이 삶의 보장이다.

토라는 토라를 연구하는 사람의 삶의 방법을 변화시킨다.

하나님은 토라를 연구하는 사람들로 하여금 변화가 일어날 것을 기대하신다. 토라를 읽고 연구하는 사람은 하나님을 만나게 된다. 하나님을 만난 후에는 변화된 삶을 살아야 한다.

다른 나라는 몰라도 한국 교회의 양적인 부흥과 발전은 어느 나라도 따를 수 없는 속도로 빠르게 성장해 왔다. 또한 열정적인 성도들의 신앙심은 전 세계를 놀라게 하였고 많은 사람들에게 지대한 영향을 끼친 것은 부인할 수 없는 사실이다.

그러나 현재 한국 교회의 실정은 많은 사람들로부터 비판의 대상이 되고 있으니 참으로 아이러니한 일이 아닐 수 없다.

성경공부에 열심인 나라, 하나님의 일에 열심인 나라, 세계에서 제일 큰 교회가 있는 나라, 가는 곳마다 예배당을 세우는 나라, 그리고 세계에서 유일하게 새벽 기도가 있는 기도하는 나라, 기도하는 성도가 아닌가. 그런데 왜 교회성장이 둔화되고 나라는 점점 더 부정과 부패의 숲으로 빠져드는지, 모든 믿는 자들이 함께 생각하고 함께 고민하며 풀어가야 할 중요한 과제로 남아있다.

손봉호 교수가 지적한 대로 세상의 소금이 아니라 교회당 창고 안에 쌓여져 있는 소금이기 때문인가? 물론 창고에 있는 소금은 제 맛을 낼 수가 없다. 세상에 나가서 녹아져야 소금의 효력이 나타나는 것이지, 창고 안에 그냥 쌓여 있어서는 안 된다. 소금이 세상에 나가 녹아져서 그 효력이 나타나는 것처럼, 성도들도 말씀에서 배운 대로 세상에 나가 그대로 살게 될 때, 하나님이 기뻐하시는 말씀의 참된 열매를 맺게 될 것이다. 또 그 모습을 보고 믿지 않은 자들도 하나님을 사모하게 될 것이며, 그러한 사회는 모든 사람이 살맛나는 사회로 변화되어가지 않겠는가?

물론 하나님은 녹로 위에서 그릇을 빚으시다가 그 그릇이 깨어졌을 때, 그 진흙을 버리지 아니하시고 하나님의 뜻에 선한 대로 새로운 그릇을 만드신다고 말씀하셨다(렘 18장). 하나님께서 찾으시는 열매는 땅에서 깨어진 그릇이, 새로운 그릇으로 만들어지는, 즉 변화되는 열매를 하나님은 찾으신다.

교회당 안에 있는 마당을 밟는 교인이 성경을 연구하고 배우므로 말미암아 진정하게 하나님을 만나 이전의 삶의 자리에서 툭툭 털고 일어나 새로운 자리, 하나님과 함께하는 자리로 나아가는 변화된 열매를 하나님은 찾으신다.

어제에 있던 자리, 옛 현존의 자리, 자아 중심의 자리, 죄인의 자리, 하나님을 떠났던 자리에서 자신의 위치를 바르게 알고, 죄를 인식하고 자신이 거할 자리가 아님을 알아야 한다. 그 다음 그 자리에서 벌떡 일어나 새로운 현존의 자리, 변화된 자리로 나아 올 수 있는 길, 즉 하나님 앞으로 나아오는 그 길이 바로 성경을 연구하므로 보여 지는 것이다. 그러므로 토라 연구는 연구하는 사람의 삶의 방식을 바꾸어 옛 사람을 벗어버리고 새 사람을 입도록 만드는 길이다.

하나님은 토라를 연구하고 배우는 사람으로 하여금 토라를 배우는 과정을 통하여 인격적 결단을 내리도록 그의 환경을 조성하시고 계신다. 토라를 배우는 사람의 인격적 결단은 다음과 같은 상황 속에서 전개된다.

배우는 사람이 하나님 편에 서느냐?
아니면 전적으로 자기의 뜻을 고집하느냐?
하나님의 뜻이 요구하는 대로 새 삶의 현존을 받아들이느냐?
옛 삶의 현존을 고수하느냐?

바울에 의하면 첫 아담과 둘째 아담의 현존 양식을 두고서 선택의 기로에 서 있다고 말한다. 여기에서 토라를 배우는 사람은 하나님이 원하시는 길을 선택하므로 변화의 길을 가게 되고 또 하나님이 찾으시는 열매를 맺는 예배하는 삶을 살게 된다.

> 토라는 토라를 연구하는 사람의 미래를 보장한다
> (תַּלְמוּד 탈무드)
> 토라는 생명 나무이다
> (תורה חיים 토라 ㅎ카임)

창세기

이름

창세기(기원, 시작)라는 이름은 헬라어 번역본인 70인 역으로 부터 시작된 용어인데, 히브리어 이름은 창세기를 시작하는 첫 번째 단어인 '버레이쉬트 בְּרֵאשִׁית'이다. 고대 근동의 사람들은 일반적으로 책의 이름을 정할 때, 책의 첫 번째 단어나 첫줄에 나오는 단어들 가운데서 중요하다고 생각하는 단어 하나를 선택하여 책의 이름으로 사용하였다. 창세기는 그 외에도 '영원한 연약의 책'과 같이 몇 가지 다른 이름을 가지기는 하였으나, 많은 사람들로 폭 넓은 지지를 얻지 못하고 사라졌다.

내용

창세기는 세상 창조로부터 시작하여, 이집트에서 야곱이 죽고, 그의 아들 요셉이 죽으므로 끝나는 책으로 토라(오경)의 다섯 부분 가운데 첫 번째 부분이다. 창세기는 50장으로 구성 되었는데, 크게 두 부분으로 나눌 수 있다. 1-11장은 세상창조와 인간창조 그리고 인간의 타락과 세상을 덮는 홍수와 바벨탑을 건설하는 사건을 다루는 보편적 역사이다. 12-50장은 아브라함, 이삭, 야곱 및 그 가족의 삶을 다루고 있다. 창세기를 우리가 사용하는 연대로 계산해 보면 하나님이 천지를 창조하시고 아담을 만드시고 아담의 아들 셋이 출생한 해를 130년이라 하면, 현재까지의 년 수는 얼마나 되는가? 왜 130년을 기준이 되는 해(year)로 정하고 계산하려고 하는가 하면, 하나님이 아담을 몇 살 된 사람으로 지었는지 모르기 때문이다. 하나님이 아담을 지으신 후 아담이 130년 살았을 때, 셋이 출생하기 때문에 그 해를 기준으로 삼아 계산해보려고 한다. 셋은 성장하여 결혼하고 105살 되었을 때, 에노스가 출생 했으니 에노스는 235년에 태어났다. 이런 방식으로 족보에 나오는 나이를 따라 년도를 계산하면 야곱은 2108년에 탄생한다. 야곱이 91세 때 요셉이 태어나고, 요셉이 110살에 죽으니, 요셉이 죽은 해는 2309년이 된다. 그러므로 창세기의 시간은 약 2300년의 역사를 담고 있다.

창세기는 하나님께서 모든 것을 창조하신 창조기사로 책을 시작한다. 하나님이 하늘과 땅과 그 안에 들어있는 모든 것을 창조하신 다음, 창조의 꽃이라고 할 수 있는 사람을 창조하시는 것으로 창조기사를 마무리한다. 하나님은 사람에게 특별한 권세를 주셔서 하나님이 창조하신 모든 것을 다스릴 수 있는 왕권을 준다. 그러나 사람은 창조주께 큰 실망을 안겨 준다. 하나님의 형상과 모양으로 지음 받은 사람이 하나님의 형상을 파괴하고, 마침내 하나님의 동산으로부터 추방당한다. 그 이후 하나님은 노아와 그의 가족들을 새롭게 선택해서 새 일을 시작한다. 물론 노아를 선택한 결과도 좋지는 않았다. 인류의 새로운 존재는 알코올 남용과 벌거벗은 수치로 인하여 다시 한 번 하나님을 실망시킨다. 그러나 하나님은 인류를 지상에서 근절하지 않기로 맹세했기 때문에, 하나님은 자신의 언약 안에서 궁극적인 완성을 향해 새로운 사람을 선택한다. 그가 바로 첫 번째 족장인 아브라함이다. 하나님은 아브라함을 선택하여 하나님의 동역자로, 하나님의 친구로 세워서 하나님의 일을 시작하고 이루어 가셨다. 하나님은 첫 번째 족장 아브라함의 증손자인 요셉을 이집트로 내려가게 만들었다. 그래서 거기서 요셉은 그의 가족이 이집트로 내려올 기반을 만들었다. 이러한 준비를 마친 다음 하나님은 세 번째 족장인 야곱이 그의 가족을 인도하여 이집트로 내려가도록 했다. 이는 하나님은 자신의 백성을 큰 나라로 만들어, 다시 하나님의 약속의 땅으로 인도할 준비를 완벽하게 하신 것이다. 하나님은 이집트에서 이스라엘(야곱)의 가족을 씨앗으로 하여 하나의 국가를 건설하였다. 그리고 출애굽기에서 그 나라를 해방시켜 시내산으로 인도하여 그곳에서 그들과 언약을 맺으시고 새로운 나라의 건국을 선포하였다.

창세기는 한 나라의 법과 하나님 나라의 백성들이 지켜야할 의무와 하나님을 사랑하는 방법을 가르쳐주는 하나님의 말씀의 책인 성경에 대하여 안내하는 책이다. 그러므로 창세기의 가장 기본적인 주제는 하나님이 모든 것을 창조했다는 것이며, 특별히 하나님은 인간을 창조해서 자신의 동역자로 세웠다는 것이다. 그러는 과정에서 모든 인류는 통일성을 이루려고 자신의 의지를 따라 높은 탑을 건설하기도 하고, 하나님의 말씀을 떠나 그들의 악한 성향을 한없이 나타내며, 자신의 창조주를 반역하는 자리까지 갔다. 그러나 하나님은 아브라함을 선택해서 그와 거룩한 언약을 맺었다.

마지막으로 창세기는 모든 인간이 하나의 조상에서 퍼져 나갔다는 사실을 가르쳐 준다. 즉, 창세기는 인류를 한 종류의 존재로 여겼으며, 인종이나 언어 집단이 다른 어떤 것도 인간의 본질 위에 있지 않았다고 가르친다. 실제로, 국가별로 언어별로 종족별로 퍼져 나가는 것을 가르쳐주는 창세기 10장을 읽어보면 전 인류는 한 조상으로부터 왔다는 것을 분명하게 알 수 있다.

창세기의 과학

고대 사람들은 지구가 우주의 중심이라는 분명한 명제를 가지고 있었다. 그리고 그들이 지구 안에 살면서 만나는 자연 법칙을 바꿀 수 없다는 것을 인정했다. 그러나 그 자연법칙이 하나님의 뜻에 순종하는 것으로 받아들이지는 못한 것 같다. 이처럼 성경에 나오는 다양한 이야기는 과학자들이 성경을 읽는데 거대한 걸림돌이 되었다.

특히 창세기를 시작하는 창세기 1장을 기초로 한 성경의 기본원리는 과학자들에 의하여 많이 변질되기도 하였다. 아담과 하와와 에덴동산과 함께 창조의 6일 이야기를 독자가 전혀 의심 없이 받아들여야 하는가? 이 모든 것들은 전혀 과학적이지 못하며 오래된 신화로 보이기 때문에 아주 무의미한 것으로 보이지 않는가?

성경을 변증하는 수많은 사람들은 성경이 세상의 과학적 기원과 그 땅의 주민에 대해 거의 알려주지는 않았지만, 하나님의 세계와 인간과 인간의 운명에 대한 하나님과의 관계에 대해 이야기하는 것은 큰 의미가 있다고 동의한다. 성경의 과학적 이해력은 고대 시대의 세계관에 국한되어 있기 때문에, 우리 시대와 마찬가지로 성경에 진화론을 참고하거나 '언젠가는' 6일간의 천지창조에서 '한 날'이 '천 년'에 해당 할 수 있다고 말할 것이라 하였다. 이 견해는 외형적 문자주의가 가지는 최악의 문제로부터 성경을 구해내는 것처럼 보일지도 모른다.

그러나 현대인의 과학적 우월감 때문에 이 설명이 완전한 정의의 책임을 다하지는 못한다. 과학에 대한 현대인의 지식이 고대인의 지식보다 월등한 것은 사실이다. 그러나 현대인의 이러한 과학적 통찰력에 기초한 현대인의 세계관이 고대인의 세계관을 능가하게 만들 정도로 진보 된 것은 아니라고 본다. 그러므로 성경을 연구할 때 성경본문이 말하는 그 지적인 신념을 온전히 존중하며, 종종 은유적으로 그리고 고대의 어휘와 틀 속에 그것들이 표현된다는 것을 이해하고 성경을 연구하는 것이 바람직할 것이다. 따라서 현대 독자들은 고대 창조론에 대한 현대적인 견해와 이해로 그들과 논쟁을 벌이거나 현대인의 우월성으로 고대의 것을 무시하려는 경향을 억제해야 한다. 그리고 인간 역사의 본질, 존재의 의미, 그리고 하나님의 현존에 관해 성경이 제안하는 것을 바르게 읽어야 한다.

창세기 4, 5, 6장을 여는 글

4장

창세기 4장은 에덴동산으로부터 쫓겨난 아담과 하와가 동침하여 아들을 낳는 기사로 이야기를 시작한다. 하와가 가인을 낳고 고백하는 말을 들어 보면 매우 의미 있는 말을 한다. '내가 하나님과 함께 한 남자를 얻었다.' 이 말의 의미를 분명하게 아는 것은 어렵다. 일반적으로 자녀를 출산한 후 '아들을 낳고 그 이름을 지어준 다음, 그 이름을 그렇게 지은 이유'를 설명하는 것이 일반적이다. 그러나 하와는 조금 다르게 표현하는 것을 볼 수 있다.

그리고 또 다시 한 아들을 낳았는데 그 때는 어떤 말도 없이 그저 이름을 지어주는데 아벨이라 하였다. 이는 있으나 마나 한 아들이라는 뜻이다. 그래서 아침에 일찍 있다가 없어지는 안개를 부르는 말과 같은 단어로 이름을 아벨이라 하였다. 아벨은 이름 그대로 무의미하게 사라진다.

이렇게 태어난 인류 2세대는 하나님께 예배한다. 이 예배가 그들의 삶을 나누어 놓아 형이 동생을 죽이는 일이 일어났다. 세상의 첫 번째 어머니 하와가 출산할 때 한 남자를 얻었다고 힘 있게 말했던 그 남자가 바로 가인인데 그는 무의미한 이름을 가진 아우 아벨을 죽이는 최초의 살인자가 된다. 그 때 하나님이 가인에게 다가와 물으신다. '가인아 네 아우 아벨이 어디에 있느냐?' 그 때 가인이 대답했다. '나는 아우를 지키는 사람이 아닙니다.' 가인의 이 말은 내 아우를 지키시는 분은 하나님이지 내가 아니라는 말이다.

가인과 아벨 기사에서 하나님과 사람의 관계는 사회적 상황에서 탐구되고 있다. 선과 악의 선택이 반드시 이루어져야 하는 문제인 것은 사람과 사람 사이의 관계라는 문맥 하에서 이루어지며, 사람의 책임과 하나님의 책임 사이의 상호작용은 이러한 문맥 안에서 연구되어야 한다.

더 나아가 가인과 아벨 형제의 기사는 성경에서 자주 되풀이되는 주제를 소개하기도 한다. 바로 형제간의 분쟁이라는 주제이다. 이러한 기사를 읽을 때마다 성경독자는 종종 형보다는 아우에게 연민을 더 느낄지도 모른다. 가인과 아벨의 기사에서도 성경독자의 연민은 죽임을 당하는 아벨을 향하여 있을 것이다.

형제 분쟁으로 최초의 희생양인 아벨은 죽고 살인자 가인은 하나님으로부터 표를 받아가지고 세상에서 자신의 방법으로 자신의 삶을 이루어가며 이 세상에 세속문화를 발전시켜 나간다. 그러나 죄악만 깊어질 뿐 희망은 보이지 않는다. 그 때 하나님은 새로운 씨를 준비하시어 아담과 하와 사이에 태어나게 하셨는데 그가 셋이다. 하나님은 셋을 통하여 새로운 역사를 써 가시기를 원하신다.

5장

　5장에서 성경은 인류의 두 번째 족보를 보여주고 있다. 첫 번째 족보는 하늘과 땅의 족보(창 2:4)인 반면 두 번째 족보는 사람의 족보이다. 족보를 기록하는데 아주 섬세하게 기록하는 것을 볼 수 있다.
　한 대에서 다음 세대로 이어지는 과정을 정확하게 설명한다. 아버지가 된 나이를 말하고 그 이후 몇 년을 더 살면서 자녀를 출산 하였는지 말한다. 그리고 몇 년의 생애를 살고 죽었는지 분명하게 가르쳐 준다. 다시 말해서 태어난 연도와 아버지가 된 연도와 죽은 연도를 정확하게 알려준다.

　그러므로 아담에서 노아까지 10대 족보를 읽어보면 그 사이에 빠진 대가 있다는 것은 상상할 수도 없다. 왜냐하면 아주 정확하게 기록하고 있기 때문이다. 그러므로 성경을 연구하는 사람들은 의심을 버리고 성경에 기록된 말씀을 믿음으로 받아들이면서 그 말씀을 존중하면서 그 말씀 한 절 한 절이 무엇을 말하려고 하는지에 관심을 두어야 한다.

　성경 독자는 하나님의 이 말씀을 통하여 무엇을 말씀하려 하시는지에 관심을 가지고 성경을 읽으면서 하나님의 세미한 음성을 들으려고 노력하여야 한다. 우리가 알고 있는 지식과 경험에 맞지 않는다고 성경을 난도질하는 것은 성경을 연구하는 것이 아니라 하나님의 말씀을 파괴하는 것이다.

　하나님께서 아담과 셋을 통하여 노아에 이르기까지 인류 조상의 족보를 보여주신 하나님의 의도가 무엇인지 연구하여 하나님의 뜻을 분명하게 알아야 한다. 그래서 땅위에서 하나님의 뜻을 멋지게 이루어 드리기 위하여 날마다 성경 속으로 더 깊이 여행하는 성경독자 여러분이 되기를 기대한다.

6장

6장은 홍수를 부른 인간범죄와 그들을 구원하시는 하나님의 크신 사랑을 보여 준다.

대홍수 이야기는 다양한 문화권에서 나타나고 있는 사건이다. 윗물을 막고 있는 문이 열리거나 아래 물을 막고 있는 문이 열려 갑작스런 물의 분출로 인해 해수면이 온 대륙을 덮을 만큼 높아졌던 사건을 신화로 엮어 이야기하는 사람들이 있다. 이처럼 전 지구적 재앙이 온 세상을 덮친 사건을 연상시키는 이야기가 전 세계에 도처에 신화로 전해지고 있다. 최근 과학자들은 연구와 조사를 통해 선사시대와 역사시대의 과도기 즈음에 페르시아 만에서 일어난 홍수가 메소포토미아 계곡을 덮었을 수도 있다는 사실을 보여주었다.

그러나 성경의 이 기사는 단순히 선사시대의 기억의 모음이나 고대 전설의 파생물로 꾸며진 신화 이야기가 아니다. 무엇보다도 성경에 나오는 홍수 기사는 교훈적인 기사이다. 하나님을 떠난 사람들이 하나님의 뜻에 따라 살 수 있도록 사람들에게 두 번째 기회를 주는 기사가 바로 성경에 나오는 홍수 기사의 대 주제이다.

성경의 홍수 기사와 기타 고대 근동의 홍수 전설 사이에는 방주, 까마귀, 비둘기 등 다수의 세부적인 부분에서 공통점을 찾을 수 있다. 동시에 근본적인 차이점 역시 발견된다. 성경의 기사에서 홍수의 원인이 된 것은 바로 사람의 죄인 반면, 바빌론-아카드의 "아트라하시스"(바빌론-아카드 홍수 전설의 주인공 - 역자 주) 이야기에서는 사람이 떠드는 소리가 너무

시끄러워 신들이 잠자는 것을 방해하였기 때문에 신들이 노하여 홍수를 일으켰다. 성경에서 노아는 구원을 받았으므로 항해를 다시 시작한다. 반면 "길가메쉬 서사시"에서 홍수 이야기의 영웅은 불멸자의 지위에까지 올라 인간의 역사에서 지워진다. 가장 중요한 차이점으로, 성경에서 하나님은 인간의 죄악의 반작용으로 토라를 주시는 반면 기타 근동의 전통에서는 신적인 존재의 답이나 반응이 전혀 나타나지 않는다.

하나님은 홍수를 통하여 죄악을 정리하시고 새로운 시대를 열어가기 위하여 한 가정을 선택하여 구원의 방주를 건설하도록 하였는데 이는 인류를 구원할 예수님의 예표로 등장하는 것을 알 수 있다.

GENESIS

בְּרֵאשִׁית ד

창세기 4장

1 아담이 그의 아내 하와와 동침하매 하와가 임신하여 가인을 낳고 이르되 내가 여호와로 말미암아 득남하였다 하니라 **2** 그가 또 가인의 아우 아벨을 낳았는데 아벨은 양 치는 자였고 가인은 농사하는 자였더라 **3** 세월이 지난 후에 가인은 땅의 소산으로 제물을 삼아 여호와께 드렸고 **4** 아벨은 자기도 양의 첫 새끼와 그 기름으로 드렸더니 여호와께서 아벨과 그의 제물은 받으셨으나 **5** 가인과 그의 제물은 받지 아니하신지라 가인이 몹시 분하여 안색이 변하니 **6** 여호와께서 가인에게 이르시되 네가 분하여 함은 어찌 됨이며 안색이 변함은 어찌 됨이냐 **7** 네가 선을 행하면 어찌 낯을 들지 못하겠느냐 선을 행하지 아니하면 죄가 문에 엎드려 있느니라 죄가 너를 원하나 너는 죄를 다스릴지니라 **8** 가인이 그의 아우 아벨에게 말하고 그들이 들에 있을 때에 가인이 그의 아우 아벨을 쳐죽이니라

9 여호와께서 가인에게 이르시되 네 아우 아벨이 어디 있느냐 그가 이르되 내가 알지 못하나이다 내가 내 아우를 지키는 자니이까 **10** 이르시되 네가 무엇을 하였느냐 네 아우의 핏소리가 땅에서부터 내게 호소하느니라 **11** 땅이 그 입을 벌려 네 손에서부터 네 아우의 피를 받았은즉 네가 땅에서 저주를 받으리니 **12** 네가 밭을 갈아도 땅이 다시는 그 효력을 네게 주지 아니할 것이요 너는 땅에서 피하며 유리하는 자가 되리라 **13** 가인이 여호와께 아뢰되 내 죄벌이 지기가 너무 무거우니이다 **14** 주께서 오늘 이 지면에서 나를 쫓아내시온즉 내가 주의 낯을 뵈옵지 못하리니 내가 땅에서 피하며 유리하는 자가 될지라 무릇 나를 만나는 자마다 나를 죽이겠나이다 **15** 여호와께서 그에게 이르시되 그렇지 아니하다 가인을 죽이는 자는 벌을 칠 배나 받으리라 하시고 가인에게 표를 주사 그를 만나는 모든 사람에게서 죽임을 면하게 하시니라 **16** 가인이 여호와 앞을 떠나서 에덴 동쪽 놋 땅에 거주하더니 **17** 아내와 동침하매 그가 임신하여 에녹을 낳은지라 가인이 성을 쌓고 그의 아들의 이름으로 성을 이름하여 에녹이라 하니라 **18** 에녹이 이랏을 낳고 이랏은 므후야엘을 낳고 므후야엘은 므드사엘을 낳고 므드사엘은 라멕을 낳았더라 **19** 라멕이 두 아내를 맞이하였으니 하나의 이름은 아다요 하나의 이름은 씰라였더라 **20** 아다는 야발을 낳았으니 그는 장막에 거주하며 가축을 치는 자의 조상이 되었고 **21** 그의 아우의 이름은 유발이니 그는 수금과 퉁소를 잡는 모든 자의 조상이 되었으며 **22** 씰라는 두발가인을 낳았으니 그는 구리와 쇠로 여러 가지 기구를 만드는 자요 두발가인의 누이는 나아마였더라 **23** 라멕이 아내들에게 이르되 아다와 씰라여 내 목소리를 들으라 라멕의 아내들이여 내 말을 들으라 나의 상처로 말미암아 내가 사람을 죽였고 나의 상함으로 말미암아 소년을 죽였도다 **24** 가인을 위하여는 벌이 칠 배일진대 라멕을 위하여는 벌이 칠십칠 배이리로다 하였더라 **25** 아담이 다시 자기 아내와 동침하매 그가 아들을 낳아 그의 이름을 셋이라 하였으니 이는 하나님이 내게 가인이 죽인 아벨 대신에 다른 씨를 주셨다 함이며 **26** 셋도 아들을 낳고 그의 이름을 에노스라 하였으며 그 때에 사람들이 비로소 여호와의 이름을 불렀더라

창세기 4장

에덴동산 밖에서 일어난 일

01-16절 아담과 하와가 아들(가인과 아벨)을 출산
17-22절 범죄 한 가인의 후손
23-24절 악인의 상징인 라멕의 노래
25-26절 아벨대신 태어난 셋과 그 후손 에노스

에덴동산의 주변에서 일어난 실제적인 사건을 말하고 있다. 아담과 하와가 선악을 알게 하는 나무의 열매를 먹지 않았다면 에덴동산에서 모든 것을 누리면서 살았을 텐데 그들이 범죄 하므로 인하여 에덴동산에서 살지 못하고 쫓겨났다. 쫓겨난 이 후 에덴동산 밖에서 그들이 살아가는 모습을 우리는 4장에서 읽을 수 있다.

4장의 주제는 범죄한 인간의 본성은 점점 더 악해져간다는 것이다. 인간은 계속하여 범죄하며 악의 노래를 부르고 있다. 그렇게 범죄하는 가운데서도 인간은 하나님을 노래하고, 하나님을 예배하였는데, 그들의 예배는 진정한 예배이었나? 진실로 하나님을 찬양하는 노래, 하나님께 드리는 제사는 어떠한 것인가? 4장은 바로 진정한 예배가 무엇인가를 가르쳐준다.

성경을 읽고 연구하는 독자 여러분은 4장을 공부하면서, 현재 우리는 어떠한 예배를 행하고 있는지? 성경에 나오는 악인들이 행하는 예배와 마찬가지로 예배형식만 있는 예배를 행하고 있지는 않은지? 세상 사람들이 예

배 하고 있는 방식으로 예배하고 있으면서 영과 진리로 예배하고 있다고 착각 하지는 않는지를 돌아보는 시간을 가져야 할 것이다.

창세기 4:1 아담이 그의 아내 하와와 동침하매 하와가 임신하여 가인을 낳고 이르되 내가 여호와로 말미암아 득남하였다 하니라

	וַתֵּ֖לֶד	וַתַּ֣הַר	אִשְׁתּ֑וֹ	אֶת־חַוָּ֣ה	יָדַ֖ע	וְהָ֣אָדָ֔ם
음역)	바테일레드	바타하르	이쉬토	ㅎ카바–에트	야다	버하아담
직역)	그리고 그녀가 낳았다	그리고 그녀가 임신했다	그의 부인을	하와를	알았다	그 아담이

	אֶת־יְהוָֽה׃	אִ֖ישׁ	קָנִ֥יתִי	וַתֹּ֕אמֶר	אֶת־קַ֔יִן
음역)	하쉐임–에트	이쉬	카니티	바토메르	카인–에트
직역)	하쉐임과 함께	한 남자를	나는 얻었다	그리고 그녀가 말했다	가인을

본문은 그 아담으로 시작하는데, 그 아담은 누구인가? 바로 3장에서 쫓겨난 아담, 그 아담이라는 것을 알려주기 위하여 아담 앞에 관사 '하 הַ'를 붙인 것이다. 바로 그 아담이 지금 그의 아내 하와와 동침했다는 말이다.

히브리어 용어해설

(יהוה) 한글로 여호와를 가리키는 히브리어 이다. 이 단어를 읽을 때 유대인들은 하쉐임(השם)이라고 읽는다. 하쉐임의 의미는 구별된 이름이라는 뜻이다. 유대인들은 하나님의 고유한 이름을 함부로 부르는 것을 금하기 위해 그 단어를 읽는 것 조차 금하고 있다. 그래서 하나님의 고유한 이름 요오드 헤이 바브 헤이 거룩한 네 문자(יהוה)가 나오면 구별된 이름이라는 의미를 가진 히브리어 단어 השם(하쉐임)이라고 읽는다. 본서도 앞으로 요오드 헤이 바브 헤이(יהוה)는 하쉐임으로 읽을 것이다.

동침하다는 말은 히브리어로 '야다 יָדַע'가 쓰였는데, 이 단어의 의미는 단순하게 아는 것, 들어서 아는것 정도가 아니라 내가 직접 고통을 당하면서, 내가 직접 경험하면서 알아낸 것을 말하는데, 이는 관계를 통하여 분명하게 인식한 것이기 때문에 절대로 잊을 수 없는 지식이다. 본 절에서 그 아담이 하와를 알았다 하였는데, 이는 하와를 속속들이 안다는 말이다. 남자와 여자의 관계에서 이 단어를 사용할 때는, 두 사람이 함께 벌거벗고 누워 서로서로의 관계를 통하여 깊이 안다는 말로, 이 말이 부부관계에서 사용될 때는 두 사람이 동침했다는 말이다.

여자는 임신하여 가인을 출산하였다. 그리고 말하였다. '나는 한 남자를 얻었다.' 일반적인 가정에서 아이를 출산하는 것을 보면, '아이를 낳아 …라 이름 하였다. 왜냐하면 …이기 때문이다'고 한다. 그러나 본 절은 특이하다. 여인이 가인을 출산한 다음 처음 하는 말이 아주 특이하다. 분명히 아들을 낳았는데 '아들을 얻었다'고 하지 않고, '한 남자를 얻었다'고 한다. 한 남자로 쓰인 히브리어 '이쉬 אִישׁ'는 신생아를 언급하는데 사용하지 않는다. 그런데 하와는 왜 이 단어를 사용하였을까? 이는 창세기 3:15의 영향을 받은 것으로 보인다. '여자의 후손이 뱀의 후손의 머리를 상하게 한다'하였기 때문에 지금 하와는 아들을 낳은 다음 그녀는 그 아들이 그녀에게 '힘이 되는 남자'라는 것을 말하기 위하여 '남자'를 얻었다한 것으로 보인다.

마지막 구문을 보면 '하쉐임과 함께'라고 하와가 말한 것은 더더욱 이해하기 어렵다. 왜냐하면 하와가 뱀과 대화할 때 보면 하와는 하나님을 '엘로힘 אֱלֹהִים'이라 하였지 '하쉐임 יְהוָה'이라 하지 않았다. 그런데 지금 한 남자를 얻었다고 말한 다음 '하쉐임 יְהוָה과 함께'라고 말하는 것은 특이하다. 하와는 4장에 들어와서 하나님을 하쉐임으로 부르면서 내가 남자를 얻은 것은 은혜의 하나님 하쉐임으로 말미암았다고 말하고 있다. 그런데 하쉐임을 부르는데 전치사 '에트 אֵת'를 사용하였다. 하와는 하쉐임 안에서 또는 하쉐임과 함께 또는 하쉐임에 의하여라는 의미를 가진 전치사 버…בְּ를 사용하여 '버 하쉐임 יְהוָה + בְּ'으로 말하는 것이 더 좋지 않을까? 어쨌든 성경에서 '하쉐임'이라는 하나님의 고유한 이름은 인류 역사에서 범죄한 여자가 가장 먼저 불렀다.

본 절의 마지막 네 단어를 히브리어로 보면 '카니티 이쉬 에트 하쉐임 קָנִיתִי אִישׁ אֶת־יְהוָה'으로 이들 단어 순서대로 번역하면 '나는 얻었다, 한 남자를, 함께, 하쉐임'이다. 본문에 쓰인 '…함께'는 '에트 אֵת'인데, 히브리어에서 '함께'라는 의미를 가진 전치사는 여러 단어가 있다. '임 עַם', '버…בְּ', '이마드 עִמָּד', '에트 אֵת'가 있다. 여기서 가장 일반적으로 쓰이는 함께는 '임 עַם'이라는 단어이다. 그러므로 하와 역시 '임 עַם'을 사용하면 될 텐데 왜 '에트 אֵת'를 사용한 것일까? 전치사 '에트 אֵת'는 모두가 아는 것처럼 히브리어 알파벳의 첫 글자 '알에프 א'와 '마지막 글자 타브 ת'로 이루어진 단어이다. 헬라어의 '알파 Α'와 '오메가 Ω'와 같은 의미라고 생각하면 이해하기 쉬울 것이다. 그러므로 하와가 사용한 '함께'라는 단어 '에트 אֵת'는 '처음부터 끝까지' 함께 하였다는 말로 이해할 수 있다.

본문에서 아담과 하와는 동침하였고, 하나님이 함께하였다면, 이는 아담과 나(하와)와 하나님은 동역자라는 의미이다. 지금 하와는 생각하기를 자신과 아담은 오직 하나님 한 분에 의해서 만들어졌는데, 가인은 남편과 나(하와)와 하나님이 함께 동역하여 만들었다는 말이다(Rashi, Radak, Abarbanel). 지금 하와가 한 남자를 얻는데 처음부터 끝까지 하나님이 자신과 함께 하셨다는 말을 하고 있다. 하와가 임신한 것도 출산한 것도 하나님이 하셨다는 고백이다. 여기서 성경을 연구하는 독자 여러분은 자신이 하나님의 동역자라는 것을 인식해야 한다.

또 한 가지 특이한 것은 4장에서 처음으로 사람의 입으로 '하쉐임 יהוה'이 불리어졌다는 것이다. 그런데 에덴동산에서 최초로 범죄한 하와가 인간 최초로 하나님을 하쉐임으로 부르고 있다. 현대인은 아주 좋은 환경이 계속될 때에는 '하나님이 하셨다'는 말을 잘하는데, 어려움 가운데 있을 때에는 '하나님이 저와 함께 하셨습니다'라고 고백하는 것은 쉽지 않다.

사탄은 하와 때로부터 지금까지 많은 사람들을 하나님의 법에서 떠나게 만든다. 하나님의 자리에서 하나님의 사람을 벗어나게 만든다. 다니엘 7:25을 읽어보면, '그가 장차 지극히 높으신 이를 말로 대적하며 또 지극히 높으신 이의 성도를 괴롭게 할 것이며 성도들은 그의 손에 붙인 바 되어 한 때와 두 때와 반 때를 지내리라' 하였다. 천사가 다니엘에게 대답하여주는 과정에서 천사는 적그리스도의 특징을 가르쳐 주고 있다.

    첫째, 하나님을 말로 대적한다. 하나님을 하나님이 아닌 것처럼 대적하며
        자기를 하나님의 자리에 앉히는 것이다.
    둘째, 믿는 자로 하여금 믿는 자를 핍박한다.
    셋째, 때를 바꾸고 법을 바꾸어 준다. 변개한다. 절기를 바꾸어버린다.
        성경에 나오는 절기를 바꾸어버린다.
        하나님을 잘 섬기지 못하게 만들려한다.

하와가 일찍이 이러한 지식을 가지고 하나님을 의지하여 뱀의 유혹을 이기었더라면 얼마나 좋았을까? 잠시 생각해 본다.

1절을 정리해보면 본문의 내용 전개 속도가 아주 빠르게 진행되는 것을 알 수 있다. 동사를 보면 임신했다, 낳았다, 한 남자를 얻었다 하면서 빠르게 진행한다. 히브리인들은 이것이 '남자의 능력'을 말하는 것이라고 했다. 일반적으로 '남편이 있어야 돼'라는 말보다 '남자가 있어야 돼'라는 말을 많이 하는데, 이 말은 '능력이 있고, 힘이 있어야 돼'라는 말이 된다. 그러므로 가인을 통하여 하와는 '힘', '능력'을 얻었다는 말로 이해하는 것이 좋을 것이다.

창세기 4:2 그가 또 가인의 아우 아벨을 낳았는데 아벨은 양치는 자였고 가인은 농사하는 자였더라

	וַיְהִי־הֶ֫בֶל	אֶת־הָ֫בֶל	אֶת־אָחִ֖יו	לָלֶ֫דֶת	וַתֹּ֣סֶף
음역)	헤벨-바여히	하벨-에트	아ㅎ키브-에트	랄레데트	바토세프
직역)	아벨은-그리고 이었다	아벨을	그의 형제를	낳는 것을	그녀가 더(증가)했다

	אֲדָמָֽה׃	עֹבֵ֣ד	הָיָ֖ה	וְקַ֕יִן	צֹ֑אן	רֹ֣עֵה
음역)	아다마	오베이드	하야	버카인	쫀	로에이
직역)	땅(흙)의	경작자	이였다	그리고 가인은	양의	목자

　　본 절은 '그녀가 더했다'는 말로 시작하는데 문장이 좀 색다른 것을 알 수 있다. 일반적으로 잉태하고 낳고 이름을 지어 주는 것이 보통인데, 본문은 잉태하다는 말이 없이 낳았다한다. 그래서 몇몇 주석가들은 '그녀가 잉태하고 낳는' 공식이 없기 때문에 가인과 아벨이 쌍둥이라고 하였다. 이러한

전통은 현재까지도 전해지고 있다(Naum M. Sarna).

아들을 낳으면 이름을 지은 다음, 일반적으로 이름에 대한 설명을 하는데, 본문은 그 이름의 의미를 알려주지 않는다. 아들을 낳은 다음, 바로 '양치는 자가 되었다'고 하였다. 아벨을 히브리어에서 그 의미를 찾으면 '숨' 또는 '없음' 또는 '무'라는 의미이다(Radak, Shadal). 어쨌든 이름은 신중하게 부르는 것이 좋다. 왜냐하면 사람의 이름은 그의 운명을 지배할 수도 있기 때문이다. 아벨은 종종 인생의 덧없는 성격을 표현하는 데 사용되기도 한다. 그 이름은 시리아어로 '하 블라'가 '목자'를 의미한다는 점에서 자신의 직업에 대한 의미를 포함하고 있는 것으로 보인다.

아벨을 낳았다고 한 다음 즉시 '아벨은 양의 목자였다'고 성경은 말한다. 앞에서 살펴본 것처럼 아벨의 이름은 '가치 없음'이나 '헛되다'는 말로 쓰인다. 전도서 1:2을 읽어보면, "전도자가 이르되 헛되고(아벨) 헛되며(아벨) 헛되고(아벨) 헛되니(아벨) 모든 것이 헛되도다(아벨)"라 하였는데, '헛되다'는 말이 바로 아벨이란 말과 같기 때문에 아벨의 이름의 뜻은 '헛되다'고 할 수 있다. 이는 마치 아침 안개처럼 있다가 없어지는 것을 말하는 것이다. 안개가 있기는 있었는데, 해가 떠오르니 언제 그런 것이 있었느냐고 반문하는 것처럼 사라지고 만 것이다. 있기는 있는데 가치가 없는 것을 말한다. 이것이 헛된 것이다. 인생을 살았는데 아무것도 없는 것이 헛된 것이다.

그러면 아벨은 무엇을 하는 사람이었는가? 앞에서 우리가 살펴본 대로 성경은 '양의 목자'라고 하였다. 하와는 처음부터 끝까지 하나님으로 말미암아, 하나님이 함께 하심으로 인하여 한 남자를 얻었다 하였는데, 그녀는 그 남자가 힘과 능력으로 뱀의 머리를 상하게 할 줄 알았는데, 그렇지 못하다는 것을 알고 모든 것이 허무하다는 것을 느꼈다. 그래서 두 번째 아벨을 낳고 그의 이름을 '헛되다'하면서 얻어 봐야 그것도 헛될 뿐이다 하여, 그 이름을 아벨이라고 지은 것으로 보인다.

독자 여러분이 만약 하나님의 일을 열심히 했는데, 하나님을 믿어보아야 별 볼일 없더라 한다면, 이 얼마나 안타까운 일일까? 허무한 가운데서 하와는 둘째 아들을 낳고 그렇게 이름을 지은 것이다. 안타깝게도 하와는 첫째 아들을 통하여 자신의 만족을 얻지 못하자 세상을 허무한 것으로 치부하고 만 것이다. 그래서 둘째 아들을 낳고 난 다음 '허무'라고 이름을 지은 것이다. 은혜의 하나님, 하쉐임 하나님을 인간 최초로 불렀던 하와는 은혜의 하나님의 뜻을 헤아리지 못하고 자신의 생각대로 모든 것을 결정하고 판단한 것이다.

지금 에덴동산 밖에 사는 인간사회는 새로운 생태 조건을 맞이하여 그곳에 적응하기 위하여 축산업과 농업에 기초한 혼합된 생존을 위한 경제활동을 하고 있다. 이미 에덴동산 밖으로 나온 순간부터 노동은 전문화된 것으로 보인다. 첫 번째 태어난 가인은 자신이 취하여진 땅을 경작하는 직업인 농업을 하고, 아벨은 새로운 영역으로 나가 목자가 된다. 이때부터 경제의 두축은 서로 보완하는 것을 알 수 있다. 성경적 관점에서 볼 때, 인류는 홍수가 일어날 때까지 채식주의자였기 때문에, 이 시점에서 축산업의 주요 목적은 아마도 우유, 가죽 및 양모를 공급하는 것으로 보아야 할 것이다.

이처럼 아벨의 직업은 양들과 함께 들에서 거하며 그들을 지키는 목자이고, 그의 형 가인은 땅의 경작자였다. 그러면 아담의 직업은 무엇이었을까? 지금 아벨이 먹이는 양이든지, 가인이 경작하는 땅이든지, 모두 아버지 아담의 것이었다. 이렇게 아버지의 집 안에서 가인은 아버지의 땅을 경작 하였으며, 아벨은 아버지의 양을 먹이는 목자였다. 그러므로 아담은 모든 것을 관리하는 관리자였다. 그런데 그의 아들 때부터 노동이 전문화 되어 직업이 나누어진 것이다. 빵을 먹기 위해서는 땅을 경작하여야 하고 옷을 만들어 입기 위해서는 목축업을 해야 했다. 이 모든 것은 하나님이 가르쳐 준 것이다. 가시덤불과 엉겅퀴가 나는 땅에서 경작하여 빵을 얻으라 하였으며, 짐승을 잡아 가죽 옷을 만들어 입혀 주심으로 본을 보여 주셨다. 그러므로 범죄한 인간일지라도 하나님은 그들에게 필요한 모든 것을 가르쳐 주셨다(Mizrachi). 이때까지 사람이 고기를 먹는 것은 허용되지 않았다(창 9:3)

창세기 4:3 세월이 지난 후에 가인은 땅의 소산으로 제물을 삼아 여호와께 드렸고

	וַיְהִי	מִקֵּץ	יָמִים	וַיָּבֵא	קַיִן
음역)	바예히	미케이쯔	야밈	바야베이	카인
직역)	있었다	끝으로부터	날들의	그리고 그는 운반해 왔다	가인이

	מִפְּרִי	הָאֲדָמָה	מִנְחָה	לַיהוָה׃
음역)	미퍼리	하아다마	민하카	라하쉐임
직역)	의열매로 부터	그 땅	선물을	하쉐임에게(위하여)

한글성경은 '세월'이라고 번역하였는데, 이 단어는 '야밈 יָמִים'으로 독자 여러분이 아는 바와 같이 '날'을 가리키는 히브리어 단어 '욤 יוֹם'의 복수

형이다. 성경 몇 구절을 찾아 읽어 보면서 이 단어의 용례를 찾아보는 것이 이 문장을 이해하는데 도움이 될 것이다.

> 성벽 있는 성 내의 가옥을 팔았으면 판 지 만 일 년 안에는 무를 수 있나니
> 곧 그 기한 안에(יָמִים) 무르려니와(레 25:29)
> 해마다 절기(יָמִים)가 되면 이 규례를 지킬지니라(출 13:10절)

'기한 안에' 무른다는 말은 '일 년 안에' 무를 수 있다는 말이기 때문에 '야 밈'을 일 년으로 이해할 수 있다. 그리고 절기는 광야에서 40년간의 기간 등, 일정 기간을 정해 놓고 사용하는 단어이다. 그러므로 '야밈 יָמִים'은 다 양하게 해석할 수 있다(Rashi, Radak, Ibn Ezra). 그러나 일반적으로 '야밈 יָמִים'은 '일 년', 또는 '절기'로 보는 것이 좋을 것이다. 그러면 '...의 끝으로 부터'라는 말과 '야밈 יָמִים'을 연결하면 '야밈의 끝이었다'는 말이 된다. 그 러므로 '야밈'이라는 단어를 '절기'로 보면 '절기의 끝'이라는 말이고, '야밈' 을 '일 년'으로 이해하면 '일 년의 끝'이라는 말이 된다. 그러므로 본문에 하 나님께 예물을 가져가는 것은 어떤 절기의 끝에 예물을 가져가는 것으로 보는 것이 좋을 것이다. 그렇다면 본문의 제사는 무슨 제사가 되어야할까? 일반적으로 '번제'라고 하는데, 이 제사는 꼭 짐승을 잡아 드리는 제사여야 했을까? 독자 여러분이 잘 알고 있는 바와 같이 아니라고 본다. 어떤 정해 진 '시간이 경과 된 끝'에 '정해진 기간의 끝'에 드리는 제사라면 감사 제사 일 가능성이 높다. 그러기에 성경을 연구하는 독자 여러분은 본문이 말하 는 제사가 어떤 제사인지 더 깊이 연구하여야 할 필요가 있다.

가인은 '그 땅의 열매로부터 가져왔다'하였는데, 가인은 땅을 경작하는 직업을 가지고 있었기 때문에 제사를 드릴 때 그의 농산물을 선물(제물)로

하나님께 가져가는 것은 당연하다. 가인은 아버지 아담으로부터 제사하는 것을 배웠을 것이다. 그러므로 지금 그의 땅의 열매로부터 즉, 그가 땅을 경작하여 얻은 것을 하나님 앞에 제물로 가져가는 것을 보면 그 당시 제사가 꼭 짐승을 잡아 드려야하는 제사는 아닌 것으로 보인다.

그리고 독자 여러분은 '제물(선물)'이라는 단어를 주의 깊게 살펴 볼 필요가 있다. 왜냐하면 '제물'이라는 히브리어 단어는 '민ㅎ카 מִנְחָה'이기 때문이다. 레위기에서 이 단어를 찾아보면 레위기 2장에 '소제'라는 단어로 쓰였다. 그리고 그 단어의 가장 일반적인 의미는 '제물' 또는 '선물'이지, '번제'를 상징하는 것은 아니다.

그리고 많은 설교자들이 가인의 제물은 좋지 않은 것으로 말하고 아벨의 제물은 좋은 것, 최상의 것으로 말하면서, 제물을 드릴 때, 최고의 것, 가장 좋은 것을 드리라 한다. 물론 이 말은 맞는 말이다. 그러나 가인의 것은 좋은 것인지, 나쁜 것인지 어떻게 알 수 있는가? 아벨이 가져온 제물 앞에 붙어 있는 수식어가 가인의 제물 앞에는 없다고 가인의 제물은 나쁜 것이라고 단정적으로 말할 수 있는가? 독자 여러분은 4절에서 그 의미를 좀 더 깊이 관찰해보며, 한글성경 4절을 시작하는 두 단어를 주의깊게 읽어야 한다. 가능하면 영어성경과 히브리어 성경을 비교하며 읽으면 그 의미가 풍성해 질 것이다.

> **아벨은 자기도 ……**
> And Abel, he also ……

창세기 4:4 아벨은 자기도 양의 첫 새끼와 그 기름으로 드렸더니 여호와께서 아벨과 그의 제물은 받으셨으나

	וְהֶ֙בֶל֙	הֵבִ֥יא גַם־ה֛וּא	מִבְּכֹר֥וֹת	צֹאנ֖וֹ
음역)	버헤벨	헤이비 후-감	미버ㅋ호로트	쪼노
직역)	아벨이	운반해 왔다 그 또한	첫째 것(초태생)들로부터	그의 양

	וּמֵחֶלְבֵהֶ֑ן	וַיִּ֣שַׁע	יְהוָ֔ה אֶל־הֶ֖בֶל	וְאֶל־מִנְחָתֽוֹ׃
음역)	우메이ㅎ켈베이헨	바이샤	하쉐임이 헤벨-엘	민ㅎ카토-버엘
직역)	그들의 기름으로부터	그가 응시했다(바라보았다)	하쉐임이 아벨에게	그리고 그의 선물에게

고대와 중세의 주석가들은 레위기 9:24, 사사기 6:21, 열왕기상 18:38, 역대상 7:1에 나오는 것처럼 하늘로부터 불이 내려와 아벨의 제물을 삼켰지만, 가인의 제물은 그대로 두었다고 생각했다(Sifra, Shemini). 그러나 꼭 그렇게 생각할 필요가 있을까? 독자 여러분은 조금 다른 각도에서 생각해 볼 수 있다. 왜냐하면 하나님이 제사를 열납하는 방법이 중요한 것이 아니라, 왜 아벨의 것은 받으시고, 가인의 것은 받지 않으셨느냐하는 것이 문제이기 때문이다. 독자가 지금 읽고 있는 본문을 주의 깊게 읽어보면 한글성경에 '아벨은 자기도'라는 말이 있는데, '자기도'라는 말에서 '…도'의 의미는 무엇인가? 영어성경에서 보면 '올소 also'라는 단어가 거의 모든 번역본에 들어가 있다. '자기도'라는 말과 '올소 also'라는 말은 '다른 사람 누군가도' 그렇게 했다는 말이다. 그러므로 본문에서도 가인 또한 이라는 말로 이해하여야 할 것이다.

레위기 9:24에 '불이 여호와 앞에서 나와 제단 위의 번제물과 기름을 사른지라 온 백성이 이를 보고(וַיַּ֥רְא 봐야르) 소리 지르며 엎드렸더라' 말씀 하였는데, 여기에서 '보다'라는 단어도 여러 가지로 사용하는데, 본 절에 나오는 '바이샤 וַיִּשַׁע'는 한글성경에서 '받으셨으나'로 번역하였는데, 이 단어의 의미는 '주목하여 바라보았다'는 말로 이해할 수 있다. 즉 하나님은 아벨과 그의 선물을 바라보아 주셨다는 말씀이다. 하나님은 어떤 제사 자와 제물을 주목하여 바라보아 주시는가?

히브리서 11:4에 '믿음으로 아벨은 가인보다 더 나은 제사를 하나님께 드림으로 의로운 자라 하시는 증거를 얻었으니 하나님이 그 예물에 대하여 증언하심이라 그가 죽었으나 그 믿음으로써 지금도 말하느니라' 말씀하였는데 이 말씀의 의미는 무엇인가? 성경은 아벨이 '믿음으로 드렸다'고 하는데, 어떻게 드렸다는 말인가? 이것은 제사를 받고 안 받고의 문제는 제사자에게 달려 있는 것이 아니라, 하나님의 마음과 의지에 달려 있다는 말일 수 있다. 하나님께서 아벨을 주의 깊게 바라보아 주셨기 때문이지, 아벨이 무엇을 잘했기 때문이 아니라는 말이다. 하나님이 은혜의 눈으로 그를 바라보아 주셨기 때문에, 그 은혜로 인하여 믿음이 생긴 것이며, 그것은 아벨에게서 난 것이 아니라 하나님의 선물이다(엡 2:8). 아벨은 하나님이 은혜의 눈으로 그를 바라보아 주셨기 때문에 믿음을 선물로 받은 것이며, 이것을 히브리서에서 아벨은 믿음으로 제사를 드렸다고 해석한 것이다.

제사를 드리는데 제물을 태우는 것은 하나님이 하는 사건이다. 그런데 본문에서는 '주목하고 응시했다'고 말씀하셨다. 하나님이 누구를 주목하여 바라보느냐가 중요하다는 말이다. 그리고 이는 아벨이 잘해서가 아니고, 가인이 잘못해서도 아니다. 전적으로 하나님이 하나님의 마음대로 바라보아 주시는 것이다. 독자 여러분은 출애굽기 33:19을 읽고 보고 묵상해 보기 바란다.

여호와께서 이르시되 내가 내 모든 선한 것을 네 앞으로 지나가게 하고 여호와의 이름을 네 앞에 선포하리라. 나는 은혜 베풀 자에게 은혜를 베풀고 긍휼히 여길 자에게 긍휼을 베푸느니라.

하나님 앞에 선한 것과 악한 것이 모두 지나가고 있는데 좋은 것에게 은혜를 베푸시는 것이 아니라 '모든 선한 것을 하나님 앞에 지나가게 하시고 하나님이 긍휼히 여길 자는 긍휼히 여기고 은혜를 줄 자에게는 은혜를 주신다고 하셨다. 이 모든 것은 하나님의 주권을 강조하고 있다.

그러므로 성경을 읽고 연구하는 사람은 '자기도'라는 말과 영어 번역본에서 'also'라는 말과 히브리어 '감 םּגַ'이라는 단어에 관심을 가지고 주의 깊게 본문을 다시 읽어 보면 좋겠다. 그때도 아벨은 좋은 것으로 가져왔고, 가인은 끝물을 가져왔다고 할 수 있는지 연구하여 보면 좋겠다. 본문은 하나님의 주권의 문제를 말하는 것이라고 해석하는 것이 바람직할 것이다. 에베소서 1:4을 읽어보시면 좀 더 이해가 분명해질 것으로 본다.

곧 창세 전에 그리스도 안에서 우리를 택하사
우리로 사랑 안에서 그 앞에 거룩하고 흠이 없게 하시려고

하나님은 사람을 창세 전에 택하였다. 우리가 태어나기 전에 선택하였다. 이는 우리가 어떤 행위를 하기 전에 이미 택하였다는 말이다. 이러한 말씀들은 하나님의 주권에 대하여 우리에게 분명하게 가르쳐 주는 말씀이다.

창세기 4:5 가인과 그의 제물은 받지 아니하신지라 가인이 몹시 분하여 안색이 변하니

	וַיִּ֑חַר	שָׁעָ֑ה	לֹ֣א	וְאֶל־מִנְחָת֖וֹ	וְאֶל־קַ֥יִן
음역)	바이히카르	샤아	로	민ㅎ카토 –버엘	카인– 버엘
직역)	그는 타 올랐다	그가 응시했다.	않았다	그의 제물	가인-그리고에게

	פָּנָֽיו:	וַֽיִּפְּל֖וּ	מְאֹ֔ד	לְקַ֙יִן֙
음역)	파나브	바이플루	머오드	러카인
직역)	그의 얼굴	그들이 떨어뜨졌다	매우	가인에게

먼저 본문 전반절을 히브리어 성경으로 주의깊게 읽고 단어 대 단어로 번역하여 읽는 것이 좋을 것이다.

מְאֹ֔ד לְקַ֙יִן֙ וַיִּ֑חַר שָׁעָ֑ה לֹ֣א וְאֶל־מִנְחָת֖וֹ וְאֶל־קַ֥יִן

머오드 러카인 바이히카르 샤아 로 민ㅎ카토 –버엘 카인– 버엘

먼저 단어가 기록된 순서대로 번역하여 보면

그리고 에게, 가인, 그리고 에게, 그의 제물, 않았다, 그가 응시하였다, 그리고 그가 화났다, 가인에게 심히.

이 단어를 문장으로 구성하면 다음과 같다.

가인에게 그리고 그의 제물에게 그는 응시하지 않았고 그는 가인에게 심

히 화났다. 의역하면 하나님은 가인과 그의 제물에 응시하지 않았다. 그리고 그는 가인에게 매우 화났다.

본문에서 우리가 주의깊게 읽어야할 구문은 다음과 같다.

1) '그의 선물에게'라는 구문에서 '그'는 누구인가?
2) '그가 응시했다'는 구문에서 '그'는 누구인가?
3) '그는 화났다'는 구문에서 '그'는 누구인가?
   하나님인가? 가인인가? 아벨인가?
4) '그의 얼굴'에서 그는 누구인가?

분명한 것은 1)에서 그는 '가인'이고, 2)번에서 그는 하나님이시다. 하나님께서 아벨의 것은 바라보아 주셨는데, 지금 가인의 것에 응시하지 않으셨다는 말씀이다. 먼저 4)번을 보면 그는 가인이 분명하다.

문제는 3)번인데 '누가 화났다'는 말인가 이것이 문제이다.

하나님이 가인에게 화냈다는 말인가?

아니다 하나님이 화내실 이유가 없다. 하나님은 바라보아 주시지 않은 것으로 끝이다.

그러면 그는 아벨인가?

아벨이 형에게, 형은 제사를 어떻게 행하였기에 하나님이 응시하지 않으시냐며 화를 낸 것일까? 그래서 가인이 고개를 떨어뜨리고, 너 두고 보자고 한 것은 아닐까? 그것도 왠지 석연치 않다. 그러면 그는 누구인가? 가인인가? 가인이 가인에게 화냈다는 것이 논리적으로 맞는가? 이것은 히브리어 구문을 분석할 필요가 있을 것 같다.

히브리어는 어순이 그다지 중요하지 않다. 그러나 본문은 문장의 순서를 살펴볼 이유가 있다. 문장의 순서가 "주어 + 동사 + 전치사 ל +명사"에서, 주어가 독립적으로 나오든지, 동사에 포함되어 있든지 주어가 있을 것이다. 그 주어와 전치사 ל의 목적어로 쓰인 명사가 성, 수, 인칭에서 일치하면 그것은 주어를 강조하는 구문이다. 그래서 이와 같은 문장은 이렇게 해석한다.

'명사가 그 자신 …에게 진실로 그렇게 했다.'
본문을 이 구조에 맞추어 나열해 보면, 다음과 같다.
"그가(주어) + 화났다(동사) + 에게(ל) + 가인(명사)"

문법적 구조를 따라 본문을 해석해 보면, '가인이 그 자신에게 진실로 화났다'이다. '그가'라는 말과 '가인에게'에서 '가인'이 성, 수, 인칭에서 일치한다. 그러므로 가인이 화가 난 것을 강조하여 표현한 구문이다. "가인 그가 스스로 심히 화가 났다"는 말이다. 히브리어 단어만 알고 번역하면, 아벨이 화가 난 것처럼 보인다. 그래서 히브리어로 성경 공부하는 곳에서 그렇게 가르치기도 하는데, 이것은 아마도 구문론을 오해한 것으로 볼 수 있다.

민수기 16:15 "모세가 심히 노하여 여호와께 여짜오되 주는 그들의 헌물을 돌아보지 마옵소서 나는 그들의 나귀 한 마리도 빼앗지 아니하였고 그들 중의 한 사람도 해하지 아니하였나이다 하고"라는 구문이 있는데 이 구문도 비슷한 구문이다.

모세가 심히 노하여(וַיִּחַר לְמֹשֶׁה מְאֹד 바이ㅎ카르 러모쉐 머오드)
מְאֹד(심히)+לְמֹשֶׁה(모세에게)+וַיִּחַר(그가 화났다.)
לְמֹשֶׁה(명사 +ל전치사)+וַיִּחַר(동사+주어)

그가 누구인가? 모세이다. 그러기에 모세가 진실로 화났다는 것을 강조하는 구문이다.

분노와 시기가 살인의 이유가 된다. 분노는 살인을 만든다(잉태한다)는 말이 있는데 사실이다. 시기와 분노는 살인을 잉태하고, 살인하는 행위를 드러낸다. 마태복음 5:21~22은 이렇게 기록하고 있다.

> 옛 사람에게 말한 바 살인하지 말라 누구든지 살인하면 심판을 받게 되리라
> 하였다는 것을 너희가 들었으나
> 나는 너희에게 이르노니 형제에게 노하는 자마다 심판을 받게 되고
> 형제를 대하여 라가라 하는 자는 공회에 잡혀가게 되고
> 미련한 놈이라 하는 자는 지옥 불에 들어가게 되리라.

오늘 우리가 누구에게 시기, 분노, 질투가 일어난다면 지금 빨리 내려놓아야 한다. 그것을 품고 있는 한 계속하여 살인하고 있는 것이다. 그것을 품고 있으면 살인을 잉태하게 된다. 우리는 하나님 안에 있는 사람으로 내 옆에 있는 자는 나의 사랑의 대상이지 시기와 분노의 대상이 아니다.

지금 본문에서 가인이 심히 화를 내는 것은 이미 살인한 것과 같은 것이다. 왜냐하면 드러내놓고 화를 내 뿜는 것은 그 시간이 살인하는 현장이기 때문이다. 본 절에서 가인에게 하나님이 응시하지 않았다. 그 때에 가인이 심히 화가 났다. 이는 가인이 분노한 것일까? 아니면 왜 나의 제사를 받지 않는 것일까 하는 실망의 표현인가? 스스로가 자기 자신에게 '아, 나는 왜 이럴까?' 자기 스스로가 자신에게 실망해서 자포자기한 것은 아닐까?' 가인이 자기 자신이 침체의 늪에 빠진 것을 표현하는 것은 아닐까?

그리고 가인은 그의 얼굴을 떨어뜨렸다. 이는 실망과 분노와 고뇌가 가득한 모습이다. 주석가들 가운데 가인이 부끄러워 고개를 떨구었다고도 하는데, 그것은 아닌 것 같다. 왜냐하면 몹시 화가 났다는 표현이 먼저 나온 다음 그는 고개를 떨어뜨렸다고 말하기 때문이다. 가인은 아벨과 같이 제사를 드렸는데, 하나님께서 동생 아벨의 것을 바라보아 주시고 자신이 드린 것을 바라보지 않으시자 그는 부끄러워한 것이 아니라 분노가 불 타 올랐다. 그러므로 고개를 떨어뜨린 것은 심한 분노의 감정을 표현한 것이다.

성경을 읽고 연구하는 독자 여러분이 어떤 일을 만났을 때, 자신의 고개를 땅을 향하여 떨어뜨리지 말고, 자신의 고개를 들고 하나님을 향하여 부르짖는 자리로 나아가야 한다. 하나님도 아마 가인이 하나님을 찾기를 기다리고 있었는지 모른다.

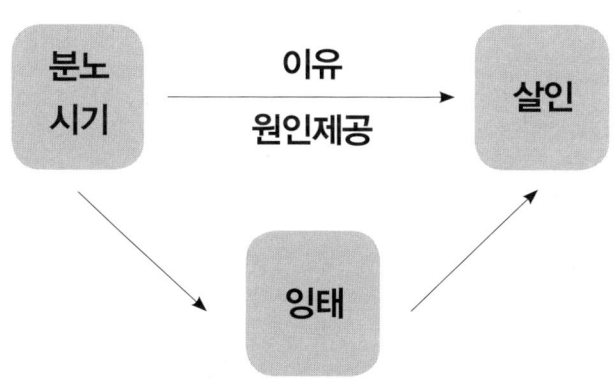

창세기 4:6 여호와께서 가인에게 이르시되 네가 분하여 함은 어찌 됨이며 안색이 변함은 어찌 됨이냐

	וְלָ֖מָּה	לָ֑ךְ	חָ֣רָה	לָ֚מָּה	אֶל־קָ֑יִן	יְהוָ֖ה	וַיֹּ֥אמֶר
음역)	버라마	라ㅋ흐	ㅎ카라	라마	카인-엘	하쉐임	바요메르
직역)	왜 그리고	네게	그는 화가 타 올랐다	왜	가인에게	하쉐임이	그가 말했다

					פָּנֶֽיךָ׃		נָפְלוּ
음역)					파네이ㅋ하		나펄루
직역)					너의 얼굴을		그들이 떨어뜨렸다

하쉐임이 가인에게 말씀하셨다. 그런데 여기서 하나님이 죄인에게 말씀할 이유가 있었을까? 죄인이 하나님을 찾아간 것도 아닌데 하나님이 먼저 죄인에게 찾아와 말을 걸어 주신다. 죄를 지으면 벌을 주면 되는데 하나님은 지금 가인에게 말씀하시고 계신다. 3장에서 범죄 한 아담을 찾아가 대화하신 것과 같이 지금 하나님은 죄인을 찾아오신 것이다. 아담에게 기회를 주셨던 하나님이 지금 가인에게 기회를 주시기 위해서 찾아오신 것이다. 그래서 하나님의 호칭이 하쉐임으로 나온다.

은혜의 하나님께서 죄인에게 오셔서 말씀하시는데 첫 번째 말씀이 '너는 왜 분노가 타오르냐'는 질문이다. 이 말씀은 '네가 분노하는 이유가 무엇이냐'는 질문이다. 이 말씀은 가인아 너 스스로를 한 번 돌아보면 어떻겠니? 네가 화를 낼 이유가 없지 않니?라고 하시는 말씀이다.

하나님은 그와 그의 후세대 사람들에게 회개의 방법을 가르치기 위해 그에게 찾아와 말씀하신 것이다. 죄인이 하나님 앞에서 진실하게 회개한다면 하나님은 그의 죄를 속하여 주실 것이다. 우리가 하나님 앞에 나아갈 때 하나님은 우리에게 은혜 주시기 위하여 하쉠임 하나님으로 우리를 기다리고 계신다.

하나님은 다시 한 가지 질문을 가인에게 더 묻는다. '가인아 왜 너의 얼굴을 떨어뜨리느냐?' 이 질문은 아마도 다음과 같은 의미로 가인에게 대화를 요청하신 것으로 보인다.

> 내가 너의 형제의 제물을 바라본 것이 그렇게 화가 나느냐?
> 하나님인 내가 그것도 내 마음대로 할 수 없느냐?
> 네가 네 마음대로 짜증내는 것처럼 나도 내 마음대로 할 수 있지 않니?
> 가인아! 너는 나에게 물어보아 주면 좋지 않겠니?
> 하나님 저는 어떻게 해야 해요!
> 이렇게 말이야!

하나님은 지금 가인을 가르치기 위하여 모든 것을 준비하시고 계시는데 가인은 화부터 내고 있는 장면이다. 하나님은 잘못하였을 때, 잘못을 시정할 수 있을 때, 지나간 일에 대하여 슬퍼하지 말고, 미래에 대한 문제를 개선하는 데 집중하라고 가르치는 장면이다(Sforno).

그리고 하나님은 자기 연민에 빠지는 것에 대하여 가르치기를 원하신다. 그래서 지금 묻고 계신다.

'왜 너의 얼굴을 떨어뜨리느냐?'

이 말은 너는 왜 자기를 비하하여 분노하느냐는 말씀이다. 네가 그렇게 하는 이유는, 네가 너의 형제보다 높아지려는 것이고, 네가 원하는 분명한 목표는 더 높은 목적을 가지고 있기 때문이다(Abarbanel)라고 가르치는 장면이다.

빌라 가온(Vilna Gaon)은 하나님이 가인에게 질문하실 때, '왜'라는 의문사를 히브리어 '라마 לָמָּה'를 사용하였는지에 관심을 두고 해석한다. 히브리어에 '왜'라는 의문사는 두 가지가 있다. 하나는 '마두아 מַדּוּעַ'이고 다른 하나는 본문에 쓰인 '라마 לָמָּה'이다. 본문에 쓰인 '라마 לָמָּה'는 '쓸데없는 일', '헛된 일', '할 필요가 없는 일'을 했을 때 '왜' 그런 일을 했느냐고 물을 때 사용한다. 그러므로 하나님은 지금 가인에게 네가 지금하고 있는 일은 쓸데없는 일을 하고 있다는 것을 가르쳐주는 말씀이다.

가인아 너는 나를 이렇게 생각했는지 모르겠다.

> 내가 너의 제사, 제물 하나를 받아들이지 않았기 때문에
> '나를 정의와 판단이 없는 존재'로 받아들일지 모르겠구나.
> 하지만 나는 그렇지 않다는 것을 알아야한다(Targum Yonasan).

본문에서 하나님은 가인에게 말씀하신다.

> 나는 희생을 원하지 않는다.

하나님은 가인에게 이것을 가르치고 싶었던 것이다. 이 주제는, 나중에

선지자들의 말에 자주 나오는 주제가 된다(삼상 15:22, 전 5:1, 호 6:6, 마 9:13, 12:7; 막 12:33). 하나님은 이것을 가인에게 분명하고 바르게 가르치기 위하여 7절 말씀을 하신다.

창세기 4:7 네가 선을 행하면 어찌 낯을 들지 못하겠느냐 선을 행하지 아니하면 죄가 문에 엎드려 있느니라 죄가 너를 원하나 너는 죄를 다스릴지니라

	לַפֶּתַח	תֵּיטִיב	לֹא	וְאִם שְׂאֵת		אִם־תֵּיטִיב	הֲלוֹא
음역)	라페타ㅎ크	테이티브	로	버임 써에이트		테이티브-임	할로
직역)	입구에	네가 선을 만들었다	않았다면	만약 들어 올리다	네가 좋(선하)게 만들었다면-만약		~않겠느냐?
	תִּמְשָׁל־בּוֹ׃		וְאַתָּה	תְּשׁוּקָתוֹ	וְאֵלֶיךָ	רֹבֵץ	חַטָּאת
음역)	보-팀솰		버아타	터슈카토	버에이레이카 하	로베이쯔	ㅎ카타트
직역)	그안에서- 다스릴 것이다		너는 그리고	그의(죄) 소원	너에게 그리고	누울 것이다	죄가

유대인 주석가들은 이 구문이 성경의 가장 난해한 구절 중 하나라고 말한다. 탈무드는 본문에 나오는 단어 '써에이트 שְׂאֵת'의 통사론 관계의 모호함 때문에 번역하기 난해한 구문이라 한다. 특별히 성경에 나오는 구문 가운데 가장 불확실한 구문 5구문 가운데 한 구문이라고 하였다(Yoma 52b). 그런데 유대인들이 즐겨하는 이 단어의 해석은 므나헴(Menachem), 이븐 야나흐(Ibn Janach), 라쉬(Rashi), 탈굼(Targum)과 출애굽기 34:7에서 번역한 것과 같이 '용서'라고 한다.

이븐 에즈라(Ibn Ezra)는 욥기 11:15과 같이 해석하여, '당신의 표정을 들어 올리시오. 당신이 자신을 향상 시키면 당신의 얼굴을 들어 올리게 될 것이다.' 즉, 당신은 기분이 좋을 것이고 당신의 성향은 좋아질 것입니다. 이것은 가인의 좌절감에 대한 하나님의 위로하심의 말씀으로 그의 얼굴을 들어 올리라는 말씀이다.

람반(Ramban)에 따르면, '써에이트 שְׂאֵת'는 존엄성, 우수성을 의미한다고 하였다. 창세기 49:3을 읽어보면, '예테르 써에이트 יֶתֶר שְׂאֵת'를 한글로 '위풍이 월등하고'라 해석하였는데, '위풍'이 바로 '존엄성'을 말한다. 그래서 람반은 말하기를 '왜 너는 네 동생을 괴롭히느냐? 분명히 네가 네 자신을 향상 시킨다면, 너는 그를 앞서는 탁월함을 얻을 것이다.'

그 다음 구문을 보면 '죄가 입구(문)에 누울 것이다'고 하였는데 이는 무덤 입구에서, 무덤으로 들어가는 문에서, 너의 죄는 찾아질 것이다. 그러니 너는 반드시 회개하여야 한다. 회개하지 않으면 미래의 세상에서, 네가 새롭게 들어가는 문을 열고 들어간 새 세상에서 형벌이 너를 기다리고 있을 것이라는 말이다.

그러므로 네가 만일 이 세상에서 너의 행위를 선하게 고쳐 행하지 않는다면, 너의 죄는 심판의 날까지 너의 마음의 문 앞에서 살고 있을 것이다 (Targum Yerushalmi), 네가 세상의 악한 성향에 굴복한다면 처벌과 악은 네 집의 대문에 살고 있는 것처럼 항상 너와 함께 할 것이다(Sforno). 람반에 따르면 네가 네 길을 선하게 만들지 않으면 네가 죽인 너의 형제 때문에 너는 악을 낳을 뿐만 아니라 네 집의 문마다 네 죄가 숨어있어 네가 하는 모든 일에 실수하게 만들 것이다. 이것이 가인 네가 범한 악의 현주소라는 것을 하나님은 가인에게 가르치고 있다. 그러니 내가 지금 너에게 기회를 줄 때 돌아서라 그러면 네가 살 것이라는 권면의 말씀이다.

미드라쉬 하가돌(Midrash HaGadol)은 이 사건을 의미 있게 해석하는 것을 볼 수 있다. '네가 네 자신을 고칠 수 있는 방법을 따르면, 그 때 너는 과거의 죄에 대하여 용서 받을 수 있는 방법을 찾을 수 있을 것이다. 그러나 네가 너의 길을 바꾸지 않으면, 너의 죄는 네가 출입하는 문에서 거주하면서, 너의 발걸음을 악한 길로 인도하기 위하여 너의 발목을 붙잡을 것이다.' 사람에게 토라가 잊혀져있을 때, 죄는 그 사람이 출입하는 문에 거주하다가 그의 발목을 붙잡는다. 그러므로 사람이 토라를 잊어버리는 순간 죄악의 길로 들어가는 문을 통과 한다.

탈무드(Talmud)는 이 구절을 인용하여 흥미 있는 가르침을 주었다. 사악한 성향은 사람이 세상에 들어올 때, 죄의 문턱에서 거주하다 태아가 세상으로 향하는 문을 통과하는 순간, 그에 대한 지배력을 갖는다. 이 가르침은 태아가 형성될 때, 악한 성향이 그를 지배하는 것이 아니라, 그가 출생할 때부터 그에 대한 지배력을 갖는다고 가르쳤다(Sanhedrin 91b).

탈무드는 가르치기를 '아이는 어머니의 자궁에서 토라 전체를 배운다'고 하였다. 그러나 그가 태어나서 성장하여 세상에 들어가려할 때, 악한 것이 와서 그 사람의 입이 문에 부딪히게 만들어 토라 전체를 잊게 만든다. 다시 말해서 사람이 태어나는 순간부터 토라를 잊게 만들기 위하여 죄는 언제나 그가 출입하는 모든 문에서 거주한다(Niddah 30b).

그러면 인간은 반드시 죄를 지을 수 밖에 없느냐? 그리고 죽을 수 밖에 없는 존재인가? 절대로 그런 것은 아니다. 죄를 지은 자가 하나님 앞으로 돌아오는 길은 열려 있다. 그 길은 하나님 앞에서 선을 행하는 것이다. 그렇다고 죄가 과소평가 되어서는 안 된다. 그 죄는 너를 압도할 수 있는 힘이 없지만, 그것은 당신의 문 뒤에 조용히 기다리며 살고 있다. 언젠가 너의 발목을 잡을 기회를 찾기 위하여 항상 문에서 거주하고 있다. 이것을 인식하지 못하고 선을 행하지 않으면 그것이 너의 친구가 되어 너를 넘어지게 만든다. 그리고 마침내 집안의 주인이 되기 위해 너 스스로를 무너지게 만든다. 하나님의 말씀 토라를 잊는 순간, 죄는 너 자신의 약점인 너의 발꿈치를 붙잡고 넘어지게 만든다. 언제나 하나님의 말씀을 선택하는 자리로 나아가는 것이 중요하다.

다음 구문을 읽어 보면 '그리고 그것의 소원이 너에게 있을 것이다'고 하는데, 이 말씀은 죄는 '욕망'을 가지고 '너'를 향하여 '기다리고 있다'는 말이다. 이 구문에 사용된 소원이라는 말은 창세기 3장에서 여자의 소원을 말할 때와 같은 단어이다. 본문에서 이 '소원'은 '욕망'인데, 그 의미는 '죄를 범하게 만드는 악의적인 성향'을 지칭하며, 그 욕망은 끊임없이 너를 유혹하려 한다(Rashi). 그래서 말빔(Malbim)은 악의 근본적인 본능, 악한 성향이 죄를 범하는 자리로 사람을 인도한다고 가르쳤다. 이 악한 성향은 하나님의 말씀이 없을 때 힘을 발휘한다. 이븐에즈라(Ibn Ezra)는 네가 오직 죄에 욕망을 가지면 죄가 기꺼이 너를 부양한다고 가르쳤다. 반대로 하나님 말씀에 소원을 두면 죄를 부정하고 말씀을 이루는 자리로 나갈 수 있다고 가르쳤다. 다음 구문을 읽어보면 이것을 이해할 수 있다.

하나님은 가인에게 '너는 그것을 다스릴 것이다'는 믿음의 말씀을 주시면서 본 절을 마감한다.

가인아 네가 그것을 성복하기 원한다면 너는 너의 길을 고치고, 네가 너 자신의 죄를 버릴 수 있기 때문에 그것을 다스릴 수 있다(Rashi). 그러므로 지금 하나님은 회개에 대해 가인에게 가르쳐 주시면서, 지금 하나님 앞으로 돌아와 그것을 정복하라는 권면의 말씀을 하시면서 본 절을 마무리하신다. 가인이 회개하는 것은 인간의 능력 안에 있으며, 하나님 앞으로 돌아오면 하나님은 그를 용서하신다(Ramban).

가인아, 너의 손에는 내가 사악한 성향을 능가하는 힘을 주었다. 네가 의로운 사람이 되거나, 그 반대의 사람이 되는 것은 전적으로 너의 자유의지에 달려있다. '죄는 너를 유혹하려 하지만 너는 그것을 정복해야 하고 죄가 너를 압도하지 못하게 만들라!'(R 'Meyuchas)

탈무드에서 난해한 구절로 뽑은 7절을 다시 한 번 정리하고 다음 절로 넘어가는 것이 좋겠다. 우리가 보아서 알다시피 7절의 구조는 아담과 하와에게 말씀하신 구조와 거의 같다. 가인아, 네가 선을 행하였다면, 나를 향하여 똑바로 말할 수 있지 않겠느냐? 선을 행하지 않았으면 네가 출입하는 입구(문)에 죄는 자리 잡을 것이다. 이 말은 죄가 입구에 누워서 사람이 점점 죄에 빠져가도록 한다는 말인데, 가인이 죄를 지은 죄인으로 하나님이 정죄하고 있다면 하나님께서 과연 이런 말씀을 하셨을까? 깊이 생각해보자. 여기서 우리는 자유의지를 그릇되게 사용한 아담과 하와처럼, 가인도 자기에게 주어진 자유의지를 잘못 사용하였다는 것을 알아야 한다.

죄는 하나님의 창조물이 아니라 하와와 아담이 자유의지를 그릇되게 사용하여 뱀이 유혹하는 말을 듣고 그의 말을 따르는 순간 그것을 죄라 부른 것이다. 그러므로 하나님에게 속한 신분에서 사탄에게 속한 신분으로 자리를 바꾸게 되었다. 이것을 죄라고 부른다. 이 죄는 하와와 아담을 하나님과 단절되게 만들었다. 지금 본문에서도 하나님은 말씀하신다. 네가 자유의지를 바르게 사용하였다면 너는 고개를 들지 않겠느냐? 만약 자유의지를 바르게 사용하지 않았다면 너의 신분과 위치와 자리가 바뀐 것이며, 그것이 (죄가) 네 안에서 너를 지배하게 될 것이다. 본문은 지금 하나님께서 가인이 하나님 앞으로 돌아올 수 있는 기회를 주시고 계시는 장면이다.

하나님은 아담에게도 하나님께로 돌아올 수 있는 기회를 많이 주셨는데 끝내 기회를 잡지 못하고 무너지고 말았다. 마찬가지로 하나님은 가인에게 돌아올 수 있는 기회를 끊임없이 주고 계신 것을 알 수 있다. 그런데 안타깝게도 가인 또한 그의 자유의지를 가지고 하나님께로 돌아올 수 있는 기회를 계속하여 놓치고 있는 것을 다음 구절에서 읽을 수 있다.

우리는 자유의지를 그릇되게 사용하여 저주의 자식으로 빠져 들어가는 안타까운 현실을 가르쳐주는 말씀을 신약성경 베드로후서 2:12-14절에서 읽을 수 있다.

> 그러나 이 사람들은 본래 잡혀 죽기 위하여 난 이성 없는 짐승 같아서
> 그 알지 못하는 것을 비방하고 그들의 멸망 가운데서 멸망을 당하며
> 불의의 값으로 불의를 당하며
> 낮에 즐기고 노는 것을 기쁘게 여기는 자들이니
> 점과 흠이라 너희와 함께 연회할 때에 그들의 속임수로 즐기고 놀며
> 음심이 가득한 눈을 가지고 범죄하기를 그치지 아니하고
> 굳세지 못한 영혼들을 유혹하며
> 탐욕에 연단된 마음을 가진 자들이니 저주의 자식이라

우리들도 하나님 앞에 살면서 내 자신 스스로는 언제나 의롭게 행하였다 하는데 자신도 모르게 자유의지를 그릇되게 사용하여 다른 사람을 시험 들게 하는 경우가 없었는지 늘 돌아보자. 그리고 내가 서 있는 자리가 하나님이 기뻐하시는 자리인지, 늘 점검하면서 하나님이 기뻐하시는 자리로 나가는 진정한 하나님의 사람이 되어야 하겠다.

창세기 4:8 가인이 그의 아우 아벨에게 말하고 그들이 들에 있을 때에 가인이 그의 아우 아벨을 쳐죽이니라

	בַּשָּׂדֶה	בִּהְיוֹתָם	וַיְהִי	אֶל־הֶבֶל אָחִיו	וַיֹּאמֶר קַיִן
음역)	바싸데	비흐요탐	바여히	헤벨-엘 아ㅎ키브	카인 바요메르
직역)	그들에 그들이 있을 때 였다		그리고 그것이 있었다	그의 형제 아벨에게	가인그가 말했다

	וַיַּהַרְגֵהוּ׃	אָחִיו	אֶל־הֶבֶל	קַיִן	וַיָּקָם
음역)	바야하르게이후	아ㅎ키브	헤벨-엘	카인	바야캄
직역)	그리고 그가 그를 살해했다	그의 형제	아벨에게	가인이	그리고 그가 일어났다

성경은 가인이 아벨에 무엇을 말하였는지 구체적으로 밝히지 않고, 그저 가인이 그의 형제 아벨에게 말했다고 하였다. 무슨 말을 하였는지 모르지만, 가인과 그의 형제 아벨 오직 두 형제만이 들에 있는 시간이 되었다. 그들은 부모와 함께 머무는 자리와 멀리 떨어진 곳에서 각자의 일을 하고 있었던 것으로 보인다. 들에서 가인은 농사를, 아벨은 양을 먹이고 있었을 것이다. 아마도 지금, 같은 들판에 형제가 함께 있었던 시간을 가진 것으로

보인다. 아니면 가인이 그의 아우 아벨을 죽이기 위하여 그런 장소와 그런 시간과 기회를 만들었는지 모른다. 그래서 고대 역본들 가운데 어떤 역본은 '우리가 들로 나가자'고 말했다 한다(Aramaic Targums, like the Greek, Syriac, Latin versions). 그러나 우리가 가진 성경은 그 어떤 것도 언급하지 않는다. 그들이 들에 있는 것은 이상한 일이 아니기 때문이다. 그들은 목자요, 농사하는 자이기 때문에 그들이 들에 있었다는 것은 아주 자연스럽다. 그들이 들에 있는 것은 자연스러운 일인데, 그 때 어느 순간 가인이 아벨에게 말했다고 하는데 가인이 한 말은 누락 되었기에 많은 주석가의 관심을 받는다.

어찌된 경우인지 모르지만 두 형제는 지금 '들'에 함께 있었다. 본문에 쓰인 '들'은 사람들이 거주하는 주택지에서 벗어난 장소로 개방적인 곳, 사람이 없는 장소를 가리킨다. 신명기 22:25과 사무엘하 14:6 에서 추론할 수 있는 것처럼 그 '들'은 종종 범죄 현장이기도 하였다. 이러한 들에, 다른 사람이 한 사람도 없는 들에, 그들 둘만 있었던 것으로 보인다. 이 때 그 형제 둘은 무슨 주제로 이야기했을까에 대하여 많은 사람들이 상상하여 기록한 것을 탈무드에서 읽을 수 있다. 대부분의 사람들이 말하기를 '그들은 그들이 드린 제사에 대하여 이야기하였을 것'이라고 말한다. 전개되는 이야기의 이해를 돕기 위하여 우리도 여기서 그들의 제사에 관하여 좀 더 이야기하고 넘어가는 것이 좋을 것 같다.

우리가 기억해야 할 것은 제사를 열납하느냐, 제사를 열납하지 않느냐 하는 것은 인간의 조건에 달려있는 것이 아니라, 하나님의 주권에 달려 있는 문제라는 것이다. 그런데 지금 그들 둘이 같은 들에 있는 순간이 있었는데, 바로 그 시간에 안타까운 사건이 일어난 것이다.

본문에 보면, 거기서 가인이 아벨을 향하여 일어섰다고 말한다. 아마도 가인은 갑자기 일어나서 동생 아벨을 살해한다. 가인이 아벨을 죽이려 계획한 것은 언제부터일까? 그들 둘이 제사를 드린 다음 그 때부터 가인이 계획한 것일까? 아니면 지금 그들이 들에 함께 있고 아버지 어머니가 없는 시간, 단 둘이 있는 시간이 왔을 때, 갑자기 살해하게 된 것일까? 앞 절에서부터 연결하여 성경을 주의 깊게 읽어 보아야 하는데 '네가 올바르지 못한 일을 하였으니, 죄가 너의 문에 도사리고 앉아서'라고 한 것을 보면, 가인이 어떤 행동을 하려는 시작에 죄가 들어왔다는 말이다. 이 말은 선한 일을 행하려하는 자유의지로 문에 들어서지 않으면 문에 거주하던 죄가 그를 주목하여 보고 있다가 그 순간을 놓치지 않고, 순간의 기회를 포착하여 죄 가운데로 인도하여 그 사람을 범죄의 현장으로 데려간다는 말이다.

하나님께서 아브라함에게 이삭을 바치라 했을 때 아브라함은 아침에 일찍이 일어났다. 이러한 아브라함의 모습을 보면서 하나님이 우리에게 그와 같은 일을 하라 하였으면 어떻게 했을까를 생각해봐야 할 것이다. '혹시 내가 잘못 기도한 것은 아닌가?', '응답의 말씀을 잘못 받은 것은 아닌가?' 하면서 고민하며 깊은 생각에 잠길 수 있다. 하나님께서 우리에게 무슨 일을 말씀하시든지 하나님의 말씀을 듣는 기회가 왔을 때 즉각적으로 순종하는 행동이 필요하다.

기회는 누구에게나 찾아온다. 그러나 그 기회를 활용하는 사람은 심히 적다. 그런데 기회가 왔을 때에 기회를 놓치지 않은 존재가 있으니 그는 사탄이다. 사탄이 지혜롭다는 말은 이렇게 기회가 왔을 때 기회를 놓치지 않는 것을 말한다. 하나님을 잘 믿는 사람도 내가 왜 이럴까? 하면서 순간적으로 다른 것을 생각하는 순간 사탄은 이 기회를, 아주 짧은 그 순간을 절대 놓치지 않는 존재이다. 잠시 순간적으로 우리가 다른 생각을 하는 순간 사탄은 '맞아, 네 생각이 맞아'하면서 우리를 하나님의 의도와 다른 방향으로 가도록 만든다. 그렇게 하는 순간 죄가 우리를 주관한다.

다윗이 밧세바를 범하는 사건을 보면 다윗이 밧세바를 보는 순간 그녀와 간음하려는 마음이 타올랐다. 그 때 다윗이 하나님을 생각하고 마음을 돌렸다면 침상을 눈물로 띄우며 회개해야 하는 그런 사건은 발생하지 않았을 것이다. 그러나 사탄은 그 기회를 놓치지 않고 다윗이 넘어지게 만들었다.

우리 신앙인은 악한 자에게 기회를 주면 안 된다. 그러면 우리의 문에 거주하는 죄가 그 기회를 놓치지 않고 우리를 넘어지게 만든다. 그러므로 우리는 항상 깨어 근신하며, 하나님의 말씀으로 전신갑주를 입어야 한다.

우리가 읽고 있는 본문에서 가인과 아벨이 단 둘이 있는 시간이 없었다면 가인이 아벨을 죽이지 않았을 수도 있다. 그런데 오직 두 사람, 가인과 아벨이 들에 있는 시간이 왔다. 사탄은 그 형제들 단 둘이 있는 기회를 놓치지 않고 가인의 마음을 충동하여 더 큰 죄악의 늪에 빠지게 만들었다. 우리는 이런 자리를 만들지 말아야 하며, 그런 순간이 와도 하나님이 함께 하고 계시다는 확신을 가지고 악한 자의 계교를 이겨야 한다. 요한일서 3:11-12을 읽어보면 가인과 아벨에 대하여 평가한 말씀을 읽을 수 있다.

> 우리는 서로 사랑할지니 이는 너희가 처음부터 들은 소식이라
> 가인 같이 하지 말라 그는 악한 자에게 속하여 그 아우를 죽였으니
> 어떤 이유로 죽였느냐
> 자기의 행위는 악하고 그의 아우의 행위는 의로움이라

가인이 선을 향하는 마음이 없었는데 아벨과 단 둘이 있는 시간이 되었을 때, 동생을 바라보는 순간 저 녀석은 하나님의 사랑받는 자이지, 나와 다른 존재이지 하는 생각이 드는 순간 유혹자는 '맞아'하며 맞장구를 쳐주어 그의 분노를 부채질한다. 이 죄가 가인의 발목을 잡고 가인이 그 곳에서 빠져 나올 수 없는 수렁에 더 깊이 빠지게 만든 것이다. 결국 가인이 살인할 수 밖에 없도록 만들어 더 큰 죄를 범하게 만든다. 우리도 이런 말씀을 읽으면서 나는 하나님 앞에서 어떤 상태로 존재해야 할지를 깊이 생각하고, 순간이라도 하나님을 떠나서는 안된다. 내가 진정으로 깨어 근신하지 않는다면, 신앙이 좋아도 깨어 근신하지 않는다면 어느 순간 어디에서 어떻게 넘어질지 아무도 모른다.

안타깝게도 성경에 처음으로 기록 된 최초 인간의 죽음은 자연적인 원인으로 발생한 죽음이 아니라 인간의 손, 그것도 형제의 손에 의한 살인사건이었다. 창세기 3장에서 보면 남자와 여자는 불멸을 얻기 위해 노력한 것처럼 보이지만 그들의 첫 아들은 죽음이라는 현실을 세상에 가져온 첫 번째 사람이 되었다.

그러기에 하나님 앞에서 우리는 순간순간 자신을 돌이켜 보면서 순간순간 이것이 선인가?, 악인가?, 이것이 선한 일인가?, 악한 일인가?, 하나님이 보시기에 좋은 일인가?, 아닌가?. 생각하면서 하나님의 입장에서 선한 것이라면 어떤 계산도 하지 말아야 한다. 순간적으로 머리에서 계산을 시작하는 순간 죄에게 발목 잡히게 된다. 어떤 순간이라도 하나님이 나와 함께 계시며, 지금 이 순간 나를 보시고, 나의 마음의 생각을 아시고, 나의 입속의 말까지도 듣고 계신다는 사실을 알고 하나님 앞에 나를 세우는 사람이 되어야 한다. 우리는 가인과 아벨의 기사를 읽으면서 이러한 교훈을 깨달아야 한다.

창세기 4:9 여호와께서 가인에게 이르시되 네 아우 아벨이 어디 있느냐 그가 이르되 내가 알지 못하나이다 내가 내 아우를 지키는 자니이까

	וַיֹּאמֶר	יְהוָה	אֶל־קַיִן	אֵי	הֶבֶל	אָחִיךָ	וַיֹּאמֶר	לֹא
음역)	바요메르	하쉐임	엘-카인	에이	헤벨	아ㅎ키ㅋ하	바요메르	로
직역)	그가 말했다	하쉐임이	가인-에게	어디에	아벨	너의 형제	그가 말했다	아니다

	יָדַעְתִּי	הֲשֹׁמֵר	אָחִי	אָנֹכִי:
음역)	야다티	하쇼메이르	아ㅎ키	아노ㅋ히
직역)	나는 알았다	지키는 자 입니까	나의 형제를	제가

이제 최초의 '살인죄'라는 결과가 나오니까 하쉐임이 다시 나타나서 가인에게 묻는다. 물론 3장에서도 죄의 결과가 나타났을 때 하나님이 나타나서 아담에게 질문하였다. 이것은 하나님께서 그 사건에 즉시 개입하시고 계심을 보여준다. 세상에 존재하는 그 어떤 것도 하나님의 주권적 개입에서 자유한 존재는 없다. 본문의 질문은 아담에게 물은 질문과 사뭇 다르게 보이지만 같은 질문으로 보인다. 본문에서는 가인에게 하나님이 물으셨다. '어디에 있느냐? 너의 형제 아벨이.' 창세기 3장에서 하나님은 아담에게 물으셨다. '네가 어디에 있느냐?' 똑같이 '어디에 있느냐'고 하나님은 물었지만, 3장과 4장에서 하나님은 완전히 다른 단어를 사용하여 물으셨다.

4장에 쓰인 '어디에'는 '에이 אֵי'인데, 이 단어는 장소적인 의미에서 어디를 묻는 말이다. 하나님은 가인에게 '아벨은 어디에 있느냐'라고 장소적인 개념에서 물으셨다.

하나님의 질문에 가인은 대답한다. '지키는 자이니까?' 이는 히브리어로 '하쇼메이르 הֲשֹׁמֵר'인데 이는 쇼메이르 שֹׁמֵר(지키는 자) + '하 הֲ(의문문)'로 쓰였다. 가인은 땅을 경작하는 사람이고, 아벨은 양을 치는 사람, 양의 목자, 다시 말해서 양을 지키는 자이었다.

가인은 하나님이 묻는 말씀을 받아 대꾸하듯이 하나님께 이렇게 대답했다.

> 나는 모릅니다.
> 내가 동생을 지키는 사람입니까?
> 아벨이 양을 지키는 사람이고,
> 당신이 내 동생을 지키는 분이지,
> 나는 땅을 경작하는 사람입니다.
> 하나님 저에게 묻지 마세요(Akeidas Yitzchak).

가인은 비양심적이며, 도전적인 말로 하나님께 반문하여 거짓을 말하고 있다. 이 얼마나 안타까운 현실인가? 그러나 이것이 우리가 사는 현대 사회의 현실이기도 하다. 자신이 잘못한 모든 것에 대하여 하나님께 핑계를 돌리고 자신의 의로움을 드러내려는 사회가 현대 사회가 아닌가? 아담과 가인이 살던 때나 첨단 과학 시대라고 말하는 현대나 똑 같다는 것을 알 수 있다.

하나님은 말씀하셨다. '너는 네 이웃을 네 몸같이 사랑하라!' 이 말씀의 의미는 '너의 이웃을 지키는 사람이 되라'는 말씀이다. 우리는 하나님이 하시는 말씀에서 크고 놀라운 계획을 어떻게 다 알 수 있겠는가? 그럴 때마다

'부족한 제가 어떻게 할까요'하고 물어야 한다. 가인은 하나님의 심중을 전혀 헤아리지 못하는 사람이다. 그래서 가인은 '제가 지키는 자이니까?'라고 할 때 1인칭 인칭 대명사 '아노키 אָנֹכִי'를 사용하는데 의미심장하다. 히브리어 1인칭 인칭 대명사는 '아노키 אָנֹכִי'와 '아니 אֲנִי' 두 종류가 있다. 그런데 본 절에는 '아노키 אָנֹכִי'를 사용하였다.

일반적으로 '아노키 אָנֹכִי'는 '유일한 나'를 말할 때 주로 사용하는 단어이다. 반면에 '아니 אֲנִי'는 '보편적인 나'를 말할 때에 사용한다. 따라서 가인은 "내가 유일하게 내 형제를 지키는 자입니까?" 라고 반문한 것이다. 이 말은 나 말고 다른 사람이 지킬 수 있는 것이지 내가 유일하게 내 아우를 지켜야 합니까 하면서 하나님께 반문하고 있는 말이다. 따라서 이 말에서 가인이 말하려는 것은 '당신이 내 동생을 지키는 자이지 않습니까'라고 하면서 모든 책임을 하나님께 전가시키고 있는 것이다. 여기서 하나님이 말씀하려는 것이 있는데 그것은'네가 네 형제를 지키고, 네 형제가 너를 지키고, 하나님이 너를 지키고, 하나님이 너의 형제를 지키는 자이다. 너희는 하나님 안에서 서로 연결된 존재라는 것을 이해하지 못하느냐'이다.

우리는 어떤가? 우리의 이웃을, 형제를 지키는 자로 살아가고 있는가? 우리는 우리의 이웃을 하나님이 나와 똑같이 지키고 계신다는 것을 믿고 사는가? 그렇다면 하나님이 지키는 자를 우리가 미워할 수 있는가? 우리는 가인과 똑같은 사람은 아닌지 자신을 돌아보는 시간을 가지면 하나님이 기뻐히실 것이다.

창세기 4:10 이르시되 네가 무엇을 하였느냐 네 아우의 핏소리가 땅에서부터 내게 호소하느니라

	צֹעֲקִים	אָחִיךָ	דְּמֵי	קוֹל	עָשִׂיתָ	מֶה	וַיֹּאמֶר
음역)	쪼아킴	아헤크하	더메이	콜	아씨타	메	바요메르
직역)	소리 치고 있다	너의 형제의	피들의	소리	네가 하였다	무엇을	그가(하쉐임) 말했다

					מִן־הָאֲדָמָה:	אֵלַי
음역)					하아다마–민	에일라이
직역)					그 땅으로부터	나에게(하쉐임)

3장과 앞 절에서 하나님께서 질문하신 방법과 다르게 본 절에 와서 하나님은 가인에게 단도직입적으로 물으셨다.

'네가 무엇을 하였느냐?'

이 말씀은 질문이라기보다는 하나님의 외침이라고 보아야 할 것이다. 아담의 경우와는 조금 다르다. 본문에서 하나님은 내가 다 알고 묻는데 너는 어찌 그리 말할 수 있느냐? 네가 한 일을 고백하고 용서를 구하는 자리로 나오면 안 되겠느냐고 다그치듯이 말씀하시는 외침의 음성이다. 그러면서 네가 서 있는 땅이 증인이 되어 나에게 소리쳤다고 말씀하신다.

그런데 본문에서 특이한 문법 구조를 볼 수 있다. '너의 형제의 피들의 소리'라 하는데, 피는 복수형인데, 소리는 단수형이다. 그리고 '소리친다'는 단어 또한 '복수형'이다. 그러면 '피'는 단수이기 때문에 '소리치다'의 주어가 될 수 없다. 그러면 어떻게 번역하여야 하는가? 다음과 같이 번역하면 이해하기 쉬울 것 같다.

오! 소리가 들리도다.

이 번역은 하나님의 말씀이 탄식의 외침의 애가처럼 들렸다는 말이다(사 13:4, 52:8, 66:6, 렘 10:22).

그 다음 구문을 보면 '피들이 소리친다'고 하였다. 본문은 '형제의 피'라고 단수형을 사용하지 않고 복수형을 사용하였다. 탈무드는 이 구문에 대하여 다음과 같이 가르친다. '희생자의 피'를 제외하고는 주로 복수형을 사용한다 하면서 아직 태어나지 않은 의로운 자손들의 피도 포함한다고 하였다. 그러므로 본문에서 '형제의 피'라고 하지 않고 '형제의 피들'이라고 말하는 것은 아벨을 포함하여, 아벨을 통하여 태어날 후손들의 피들까지 포함하고 있다는 말이다. 따라서 피들은 아벨의 후손을 포함하여 말하는 것이다. 그리고 성경은 가르치기를 '피는 생명이다'라고 하였다. 그러기에 너의 형제의 피들은 너의 형제들의 생명들이 소리 지르고 있다는 말이다(Sanhedrin 4:5). 이 본문을 근거로 유대인들은 자녀들에게 다음과 같이 가르치기를 즐긴다.

오직 자기만을 위하여 사는 사람은 세상을 파괴하는 사람이다.
그런 사람은 짐승과 같은 사람이다.

피들이 '소리치다' 또는 '울다'고 하였는데, 이는 어떤 위대한 불의의 희생자를 위하여 도움이나 구제에 대한 탄원을 하나님께 호소하는 장면을 묘사한 것이다. 의로운 아벨의 죽음에 대하여 하늘과 땅이 증언하며 하나님께 호소하고 있다는 것을 하나님이 가인에게 가르쳐 준다. 그래서 하나님은 네가 너의 형제 아벨을 죽인 것을 본 증인들이 나에게 호소하고 있다고 가인에게 계속하여 말씀하신다.

창세기 4:11 땅이 그 입을 벌려 네 손에서부터 네 아우의 피를 받았은즉 네가 땅에서 저주를 받으리니

		וְעַתָּה	אָרוּר	אַתָּה	מִן־הָאֲדָמָה	אֲשֶׁר	פָּצְתָה
음역)		버아타	아루르	아타	하아다마-민	아쉐르	파쯔타
직역)		지금	저주되어진다	너는	그 땅보다 더	…한	그녀가 열었다

		אֶת־פִּיהָ	לָקַחַת	אֶת־דְּמֵי	אָחִיךָ	מִיָּדֶךָ׃
음역)		피하-에트	라카ㅎ카트	더메이-에트	아ㅎ키ㅎ하	미야데ㅋ하
직역)		그녀의 입-을	취하기 위해	의피들-을	너의 형제	너의 손으로부터

'지금 너는 저주되어진다'고 하였다. 저주의 정도는 땅보다 더 저주 받는 정도이다. 창세기3:17을 읽어보면, '아담에게 이르시되 네가 네 아내의 말을 듣고 내가 네게 먹지 말라 한 나무의 열매를 먹었은즉 땅은 너로 말미암아 저주를 받고 너는 네 평생에 수고하여야 그 소산을 먹으리라' 하였다. 이때는 땅이 저주를 받았다. 바로 아담으로 인하여 땅이 저주를 받았는데, 지금 가인은 저주받은 땅보다 더 저주받는다고 본문은 말한다.

땅은 창세기 1:12-13에 '땅이 풀과 각기 종류대로 씨 맺는 채소와 각기 종류대로 씨 가진 열매 맺는 나무를 내니 하나님이 보시기에 좋았더라 저녁이 되고 아침이 되니 이는 셋째 날이니라'라고 하면서 본래 땅은 하나님이 보시기에 좋았었다. 그런데 아담이 범죄하므로 인하여 땅은 저주를 받았다. 그런데 가인은 '저주받은 이 땅보다 더 저주를 받는다'니 어느 정도의 저주를 받는다는 말인가?

아담이 범죄했을 때에 땅이 저주를 받아 가시덤불과 엉겅퀴를 낸다고 하였지만 아담이 땀을 흘리며 경작하여 먹고 살 수 있게 해 주었다. 그런데 그 땅이 아벨의 피들을 받은 것이다. 그래서 땅이 더 저주를 받아 이제 가인은 그 땅에서 살 수 없는 지경에 이른 것이다. 땅이 기쁨과 열매를 주지 않는다는 말이다. 땅을 통해서 무엇을 얻을 수 없는 지경에 이른 것이다. 그 땅은 이제 수고하여도 식물을 내지 않는다. 그의 직업이 땅을 경작하는 일인데 이제 그의 직업이 소용이 없어졌다. 그 땅이 그에게 아무 것도 내어주지 않기 때문이다. 그가 아무리 그 땅을 경작하려 하여도 열매를 거둘 수 없다. 왜 그렇게 되었는가? 아담으로 인하여 저주받은 땅이 갈라져 의로운 사람의 피를 받았으니, 더 이상 소출을 내지 않는다. 이 사실을 다음절이 비교적 자세하게 설명한다. 그래서 그는 방랑자가 될 수 밖에 없었다.

이 말씀은 후에 나올 말씀인 '가인이 방황하는 사람이 되었다'는 말씀의 원인을 가르쳐주는 말씀이다. 즉 가인이 왜 유리 방황 하게 되는지 그 근거를 제공하는 말씀이다. 그리고 이 말씀은 세속 문화와 연결되어진다. 가인은 저주받은 땅에서 살아가려 하는데 땅이 좋은 것, 즐거운 것, 기쁜 것을 주지 못하니 다른 것에서 기쁨과 즐거움을 찾기 위하여 노력한다. 이로 인하여 세속문화가 발전하게 된 것이다. 그러나 그는 점점 더 저주받는 자리로 나아가고 있다. 우리는 어디에서 기쁨과 즐거움과 쾌락을 찾는가? 우리가 거주하는 땅인가? 하나님의 말씀인가? 하나님의 말씀을 연구하며, 말씀을 이루는 가운데 큰 즐거움을 얻는 하나님의 사람이 되기를 소망한다.

우리의 교회 안에서 가인이 지켜야할 형제가 얼마나 많은가? 나는 복 받았어 하면서, 가난은 임금님도 구제할 수 없다고 핑계하며 혼자 사는 가인은 아닌가? 그것은 큰 문제이다. 우리는 내 옆에 있는 나의 형제를 지키는 자가 되어야 한다. 서로 지키는 자로 하나님이 기뻐하는 자가 되어야 한다.

창세기 4:12 네가 밭을 갈아도 땅이 다시는 그 효력을 네게 주지 아니할 것이요 너는 땅에서 피하며 유리하는 자가 되리라.

	תֵּת־כֹּחָהּ	לֹא־תֹסֵף	אֶת־הָאֲדָמָה	כִּי תַעֲבֹד
음역)	코ㅎ카흐-테이트	토세이프-로	하아다마-에트	타아보드 키
직역)	그녀의 힘을-주는 것을	그녀(그 땅) 증가시키지 -않을 것이다	그 땅-을	네가 경작할 때

	בָאָרֶץ׃	תִהְיֶה	וָנָד	נָע	לְךָ
음역)	바아레쯔	티흐예	바나드	나	라크흐
직역)	그 땅 안에서	너는 될 것이다	도망자요	방랑자	너에게(너를위하여)

하나님이 가인에게 '네가 땅을 경작할 때'라 말씀하시는 것을 보면 가인은 아담의 대를 이어 땅을 경작하는 사람이었다는 것을 알려주는 본문이다. 그런데 문제는 땅이 그 능력을 나타내 주지 않는다는 것이다. 땅은 본

래 이중적인 전수 능력이 있다. 땅은 열매를 내고, 채소를 내는 능력을 가지고 있다. 하나님이 땅에게 준 능력이 있는데, 이 능력을 주지 않을 것이라는 말로 땅 자체가 다시 한 번 저주 받는 것을 말한다. 이미 아담으로 인하여 땅은 저주를 받았는데 지금 가인으로 인하여 한번 더 저주를 받는다. 씨를 뿌리고 가꾸어도 즉, 가인이 경작할 때 땅이 본래 가지고 있는 능력을 주지 않고, 가인이 이마에 땀을 흘려도 먹고 살 수 없게 된다는 것을 말한다. 이것을 보고 많은 주석가들은 이중적인 저주라고 한다.

  12절은 몇 가지 저주를 말하고 있는가? 앞에서 두 가지 저주를 말하였다. 이는 인간이 인간 자신과 하나님 사이에 묶여진 고리를 산산조각 내는 것처럼, 사람과 땅 사이에 연결된 고리가 있었는데 이 연결된 고리가 또 무너졌다는 말이다. 이것이 누구에게까지 이어지게 될까? 가인에게만 적용되는 것일까? 현인들은 '너에게'라는 말 때문에 오직 가인에게만 적용되고 다른 사람에게는 적용되지 않는다고 하였다. 하나님께서 땅의 능력을 나타내시는데 가인에게는 금하시지만 다른 사람에게는 땅이 계속하여 그것의 능력을 나타내게 만들어 주신다 하였다고 해석한다. 그러나 그것은 아니것 같다. 왜냐하면 너에게라는 단어를 주의 깊게 보아야 한다. 히브리어로 '너에게'는 '라ㅋ흐 לְךָ'인데, 이는 전치사 + 2인칭 여성단수 대명사 접미사가 첨가된 형태이다. 그러면 '너'는 누구인가? 가인 만인가? 그렇다면 2인칭 남성단수 대명사 접미사를 사용하여야 한다. 그러므로 이는 가인으로 인하여 태어날 가인의 후손을 가리키는 것으로 보아야 한다. 아벨의 피들이 아벨의 후손들의 피까지 포함하는 것처럼, 가인의 후손을 포함하는 것으로 보는 것이 타당하다.

  그리고 마지막 구문을 보면 가인에게 또 하나의 저주가 나온다. 바로 너는 '도망자', '방랑자'가 된다는 것이다. 라쉬의 해석에 따르면 '가인은 한 곳에 머물러 살 권리가 없다'고 하였다. 이것은 살인자는 추방되기 때문에 그 땅에서 떠나야 한다(Ramban)는 것이다. 땅이 가인에게 거주할 자리를 내어주어야 하는데, 경작할 자리를 내어 주어야 하는데, 땅이 그것을 허락하지 않는다는 말이다. 그는 어찌할 수 없기 때문에 계속 자리를 옮겨 다녀야 하고, 방랑하는 사람이 되어야 한다.

죄를 지은 사람이 머물 수 있는 곳이 있다. 죄를 지은 사람도 한 곳에 들어가 거할 수 있다. 그럴 때에 그 사람이 죄를 지었을 지라도 그 땅은 그를 용납하고 받아주는 것을 말한다. 거기서 거할 수 있도록 만들어 주는 것이다. 그런데 그는 누구인가? 자기도 모르는 중에 죄를 지은 사람이다. 그 자리를 도피성이라고 한다(출 21:13). 그러나 가인은 부지중에 사람을 죽인 것이 아니라 고의로 죽인 것이기 때문에 그곳에도 갈 수 없다.

전치사 + 2인칭 · 여성 · 단수   전치사 + 2인칭 · 남성 · 단수

왜 하나님은 너에게라는 단어를 2인칭 여성 단수 접미사를 사용하였는가?

창세기 4:13 가인이 여호와께 아뢰되 내 죄벌이 지기가 너무 무거우니이다.

	מִנְּשֹׂא׃	עֲוֹנִי	גָּדוֹל	אֶל־יְהוָה	קַיִן	וַיֹּאמֶר
음역)	민쏘	아보니	가돌	하쉐임-엘	카인	바요메르
직역)	감당할 수 있는 것보다	나의 벌이	크다	하쉐임-에게	가인이	그가 말했다

히브리어의 '아본 עָוֹן'은 이중의 의미를 가지는데, '죄'라는 의미와 그것으로 인한 '형벌'을 의미한다. 왜냐하면 성경적 관점에서 이 두 가지는 분리할 수 없기 때문이며 '형벌'은 언제나 '죄'를 따라오기 때문이다.

지금 가인은 자기가 지은 죄에 대한 형벌을 받는데, '그것이 크다'라고 하쉐임 하나님께 말한다. 이 말은 내 죄의 벌이 그렇게 큰 것이냐? 내가 범한 죄가 그렇게 큰 벌을 받아야 하는가? 내 죄는 당신이 나를 용서하는 것보다 더 크냐? 또는 나의 죄는 용서받을 수 없을 만큼 큰 것이냐? 이 구문을 읽으면서 독자 여러분은 가인이 무슨 의도로 이런 말을 하나님께서 했다고 생각 하는가? 가인은 용서하시는 하나님을 생각 했을까? 하나님은 어떤 죄를 범하더라도 그 죄를 회개하면 온전히 용서하여 주시는 하나님이라는 사실을 가인은 알았을까?

가인이 말하는 것은 자신이 받는 벌이 크다는 것이다. 자신의 죄의 크기를 말하는 것이 아니라 벌의 크기를 말하는 것이다. 이는 회개의 자세가 아니다. 자신의 의로움을 조금이나마 나타내고 싶어 하는 표현이다. 그래서 가인은 지금 말한다. 나의 벌은 내 스스로가 생각할 때, 내가 기대했던 벌보다 더 크다는 말이다. 그래서 받아들일 수 없다는 말을 한 것이다. 그 말이 바로 '내가 들어 올릴 수 있는 것보다 크다' 고 한 것이다. 12절에서 하나님이 ① 땅이 소산을 내어주지 않고 ② 땅이 땅의 능력 자체도 내어주지 않고 ③ 가인은 피하여 다니는 사람이 된다는 세 가지 저주를 말하였다. 이 말을 들은 가인은 '이 벌은 내가 감당하기에 너무 크다'라고 말하였다. 그 말은 내가 들어 올릴 수 있는 능력 '내가 감당할 수 있는 능력'보다 크다고 말한 것이다.

이 구문을 좀 더 깊이 이해하기 위하여 '들어 올리다 נָשָׂא(나쏴)'는 단어와 '죄 עָוֺן(아본)라는 단어가 함께 쓰인 구문을 찾아 읽어보자.

출애굽기 34:7 인자를 천대까지 베풀며 악과 과실과 죄를 용서하리라 그러나 벌을 면제하지는 아니하고 아버지의 악행을 자손 삼사 대까지 보응하리라

'죄를 용서하리라'는 구문은 '아본 עָוֺן'을 '나사 נָשָׂא' 한다 하였다. 이 말은 '죄를 들어 올리리라'는 의미로 '죄인'으로부터 '죄'를 들어 올린다는 말로 용서한다는 말이다.

레위기 5:1 만일 누구든지 저주하는 소리를 듣고서도 증인이 되어 그가 본 것이나 알고 있는 것을 알리지 아니하면 그는 자기의 죄를 져야 할 것이요 그 허물이 그에게로 돌아갈 것이며(죄를 그가 들어 올려야 할 것이다).

가인도 하나님을 향하여 '하나님! 나의 죄가 용서할 수 있는 것보다 더 큽니까?'라고 묻는 말이다. 나의 죄를 나로부터 들어 올리는 것보다 더 큽

창세기 4장 | **79**

니까? 이 말은 하나님이 나의 죄를 들어 올릴 수 없을 만큼 큽니까? 나는 용서받을 수 없습니까?(Onkelos)

가인의 죄는 이미 앞에서 지적하였다. 12절에서 죄에 대한 벌이 선고 되었다. 그러면 죄에 대한 용서를 구해야 하는데, 가인은 죄에 대한 벌이 무겁다는 말만 한다. 그래서 자기가 받은 벌이 자기가 감당하기 어렵다고 호소하는 것뿐이다. 이는 회개하는 모습도, 용서를 구하는 자세도 아니다. 혹시 이러한 모습이 하나님 앞에 서 있는 나의 모습은 아닌지 묵상하는 시간을 가지는 것이 좋겠다.

창세기 4:14 주께서 오늘 이 지면에서 나를 쫓아내시온즉 내가 주의 낯을 뵈옵지 못하리니 내가 땅에서 피하며 유리하는 자가 될지라 무릇 나를 만나는 자마다 나를 죽이겠나이다.

	וּמִפָּנֶיךָ	אֹתִי הַיּוֹם מֵעַל פְּנֵי הָאֲדָמָה		גֵּרַשְׁתָּ	הֵן
음역)	우미파네이ㅋ하	하아다마 퍼네이 메이알 하욤	오티	게이라슈타	헤인
직역)	당신의 얼굴로부터 그리고	그 땅의 얼굴 위로부터 오늘	나를	당신이 쫓아냈다	보세요

	בָּאָרֶץ	וָנָד	נָע	וְהָיִיתִי	אֶסָּתֵר
음역)	바아레쯔	바나드	나	버하이티	에사테이르
직역)	그 땅에서	도망자 그리고	방랑자일	나는~될 것이다 그리고	나는 숨기어 질 것이다

	יַהַרְגֵנִי׃	כָּל־מֹצְאִי	וְהָיָה
음역)		야하르게이니	모쯔이–콜	버하야
직역)		그가 나를 죽일 것이다	나를 찾는 이–모두가	그리고 일 것이다

　가인은 자신이 벌을 선고 받은 것에 대하여 계속하여 불만이 섞인 말을 하고 있다. 이 말은 자신이 무겁다고 말한 것이 무엇인지 설명하고 싶다는 것이다. 만약 앞 절에서 가인이 말한 것이 회개하는 말이라면 가인은 이렇게 말할 수는 없을 것이다.

　가인은 자신이 하나님의 얼굴로부터 스스로 숨기어질 것이라고 말하는데, 이는 앞으로 계속하여, 끊임없이, 숨기어지게 될 것이라는 말이다. 나는 하나님으로부터 숨는 자가 될 것이라는 말로, 이는 하나님 앞에서 죄를 짓고 이리저리 피하는 모습을 표현하는 것이다. 아담도 그랬던 것처럼 말이다.

가인은 하나님을 떠나 방랑자로 살아야 할 텐데 '그 때에 어느 쪽으로 가든지 나를 만나는 사람, 그 한 사람 한 사람이 누구든지 나를 보면 죽일 것이다'라는 가인의 이 말은 가인이 두려워하는 것이 무엇인지 분명하게 가르쳐준다. 가인은 하나님으로부터 떠나는 것이 두려운 것이 아니라, 자신이 죽는 것을 두려워하고 있다. 가인은 도망자가 되는 것, 방랑자가 되는 것이 두려운 것이 아니었다. 비록 하나님이 가인에게 세 가지 저주하는 것을 듣고, 내가 그것을 들어올리기에 너무나 크다고 말을 했지만, 그것을 받아들이기가 두려운 것이 아니라, 자기가 방랑자가 되어 방랑생활을 할 때, 그를 만나는 사람 누군가가 그를 죽일까봐 두렵다는 말이다.

이렇게 우리도 하나님으로부터 떠나는 것을 두려워하는 것보다, 누가 나를 죽이고, 나를 밀어내고, 나를 모함하는 것들을 더 두려워하며, 이것 때문에 하나님이 기뻐하시는 것보다 세상이 더 기뻐하는 것을 하며, 세상이 나를 외면할까봐 더 두려워하는 모습은 아닌가? 하나님보다 다른 사람의 이목을 더 두려워하는 경우가 있지는 않은가? 즉 내가 어떤일을 할 때 하나님이 어떻게 생각하실까 하는것 보다 다른 사람이 나를 어떻게 생각하는가를 더욱 두려워하고 있지는 않는지, 나의 경제적인 손실과 명예의 실추를 더 두려워하고 있지는 않는지 생각해 보아야 한다.

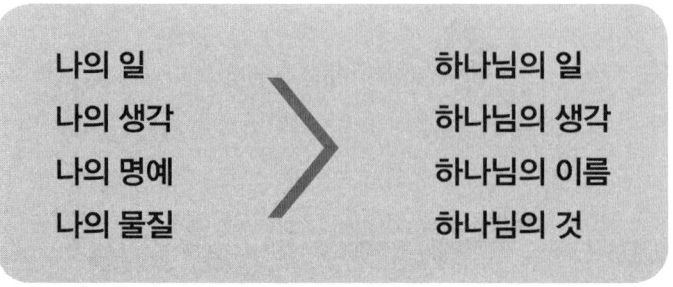

창세기 4:15 여호와께서 그에게 이르시되 그렇지 아니하다 가인을 죽이는 자는 벌을 칠 배나 받으리라 하시고 가인에게 표를 주사 그를 만나는 모든 사람에게서 죽임을 면하게 하시니라

	שִׁבְעָתָיִם	קַיִן	כָּל־הֹרֵג	לָכֵן	יְהוָה	לוֹ	וַיֹּאמֶר
음역)	쉬브아타임	카인	호레이그-콜	라크헨	하쉐임	로	바요메르
직역)	칠 배	가인을	죽이는 자 –모두를	그러므로	하쉐임이	그에게	그가 말했다

	לְבִלְתִּי	אוֹת	לְקַיִן	יְהוָה	וַיָּשֶׂם		יֻקָּם
음역)	러빌티	오트	러카인	하쉐임	바야쎔		유캄
직역)	제외 하도록 하기 위하여	표를	가인에게	하쉐임이	그가 두었다		그는 보복되어 질 것이다

	כָּל־מֹצְאוֹ׃	הַכּוֹת־אֹתוֹ
음역)	모쯔오-콜	오토-하코트
직역)	그를 만나는 자 – 모두	그를 치는자

하나님이 가인의 변명과 억울하다는 말을 듣고 이제 은혜의 하나님 하쉐임께서 가인에게 말씀하신다. 죽이는 자 '모두'에서 '모두(everybody)'는 하나하나 모두를 가리키는 것으로 단수형으로 쓰여 각자 개인(each)을 말하는 것으로, 가인을 죽이는 자 하나하나를 말한다.

하나님은 지금 약속의 말씀을 주시는데 가인을 죽이는 자에게 칠 배의 벌이 임할 것이라 하는데, '7배'를 가리키는 단어를 해석하는 것은 매우 난해하다. 대부분의 성경은 가인을 죽이는 자에게 벌이 7배가 내릴 것이라고 번역한다. 그러면 무엇을 기준으로 7배의 벌을 받는다는 말인가? 그래서 어떤 번역본은 7세대가 지나기 전에 가인을 죽이는 자는 벌을 받을 것이라고 번역하기도 한다(Rashi, Ibn Ezra).

가인을 죽이는 자는 '벌이 내려질 것이다'라고 하였는데, 이 단어는 '복수하는 것', '앙갚음을 하는 것'을 말하는 것으로, '누군가에 의해서 벌이 내려질 것이다'는 의미로 쓰인 사역형이다. 다시 말해서 누군가에 의해서 복수가 만들어질 것이다. 가인을 죽이는 자에게는 반드시 복수하는 자가 일어날 것이라는 의미이다.

가인은 말한다. '나를 찾는 사람 하나하나가 나를 죽일 것이다.' 이때에 하나님께서 '가인을 죽이는 자, 하나하나가 누군가에 의해서 반드시 복수되어질 것'이라는 약속의 말씀을 주시는 장면이다. 그런데 그것도 7배의 벌이 내려질 것이라고 약속하시는 위로의 말씀이다. 죄인을 위로하시는 하나님은 정말 놀랍다.

그러나 '7배'를 '7세대'로 번역할 수도 있는데, 그렇다면 가인의 7세대는 누구인가?

그 다음 구문을 읽어보면, 하쉐임께서 그를 만나는 자, 모두(한 사람, 한 사람)가 그 표를 가진 자를 알아보고, 그 표를 가진 자, 가인을 치지 않도록 모든 사람이 알아볼 수 있는 표를 그에게 주었다. 이스라엘 백성이 이집트에서 나오기 전날에 유월절 양을 잡고 그 피를 문설주에 바른 것처럼, 가인을 만나는 사람 모두가 그 표를 알아볼 수 있는 표를 주었다는 말이다. 이것은 에스겔 7:4-6에 나오는 것처럼 외적인 표를 만들어 주었다는 것을 말하는 것으로 보인다. 하나님은 범죄한 아담에게도, 가인에게도 여전히 은혜를 베풀어 주시는 것을 볼 수 있다. 그렇다고 우리가 죄를 지을 수 있느냐? 그것은 하나님의 은혜를 망각하는 행위이며 배은망덕이다. 우리는 우리의 몸에 예수님의 흔적을 가져야 한다. 세상에서 우리를 만난 모든 사람들이 알아볼 수 있는 예수님의 흔적을 가진다면 얼마나 행복하겠는가? 예수님의 흔적을 가지고, 세상이 감당하지 못하는 사람이 된다면, 그보다 더 큰 행복은 없을 것이다.

창세기 4:16 가인이 여호와 앞을 떠나서 에덴 동쪽 놋 땅에 거주하더니

	וַיֵּצֵא	קַיִן	מִלִּפְנֵי	יְהוָה	וַיֵּשֶׁב	בְּאֶרֶץ־נוֹד	קִדְמַת־עֵדֶן
음역)	바야쩨이	카인	밀리프네이	하쉐임	바예이셰브	노드 –버에레쯔	에덴–키드마트
직역)	그는 나갔다	가인	얼굴로부터	하쉐임의	그는 거주했다	놋의 –땅에	에덴의 동쪽

15절까지 가인과 하나님은 대화를 나누었다. 하나님과 이러한 대화를 하였다면, 가인은 어떤 자세를 취하여야 했을까? 하나님께서 무엇을 말씀 할지라도 "하나님! 저는 하나님을 떠나 살 수 없어요"하는 고백을 하는 것이 마땅하지 않을까?

가인이 하나님의 얼굴로부터 나왔다는 말은 가인은 하나님 앞으로부터 떠나서 나왔다는 말이다. 가인은 '하나님께서 그런 벌을 내리시면 저는 감당할 수 없어요. 이제 나를 만나는 자가 나를 죽이지 못하도록 표를 주셨으니 그나마 다행입니다. 나는 이제 하나님을 떠나 가겠습니다' 하고 하나님으로부터 나온 것이다. 우리는 하나님이 어떤 일을 행하신다 할지라도 '우리는 그것을 감당할 수 없어요' 하면서 하나님을 떠나면 안 된다. 죽어도 하나님 앞에서, 하나님 안에서 죽어야 한다.

시편 1:3에 그는 시냇가에 심은 나무가 시절을 좇아 열매를 맺으니 만사가 다 형통하리라 했다. 여기서 나무가 시냇가에 심겨있기만 하면 저절로 열매가 맺어진다는 말인가? 시냇가에 심겨져 있는 것만으로는 안 된다. '시절을 좇아'라는 말씀을 바르게 이해해야 한다. 시냇가에 심은 나무도 봄이 오고, 여름이 가고, 가을이 오며, 겨울도 온다. 즉 한 겨울에 옷을 다 벗는 시간이 있다. 그 다음 다시 물이 올라오는 봄이 다가온다. 그것을 통하여 새싹이 나고, 여름에 작열하는 태양 빛을 받으면서 열매가 익어가는 것이다. 그래야 가을에 열매가 있다.

우리는 교회 안에서 어려움을 맞이할 때가 있다. 모든 것을 다 포기하고, 내려놓아야 할 때가 있다. 내 인생의 겨울이 올 때는 모두 벗어버리고 하나님께 나오라는 말이다. 이 때를 지나야 한다. 사람은 어떤 순간이라도 하나님 앞을 떠나서는 한 순간도 살 수 없다. 그러나 가인은 지금 하나님의 얼굴로부터 떠나 나간다. 하나님께 등을 돌리고 나가는 것을 바라보시는 하나님의 마음이 얼마나 아팠을까? 하나님께서 회개의 자리로 가인을 초대하고 계시지만 가인은 그 자리를 계속하여 외면하며, 하나님의 말씀을 듣고 돌아오지 못하고, 자기의 길을 가는 안타까운 모습을 본다.

욥이 하나님의 얼굴로부터 떠나려 하였다면 얼마든지 합법적인 이유를 제시하고 하나님을 떠날 수 있었다. 그가 시련의 시련을 겪으면서 그는 모든 것을 다 내려놓았다. 이 때에 욥이 내려놓지 못했다면 심각한 문제가 일어났을 것이다. 다윗은 큰 고난을 겪으면서도 하나님을 떠나지 않으며, 자신을 죽이려는 원수를 죽일 수 있는 기회가 와도 원수를 죽이지 않고 하나님 앞에 맡겨드리는 신앙을 보인다. 우리는 본문에서 하나님과 대면해 있는 가인과 같이 되지는 말아야 한다. 하나님께서 우리를 초대하시는 자리로 나아가야 한다. 하나님의 얼굴로부터 벗어나는 것이 가장 나쁜 것이라는 것을 인식하고, 하나님의 얼굴로부터는 떠나지 말아야 한다. 우리는 문을 지키는 사람이 되더라도 천국의 문을 지켜야 한다. 거기도 천국이니까! 우리는 하나님을 떠나는 일만은 결코 없어야 한다. 천국 밖에 있어서는 안 된다. 그런데 가인은 스스로가 떠나버리니 얼마나 안타까운 일인가?

창세기 4:17 아내와 동침하매 그가 임신하여 에녹을 낳은지라 가인이 성을 쌓고 그의 아들의 이름으로 성을 이름하여 에녹이라 하니라

	וַתֵּלֶד	וַתַּהַר	אֶת־אִשְׁתּוֹ	קַיִן	וַיֵּדַע
음역)	바테일레드	바타하르	이슈토-에트	카인	바예이다
직역)	그녀가 낳았다	그녀가 임신했다 그리고	그의 부인을	가인이	그가 알았다(동침했다)

	הָעִיר	שֵׁם	וַיִּקְרָא	עִיר	וַיְהִי	בֹּנֶה	אֶת־חֲנוֹךְ
음역)	하이르	쉠	바이크라	이르	바여히	보네	ㅎ카노크흐-에트
직역)	그 도시의 이름을		그가 불렀다 그리고	도시의	그는 이었다	건설자	하녹을

	חֲנוֹךְ:	בְּנוֹ	כְּשֵׁם
음역)	ㅎ카노ㅋ흐	버노	커쉠
직역)	하녹이라	그의 아들의	이름처럼

가인이 그의 부인과 동침했다는 말로 시작하는데 그의 부인은 누구인가? 유대인의 전통과 탈무드는 말한다.

> 가인은 그의 누이동생과 결혼 했다(Jubilees 4:9; Sanhedrin 58b).

유대인 전통에서 그렇게 말하는 것은 아마도 창세기 5:4을 기반으로 해석한 듯하다. 사실 현재의 시점에서 그 외의 다른 가능성은 없다.

가인이 그의 부인과 동침하니 그의 부인이 임신하여 하녹(에녹)을 낳은 다음 도시를 건설하였다. 그리고 도시의 이름을 아들의 이름을 따라 하녹이라 불렀다. 이는 그 도시의 주인이 하녹이라는 것을 알려주는 표이다(왕

상 16:24 참고). 하녹이라는 이름이 가지는 기본적인 의미는 시작, 헌신 및 교육과 관련이 있다. 그러므로 하녹이라는 이름은 가인의 대를 이어주는 새로운 세대의 시작을 알려주는 것이다.

가인은 아들을 낳은 후 하녹이라는 도시를 건설하였는데, 이는 농업 문화에서 새로운 문화인 도시 문화로 넘어간 것을 말한다. 땅과 흙은 그의 아버지와 자신의 범죄로 인하여 저주 받은 후 비생산적이 되었으며, 완전히 새로운 용도로 사용된 것처럼 보인다. 지금 성경이 말하는 것은 정치적 및 사회적 단위로서 도시의 중요성과 그 중요성에 대한 새로운 인식을 보여준다. 이 도시의 존재는 고대 근동의 발전을 설명하는데 도움을 준다. 그리고 농부가 도시를 건설했다는 개념은 역사적으로 도시의 발전이 농업 발전의 결과로 부터 이어졌다는 사실과 일치한다. 그러나 가인과 정착된 도시의 연관성은 가인의 삶과 모순되는 것처럼 보인다. 왜냐하면 가인은 유리 방랑하는 자가 되었기 때문이다. 그러나 성경은 가인이 도시를 건설했다고 한다.

그러면 본 절이 가르치려는 것은 무엇인가? 본문이 말하려는 것은 가인의 가족이 구성되어 한 세대가 새롭게 열리는 것을 보여주는 것이다. 그리고 저주 받은 땅이 그에게 무엇을 내어주지 않으니, 땅으로부터 열매와 기쁨과 즐거움을 얻을 수 없으니, 이제 그는 그 땅 위에 무엇을 건설하지 않을 수 없었다. 이처럼 세상에 처음 도시가 건설되었는데, 그 도시가 바로 '하녹'이라는 이름의 도시이다. 이것이 세속 문화의 시작이다. 이처럼 새로운 도시 문화의 시작은 땅이 주는 즐거움이 아닌 다른 무엇인가로부터 즐거움을 찾아 방랑하는 모습으로 이어지는 것을 볼 수 있다. 사람은 하나님을 떠나면 그 어디에서도 즐거움을 찾을 수 없다. 그러므로 행복을 찾아 방랑자가 될 수 밖에 없다.

창세기 4:18 에녹이 이랏을 낳고 이랏은 므후야엘을 낳고 므후야엘은 므드사엘을 낳고 므드사엘은 라멕을 낳았더라

	אֶת־מְחוּיָאֵ֑ל	יָ֖לַד	וְעִירָ֔ד	אֶת־עִירָ֔ד	לַחֲנ֙וֹךְ֙	וַיִּוָּלֵ֤ד
음역)	머ㅎ쿠야엘-에트	얄라드	버이라드	이라드-에트	라ㅎ카노ㅋ흐	바이발레이드
직역)	므후야엘을	낳았다	이랏은	이랏이	하녹에게	그는 출생되었다

	אֶת־לָֽמֶךְ׃	יָלַ֥ד	וּמְתֽוּשָׁאֵ֖ל	אֶת־מְתֽוּשָׁאֵ֑ל	יָלַ֣ד	וּמְחִיָּיאֵ֖ל
음역)	라메ㅋ흐-에트	얄라드	우머투쇠엘	머투쇠엘-에트	얄라드	우므ㅎ키야엘
직역)	라멕을	낳았다	므드사엘은	므드사엘을	낳았다	므후야엘은

하녹이 이랏을 낳았다고 하지 않고 하녹에게 이랏이 출생되었다 하였다. 본 절은 왜 이처럼 특이한 표현을 사용하였을까? 이 구문을 조금 다른 각도에서 읽어보면 흥미 있는 해석을 할 수 있을 것이다. 앞 절에서 하녹이라는 도시를 건설하였는데, 그 도시에, 즉 하녹이라는 도시에, 출생된 사람이 있었으니 이랏이다. 다시 말해서 "'하녹에게', 또는 '하녹을 위하여' 출생되었다. 이랏이." 그때부터 이 도시에서 이랏의 후손들이 출생한 것으로 보아도 무방할 것으로 보인다.

성경은 이랏이라는 이름을 만족스럽게 설명하지 않았다. 흥미롭게도, 수메르 전통에서 보면 첫 번째 도시의 이름이 에리두(Eridu)이다. 이 지역은 현재까지 발굴조사단을 통하여 전 세계에서 가장 오래된 지역으로 밝혀진 메소포타미아지역이다. 현대 지명은 '남부의 샤름 강(Atm Shahrain)'이다. 그러므로 17절에 나오는 말씀을 '도시를 건설하고 그 아들의 이름을 따라 그 도시의 이름을 이랏(Eridu)이라 지었다'로 고쳐 읽어야 한다고 주장하는 이도 있다. 그러므로 17절에 가인이 도시를 건설한 것이 아니고, 가인의 아들 에녹이 도시를 건설하고 아들을 낳고 그 도시의 이름을 이랏(Eridu)이라고 불렀다 한다(창 10:8, 13, 15, 24-26, 22:23, 24:3, JCS 23(1970):57-67).

이랏은 므후야엘을 낳았다. 그 이름은 '하나님은 생명을 만든다'는 의미를 가진 동사 'ㅎ카야 חיה'에서 파생된 다양한 이름 가운데 하나로 보인다. 그러나 무흐야엘은 다른 어근에서 찾기도 한다. '신에 의해 얼룩덜룩 한'이라는 의미를 가진 '마ㅎ카브 m-h-b'에서 그 이름의 의미를 찾거나, 아카드어(Akkadian) 마후후(mahhu)에서 그 의미를 찾는데, 마후후(mahhu)는 '황홀한'이라는 의미에서, 이 단어에 '엘'을 첨가하여 그 이름의 의미를 찾는다면 '하나님의 황홀한 자'라는 의미에서 이는 '하나님의 선견자'라는 의미가 되기도 한다. (창 10:8, 13, 15, 24-26, 22:23, 24:3, JCS 23(1970):57-67).

'하나님의 선견자'라는 의미의 이름을 가진 가인의 증손자 므후야엘은 무드사엘을 낳았는데, 이 이름은 합성어로 보이는데, 첫 번째 어근은 히브리어 '무트 מת, mt'로 보인다. 우가릿(Ugaritic)어나 이집트어(Egyptian)는 '남자, 남편'을 의미하는 것으로 보이며, 아카드어(Akkadian)는 '남편, 남자, 전사'로 볼 수 있다. 우가릿(Ugaritic)에서는 'mutba'al'은 '바알의 사람'으로 나온다. 그러므로 '므드사엘(Methusael)'은 "샤엘의 남자"를 가리킨다고 볼 수 있다. 그러나 '사엘(Shael)'의 본래의 의미는 '슈올(she'ol)'로 지하 세계를 의미한다.

이제 므드사엘이 라멕을 낳으므로 본 절을 마친다. 아랍어(Arabic)에서 이 이름의 의미는 '강한 청년'이다.

성경에서 아담의 아들 가운데 가인의 후손에 대하여 라멕에 이르기까지는 아주 간략하게 소개하고 넘어가려는 의도가 보인다. 왜 가인의 후손의 족보를 간략하게나마 기록하고 있는가? 람반(Ramban)에 따르면 하나님이 오래 참으셨다는 것을 보여주기 위해서 5대까지 족보를 간략하게 기록하였다고 설명했다. 이는 오래참으시는 하나님의 속성을 보여주기 위함이라는 말이다. 다시 말해서 하나님은 범죄한 가인에게 표를 주시고, 그 표를 가지고 5대 후손을 볼 때까지 벌을 받지 않고 잘 살았다는 것을 보여준다(출 34:6 참고).

람반(Ramban)은 또한 가인의 자손들은 에녹으로부터 시작하여 이랏, 므후야엘, 므드사엘, 라멕까지 5세대와 라멕의 세 아들 야발, 유발 그리고 두발가인을 소개하면서 6세대로 마감한다 하였다. 그러나 5장에 나오는 셋의 후손의 족보를 보면 홍수가 나기 전까지 8세대(에노스, 케난, 마할랄렐, 야렛, 에녹, 므두셀라, 라멕, 노아)를 소개하는데 아주 자세하게 소개한다. 이는 하나님의 선택받은 사람의 후손과 그렇지 않은 사람의 후손은 다르다는 것을 보여주는 것은 아닐까?

아다 — 라멕 — 씰라
〈두 부인을 가진 최초의 인물〉

```
              ┌─────────────┐
              │  가인의 계보  │
              └─────────────┘

                   ┌─────┐
                   │ 가인 │
                   └─────┘
                      │
                   ┌─────┐
                   │ 에녹 │
                   └─────┘
                      │
                   ┌─────┐
                   │ 이랏 │
                   └─────┘
                      │
                   ┌───────┐
                   │ 므후야엘 │
                   └───────┘
                      │
                   ┌───────┐
                   │ 므드사엘 │
                   └───────┘
                      │
   ┌─────┐        ┌─────┐        ┌─────┐
   │ 아다 │ ═════ │ 라멕 │ ═════ │ 씰라 │
   └─────┘        └─────┘        └─────┘
      │                             │
   ┌──┴──┐                       ┌──┴──┐
 ┌────┐ ┌────┐                 ┌──────┐ ┌──────┐
 │ 야발 │ │ 유발 │                │두발가인│ │ 나아마 │
 └────┘ └────┘                 └──────┘ └──────┘
```

창세기 4장

창세기 4:19 라멕이 두 아내를 맞이하였으니 하나의 이름은 아다요 하나의 이름은 씰라였더라

	עָדָה	הָאַחַת	שֵׁם	נָשִׁים	שְׁתֵּי	לֶמֶךְ	וַיִּקַּח־לוֹ
음역)	아다	하아하카트	쉐임	나쉼	쉬테이	레메크흐	로-바이카하크
직역)	아다	그 하나의	이름은	그 부인들	둘을	라멕	그 자신을 위하여 -그는 취하였다

	צִלָּה	הַשֵּׁנִית	וְשֵׁם
음역)	찔라	하쉐이니트	버쉐임
직역)	씰라이다	그 두 번째의	그리고 이름은

앞 절까지는 '누가 누구를 낳았다' 하면서 단순한 족보를 써 내려가는 방식을 취하다가 본 절에 이르러 아내를 취하였다는 말이 나온다. 사실 족보를 기록할 때 누가 결혼해서 아내와 동침하니 아들을 낳았다 하는 것이 자연스럽다. 그런데 본 절에서 특이한 것은 두 명의 아내를 취하였다는 것이다. 홍수가 일어나기 전에는 이러한 일이 하나의 관행이었다. 그들은 두 아내를 취하는데 목적이 달랐다. 한 아내는 출산을 위하여 취하고, 다른 한 아내는 즐거움을 위한 아내로 취하였다. 그래서 두 번째 아내는 불임 약물을 투여 받았다 한다. 다시 말해서, 한 아내는 자녀만 생산하면 되고, 다른 한 아내는 남편과 즐기면 된다. 그런데 여자들은 그렇게 사는 것을 원하지 않았다. 자녀를 생산하는 아내는 남편과 함께 즐기기를 원하고, 남편과 즐기는 여자는 자녀를 출산하기를 원했다(Midrash).

라멕도 그 시대의 풍속을 따라 아내 둘을 취하였는데 하나의 이름은 '아다'이고 다른 하나의 이름은 '씰라'였다. 아다는 자녀를 생산하는 아내였고,

씰라는 남편의 즐거움을 위해 예비되어있는 아내였다(Rashi). 미드라쉬에 따르면 아다의 이름은 우스꽝스럽게 나온다. 왜냐하면 그녀는 남편에게 반발하므로 인하여 남편으로부터 멀어짐을 당했기 때문이다. 자신의 신분을 망각했기 때문이라 한다. 반면에 씰라는 그림자에 가려서 살았다 한다. 왜냐하면 자녀를 출산하지 말아야 하는데 자녀를 출산하였기 때문에 그녀는 그 자녀의 그늘에 가려서 평생 살았다.

예루살렘 탈무드는 두 아내의 역할이 바뀌었다고 주장한다. 왜냐하면 라멕이 아다를 사치스럽게 만들었고, 아다는 아름다운 여인이라 불리었기 때문이다. 반면에 씰라가 자녀를 생산하니 그녀의 본연의 임무에서 벗어났기 때문에 그늘이 되었다는 것이다(Yevamos 6:5).

성경은 창세기 4장 후반부에서 세계가 타락해가고 있는 모습을 보여준다. 일부일처제에서 일부다처제로 변화된 것을 통하여 성적 타락의 시작을 보여준다. 그리고 그 시대의 부인들에게는 역할이 분담되어 있었는데, 다른 부인의 역할을 탐내고 그 자리를 차지하는 안타까운 모습을 볼 수 있다.

사람은 누구나 자기의 신분과 자리에 걸 맞는 삶을 살아야 한다. 삶의 자리를 바꾸는 것이 큰 범죄라는 것을 알아야 한다.

가인의 후손 라멕시대 부인의 역할
- 자녀 출산하는 아내
- 남편의 즐거움이 되는 아내

창세기 4:20 아다는 야발을 낳았으니 그는 장막에 거주하며 가축을 치는 자의 조상이 되었고

	אֹהֶל	יֹשֵׁב	אֲבִי	הָיָה	הוּא	אֶת־יָבָל	עָדָה	וַתֵּלֶד
음역)	오헬	요쉐이브	아비	하야	후	야발–에트	아다	바테일레드
직역)	텐트에	거주하는 자의	아비	였다	그는	야발을	아다는	그녀는 낳았다

	וּמִקְנֶה:
음역)	우미크네
직역)	그리고 가축을 치는자.

라멕의 아내 아다가 야발을 낳았는데 그는 목축업자의 조상이 되었다. 본 절에서 목축업은 텐트를 옮겨 다니는 목축업을 말하는 것으로 보인다. 아벨이 목자였는데 그와는 다른 부류의 목축업이라고 보아야 할 것이다. 다시 말해서 가인이 죽인 목자 아벨은 유목민은 아니었다는 말이다.

텐트에 거주하였다는 말은 목초지를 따라 옮겨 다니는 유목민을 말한다. 유목민은 짐승을 데리고 목초지를 따라 이리저리 텐트를 옮겨 다니는 목자들을 말한다. 그리고 본 절에 나오는 '가축'이라는 단어 '미크네 מִקְנֶה'는 2절에 나오는 '양'을 가리키는 '쫀 צֹאן'이라는 단어와는 의미가 완전히 다르다.

출애굽기 9:3에 '너의 가축'이라는 단어가 바로 '미크네 מִקְנֶה'인데, 이로 보건데 야발은 모든 유형의 가축을 치는 목축업자의 조상이 되었다는 것을 알 수 있다.

본문에는 사육하다는 의미가 없지만, 사실 '가축'을 말하는 단어 '미크네 מִקְנֶה'는 가축을 사육하는 의미를 포함하고 있다고 보아야 한다. 그래서 야발은 가축을 사육하는 자의 조상이 되었다는 말로 이해해야 한다. 이는 인류 역사의 문화에서 중요하고 커다란 진보가 있었음을 보여준다(Targum). 이때부터 낙농이 시작되었다는 것을 가르쳐준다(Aderes Eliyahu).

라쉬(Rashi)는 '그가 처음으로 축산업을 연구했다'하였다. 이것을 소개함으로써, 아벨이 죽은 후 생긴 목축업의 공백이 야발시대에 와서 비로소 채워졌다. 우리는 여기서 특이한 점을 발견할 수 있는데, 야발은 바로 가인의 7대손이다(Ralbag). 특이하게 가인의 7대손이 사는 시대부터 폭력이 난무함을 우리는 이제 보게 된다.

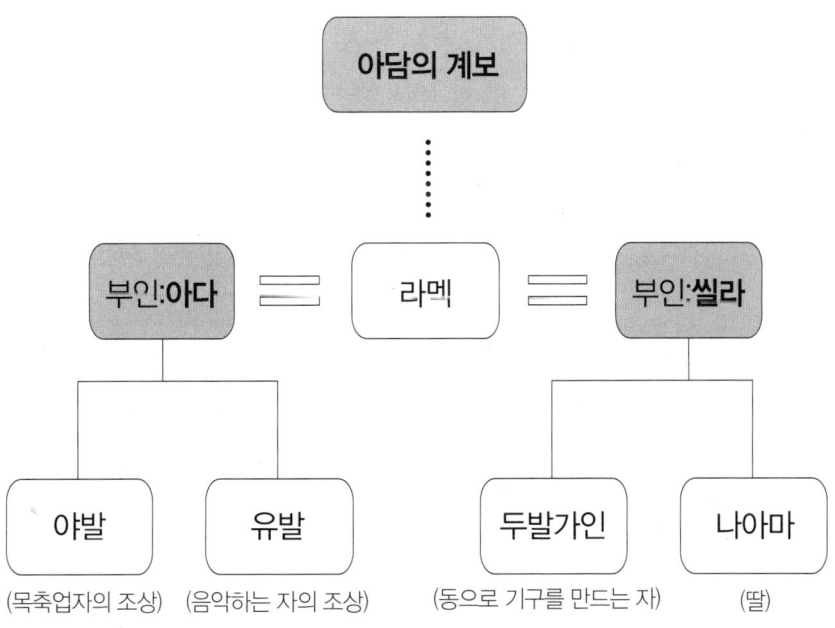

창세기 4:21 그의 아우의 이름은 유발이니 그는 수금과 퉁소를 잡는 모든 자의 조상이 되었으며

	כִּנּוֹר	כָּל־תֹּפֵשׂ	אֲבִי	הָיָה	הוּא	יוּבָל	אָחִיו	וְשֵׁם
음역)	키노르	토페이스-콜	아비	하야	후	유발	아ㅎ키브	버쉐임
직역)	수금과	다루는 자 –모두의	조상	이었다	그는	유발	그의 형제의	그리고 이름은

	וְעוּגָב׃
음역)	버우가브
직역)	퉁소, 그리고

라멕의 아들 가운데 또 하나의 아들은 음악예술의 창시자로 나왔다(Radak). 그런데 그는 이 악기들을 사용하여 우상을 숭배할 때 사용하는 노래를 만들었다 한다(Rashi).

본문에서 악기를 '다루는 자'라 하였는데, 문자적으로는 '붙잡고 다루다'는 의미인데, 히브리어는 '숙련된 자'를 의미하며, 고도로 전문화되고 전문성을 지닌 자를 말한다. 다시 말해서 악기를 다루는 것을 전문적으로 연구한 자를 말한다.

수금과 퉁소는 짝을 이루어 나오는 경우가 종종 있다. 욥기 21:12과 30:31을 읽어보면 두 악기가 짝을 이루어 나온다. 이 두 종류의 악기는 각각 현악기와 관악기를 나타낸다. 이 구절들은 고대 이스라엘 문화에서 음악이 얼마나 중요한 역할을 하였는지에 대해 증언한다.

한글성경에서 '수금'으로 번역된 악기는 히브리어로 '키노르 כִּנּוֹר'인데 토라에 언급된 유일한 현악기이다. 물론 퉁소도 나오는데 퉁소는 어떤 악기의 이름이라기 보다는 어떤 악기들의 그룹으로 보는 것이 좋겠다. '퉁소'는 토라(오경)에는 이곳에만 나온다. 그리고 성경에서 세 번 더 나오는데, 욥기에서 두 번(욥 21:12, 30:31)은 '수금'과 같이 나오고, 시편에서는 '수금'이 아닌 다른 악기들과 함께 나온다(시 150:4).

'수금'은 고대 근동 지방에서 가장 이른 시기에 사용 된 악기 중 하나로 기록되어 있는데, 기원전 약 3000년까지 거슬러 올라간다. 특히 므깃도의 돌계단에 수금이 새겨져 있는데, 그 시기에 이미 이 악기가 사용되고 있었다는 것을 말해준다. 그리고 수금은 메소포타미아(Mesopotamia) 수메르(Sumer)에 있는 우르의 왕 무덤에서 발견되었는데, 이 때는 기원전 약 2,500년이다.

이집트에서 오래전에 수금이 사용된 것을 알 수 있는데, 바로 베니 하산(Beni Hasan)의 벽화에 수금이 처음으로 그려졌다. 수금은 이스라엘에서는 다윗이 가장 좋아하는 악기였고(삼상 16:23), 성전 예배 시에 노래하는 레위인들이 사용한 악기들 가운데서 중요한 자리를 차지하였다.

'수금'과 함께 '퉁소'가 나오는데, 퉁소의 어원은 불확실하다. 이 퉁소라는 단어 '우가브 עוּגָב'는 성경에서 네 번만 나오는데, 여러 종류의 관악기에 대한 일반적인 용어인 것으로 보인다.

창세기 4:22 씰라는 두발가인을 낳았으니 그는 구리와 쇠로 여러 가지 기구를 만드는 자요 두발가인의 누이는 나아마였더라

	לֹטֵ֕שׁ	קַ֕יִן	אֶת־תּ֣וּבַל	יָלְדָ֖ה	גַם־הִ֔וא	וְצִלָּ֣ה
음역)	로테이쉬	카인	투발—에트	얄라다	히—감	버찔라
직역)	만드는 자를	가인	두발—을	낳았다	그녀가 —또한	씰라 그리고

	נַעֲמָֽה׃	תּֽוּבַל־קַ֖יִן	וַאֲח֥וֹת	וּבַרְזֶ֑ל	נְחֹ֖שֶׁת	כָּל־חֹרֵ֥שׁ
음역)	나아마	카인-투발	바아ㅎ코트	우바르젤	너ㅎ코쉐트	ㅎ코레이쉬-콜
직역)	나아마이다	두발가인의	누이는 그리고	구리 그리고	쇠의	도구(절단하는 것) —모두를

씰라 또한 두발가인을 낳았다고 성경은 말한다. 라멕이 살던 시대에 남자가 두 명의 부인을 취하는 것은 관행이었다. 한 부인은 아이를 출산하고 다른 한 부인은 출산하지 않는 부인인데, 지금 출산하지 말아야 하는 부인인 씰라가 두발가인을 낳았다고 성경은 말한다(19절 참고). 출산하지 말아야하는 부인은 피임약을 먹었어야 하는데 그녀가 피임약을 먹었는지 아니면 씰라에게 피임약은 효과가 없었는지 알 수 없다. 그녀가 출산하고 싶어서 피임약을 처음부터 먹지 않았는지 모르지만 그녀는 임신했다(Da'as Zekeinim).

씰라가 낳은 아들의 이름은 '두발가인'인데 이는 두 단어 '두발'과 '가인'이 합하여진 이름으로 보이는데 아주 특이한 이름이다. 성경에서 본 절에서만 두 번 나온다. '두발'만이 사람의 이름으로 쓰인 경우가 있는데 창세기 10:2에서 다시 나온다. 그리고 '두발'은 민족의 이름으로 성경에 나온다(겔 27:13, 38:2, 3, 39:1). 이름으로는 야벳의 후손들 가운데 그 이름이 나오고(창 10:2), 에스겔 27:13에서는 야완과 메섹 사이에 등장한다. 에스겔은 종종 '투발(Tubal)', 한글표기로 '두발'을 개인의 이름과 지역 이름으로 연결 시키는 반면, 이사야는 이반(Ionia)인 야반 (Javan)과 두발을 연결 지어 지명으로 읽는 것을 알 수 있다.(사66:19) 이런 관점에서 본다면 '두발'은 소아시아 지역에 있었던 도시로 보인다. 그리고 아시리아 자료 또한 두 나라, '타발(Tabal)' 또는 '타부라(Tabura)'와 '무스쿠(Musku)' 또는 '무슈쿠(Mushku)'를 언급하는데, 이는 분명 성경에 나오는 '두발'과 '메섹'으로 보인다. 이 도시들은 헤로도투스가 그의 역사에서 언급 한 티바레노이(Tibarenoi)와 모스코이(Moschoi)와 동일한 지역으로 보인다. 이 장소들은 모두 귀금속으로 유명한 장소이다. 에스겔 27:13을 읽어보면 그들은 놋(청동)그릇을 상품으로 판매한 지역으로 나온다. 그러므로 고고학에서는 이러한 지역들을 고대 야금술의 중심지라고 설명한다.

아카디안(Akkadian)의 티부라(tabura), 타비라(tibira)와 수메리안(Sumerian)의 투발(tubal)이라는 이름은 모두 투발(Tubal)로부터 변형된 이름으로, 이 이름의 의미는 "금속 노동자"이다. 이 둘의 이름은 모두 씰라의 아들들의 이름과 동일한 것으로 보인다. 이렇게 보면 씰라의 아들들의 이름은 그들의 직업의 이름이 되었다.

본절은 두발가인이 구리와 철(쇠)을 다루는데 숙련된 기술자로 나온다. 성경에서는 석기시대에 관한 언급은 없이 철기시대로 넘어간다. 본문의 서술은 문명이 발전하는 혁명적인 진전을 이룰 수 있는 금속 사용의 발견을 말한다. 이제는 보다 더 새롭고 더 효율적인 도구와 무기를 개발할 수 있는 가능성을 열어주었다. 토라에 언급된 주요한 금속 이름의 순서도 의미가 있는 것으로 보인다. 금(창2:1), 구리 및 철(쇠)등 주 금속이 언급되는 순서는 야금술의 역사를 정확하게 보여주는 듯하다.

본문에 언급된 '구리'는 히브리어 '너호쉐트 נְחֹשֶׁת'로 실제로는 '구리와 주석의 합금인 청동'인 것으로 보인다. 이 금속은 이미 메소포타미아 남부와 시나이 반도에서 아주 오래전부터 광범위하게 사용되었다.

'철(쇠)' 또한 선견지명이 있는 사람들에 의해서 청동기시대에 산발적으로 사용되었다. 높은 니켈 함량을 통해 고대 인공물의 구성 요소로 인정받고 있었다. '하늘의 광석' 또는 '하늘의 검은 철분'으로 알려진 그것은 기원전 14세기 히타이트 본문에 언급된다. 그것은 기원전 2500년의 초기 지상의 철 작업에 대한 증거이며 또한 터키 북서쪽에서 발견되었다. 그러나 히타이트인들이 처음으로 산업의 잠재력을 깨닫고 그것을 착취하기까지는 1200여년이 걸렸다. 그 후 지상에 철이 점점 더 널리 보급되어 사용되었다. 진정한 철기시대는 근동에서 기원전 1200년까지 시작되지 않은 것으로 보인다. 본 절에 나오는 철(쇠)은 히브리어로 '바르젤 בַּרְזֶל'인데, 이는 어떤 종류의 철을 언급하는지 알 수 있는 방법이 없다. 그런데 이집트의 베니하산(Beni Hasan)에 있는 그림이 철을 녹이는데 필요한 풀무 그림을 보여주는 것을 보면, 그 시대에 철을 다루는 기술은 상당한 수준에 있었던 것을 알 수 있다.

본절의 마지막 구문에 씰라가 낳은 아들 '두발가인'의 누이의 이름은 나아마라고 나오는데, 왜 씰라가 딸 '나아마'를 낳았다고 하지 않고 두발가인의 누이 나아마라고 하였을까? 창세기 30:21를 읽어 보면 '그가 딸을 낳고 그녀의 이름을 디나라 하였다'고 하였다. 그러나 본절은 '두발가인의 누이 나아마'라 한 것 또한 이해하기 어렵다. 그런데 성경은 왜 그의 누이의 이름을 언급하였을까? 정확하게 알 수 없지만 그 시대에 유명한 인물이기 때문이라고 보아야 한다. 그녀는 그 시대 사람들이 그녀의 이름을 들으면 다 알 수 있는 인물이기 때문에 토라에 기록되었을 것이다. 그러므로 미드라쉬를 읽어보면 흥미로운 기사를 볼 수 있다. 그녀의 이름의 의미는 '사랑스럽다'이며, 노아의 아내의 이름이 '나아마'이다. 바로 두발가인의 누이 '나아마'가 노아의 부인이었기 때문에, 그 이름이 토라에 언급되었다 한다 (Genesis, Midrash). 그리고 그녀는 미모만 갖춘 여인이 아니라, 그녀의 행위가 남 보기에 아름다웠고 다른 사람을 유쾌하게 만드는 행위를 했다고 기록하고 있다(Rashi). 그녀는 당대에 의인의 부인으로 유명했으며, 그 의로운 가정 노아의 집에서 그녀가 의로운 자녀를 출산 하였다.(Ramban).

우리는 창세기 20-22까지 나오는 라멕의 부인이 낳은 아들들의 이름을 보면서 세속문화가 어떻게 발전하였는지 조금이나마 알 수 있다. 특별히 이 짧은 구절에 묘사된 세 가지 주요 전문직 분야에 종사하는 그림이 카이로에서 남쪽으로 약 160마일(256km) 떨어진 베니하산 (Beni Hasan)에 있는 크눔호텝(Khnumhotep)의 바위 무덤에 그려져 있다. 이 그림은 기원전 1900년대의 것으로 추정된다. 이것은 아시아의 대상들이 그곳에 도착한 것을 보여 주며, 그들의 물품에는 짐승들, 수금, 풀무들이 있었던 것으로 알려져 있다. 성경은 이처럼 세속문화가 어떻게 전파되어 나갔는지에 대하여 우리에게 아주 조금 알려준다. 왜냐하면 그것은 하나님의 뜻을 이루는 우리에게 그다지 중요하시 않아 보이기 때문이다.

창세기 4:23 라멕이 아내들에게 이르되 아다와 씰라여 내 목소리를 들으라 라멕의 아내들이여 내 말을 들으라 나의 상처로 말미암아 내가 사람을 죽였고 나의 상함으로 말미암아 소년을 죽였도다

	נָשַׁי	קוֹלִי	שְׁמַעַן	וְצִלָּה	עָדָה	לְנָשָׁיו	לֶמֶךְ	וַיֹּאמֶר
음역)	너쉐이	콜리	쉬마안	버찔라	아다	러나쇼브	레메크흐	바요메르
직역)	부인들이여	나의 목소리	들으라	씰라여 그리고	아다여	그의 부인들에게	라멕이	그가 말했다

	לְפִצְעִי	הֲרַגְתִּי	אִישׁ	כִּי	אִמְרָתִי	הַאֲזֵנָּה	לֶמֶךְ
음역)	러피쯔이	하라그티	이쉬	키	임라티	하제이나	레메크흐
직역)	나의 상처로 인하여	내가 죽였다	어떤 사람을	왜냐하면	나의 말을	귀를 주시오	라멕의

	לְחַבֻּרָתִי:	וְיֶלֶד
음역)	러하부라티	버옐레드
직역)	나의 멍든 것으로 인하여	그리고 어떤 아이를

23절은 보통 라멕의 노래, 애원이라고 부르는 구문이다. 이것은 성경 히브리어의 시적인 형식을 보여준 최초의 예문이라고 할 수 있다. 현대 음악적인 용어로 보면 박자도 운율도 가지지 않지만, 이 본문은 리드미컬한 노래임에는 틀림없다. 이 노래의 기본적인 노래 형식적 특징은 '평행법'이다. 즉, 두 번째 단이 첫 번째 단의 생각을 다른 말로 다시 반복해서 말해주는 특별한 형식을 가진 노래이다. 라멕의 노래는 평행법으로 그 문장형식은 다음과 같이 도표로 그릴 수 있다.

상반절 (a)	하반절 (b)
아다와 씰라	라멕의 아내들
들다	귀를 주라
내 목소리	내 연설
한 남자	한 아이
나를 상처 입힌 자를 위하여	나를 멍들게 한 자를 위하여
가인	라멕
칠십	칠십 칠 배

라멕의 노래는 영웅의 위대함을 노래하는 구조와 같은 것을 볼 수 있다. 그러나 라멕의 노래는 일반적인 영웅담보다 더 놀랍고 특별한 시적 구조를 가지고 있었던 것으로 보인다. 그러나 토라는 라멕을 세우려는 의도가 없을 뿐만 아니라, 다른 사람이 라멕을 세워주는 것이 아니라 라멕 자신이 한 노래이기 때문에 아주 간략하게 처리하고 넘어가는 것으로 보인다. 그러나 우리가 생각하여야 할 것은 토라가 이 곳에 이 노래를 기록한 목적을 찾는 것이다. 토라는 여러 가지 목적을 가지고 이 부분에 이 노래를 자리하게 만들었을 것이다. 첫째, 가계에 대한 언급과 함께 계보의 시작을 보여준다. 그것은 아담이 아니라 '벌'을 받은 가인과 자신을 연결시켜 자신이 받을 '벌'을 그의 조상 가인이 받을 '벌'과 대비를 이루는 형식을 취한다. 그리고 라멕이 제시한 복수의 형태는 도덕이 무너진 그 시대 사회의 한 단면을 보여주는 슬픈 노래이다.

시의 간결함과 원래의 맥락의 상실 때문에 구절의 정확한 해석은 불확실하다. 그러나 매력적인 제안은 그들이 라멕의 조롱, 위협, 자랑을 구성한다는 것인데, 이는 고대시대에 전투에 참여하려는 사람들에게 용기를 주기 위하여 왕이나 장군이 전투 참가자에게 관례상 연설한 말들을 따라 복

창하게 한 말이다. 사무엘 상 17장에 있는 다윗과 골리앗의 이야기에서 특히 10, 36, 43-46절은 이 장르의 훌륭한 성경적 예시이다. 대안으로 라멕은 이미 실제로 일어난 사건을 묘사한 것일 수도 있다. 실제로 그는 이전에 받은 상처에 대한 보복을 위해 이미 피를 흘렸는지 모른다. 왜냐하면 23절에 있는 동사의 시제 번역은 이미 발생한 사건에 대한 것을 라멕이 말하는 것으로 나타나기 때문이다.

라멕이 복수하였는데 어느 정도의 범위에서 복수하였는지 설명하는 것을 읽어보면 섬뜩하다. 라멕은 자신의 행위를 아내들에게 자랑스럽게 말하는데 자신의 말을 강조하기 위하여 병렬법으로 말하는 것처럼 보인다. 본문에서 '나에게 상처를 입힌 남자'와 '나를 멍들게 한 아이'가 다른 사람이 아니라 같은 사람이라고 보면 안 되는가? 아모스 1:2을 읽어보면 '시온에서부터 부르짖으며'와 '예루살렘에서부터 소리를 내시리니'가 병행구라는 것을 알 수 있다.

그리고 계속하여 읽어보면 '목자의 초장이 마르고'와 '갈멜 산 꼭대기가 마르리로다' 또한 병행을 이룬다. 이처럼 본 절에 나오는 구문 역시 병행구문으로 본다면 '나의 상처'는 '나의 상함'으로, '사람을 죽였고'와 '소년을 죽였도다'를 연결하여 볼 수 있다. 그렇다면 '남자'를 '아이'로 표현한 것과 '상처'를 '상함'으로 표현한 것은 무엇을 말하는가? 라멕은 다른 사람을 멸시하고 무시하는 사람일 뿐만 아니라, 그는 자기에게 조그만 손해를 주더라도 참지 않고 죽였다는 사실을 가르쳐주는 구문이다.

우리가 이 구문을 통하여 배울 수 있는 것은 하나님을 떠난 사람은 오직 자기 자신만을 위하여 살아간다는 것이다. 자기에게 조금만 손해가 되어도 다른 사람을 경멸하고, 무시하고 밟아 버린다. 우리가 사는 이 시대 사람은 다른가? 첨단 과학시대를 사는 현대인은 남에 대한 배려가 있는가? 하나님을 믿는 사람은, 교회는, 라멕이 살던 시대와 구별되는가?

창세기 4:24 가인을 위하여는 벌이 칠 배일진대 라멕을 위하여는 벌이 칠십칠 배이리로다 하였더라

	וְשִׁבְעָה:	שִׁבְעִים	וְלֶמֶךְ	יֻקַּם־קָיִן	שִׁבְעָתַיִם	כִּי
음역)	버쉬브아	쉬브임	버레메크흐	카인-유캄	쉬브아타임	키
직역)	칠배이다 그리고	칠십	라멕은	가인이- 벌 받는 것이	7배이면	만약

라멕은 자신은 손해보고 사는 사람이 아니라고 아주 분명하게 강조한다. 나는 나에게 어떤 손해를 입히더라도 반드시 보복한다는 그 자신만의 보복철학을 말한 다음, 자기를 건드리는 사람이 받게 될 대가를 말하고 있다. 그 때 그가 인용하는 사람이 그의 조상인데 그는 하나님으로부터 벌을 선고 받은 사람이다. 지금 라멕은 하나님의 말씀하신 것을 인용하면서 그것은 벌도 아니다. 나에게 손해를 입히는 사람이 받는 벌은 헤아릴 수 없다고 말하는 장면이다. 이 얼마나 악한 사람인가?

이는 홍수 이전의 사람가운데 하나님을 떠난 사람들이 얼마나 악했는지에 대하여 분명하게 가르쳐준다. 이처럼 죄와 악이 계속하여 커지므로 악에 악을 더하는 시간, 오래 참으시는 하나님이시라도 그 땅을 심판하시지 않을 수 없었다. 이제 하나님께서 기다리시는 시간이 한계에 다다랐다. 하나님께서 심판을 하실 시간이 가까왔음을 암시한다.

창세기 4:25 아담이 다시 자기 아내와 동침하매 그가 아들을 낳아 그의 이름을 셋이라 하였으니 이는 하나님이 내게 가인이 죽인 아벨 대신에 다른 씨를 주셨다 함이며

	וַתִּקְרָא	בֵּן	וַתֵּלֶד	אֶת־אִשְׁתּוֹ	עוֹד	אָדָם	וַיֵּדַע
음역)	바티크라	베인	바테일레드	이슈토-에트	오드	아담	바예이다
직역)	그리고 그녀가 불렀다	한 아들을	그리고 그녀가 낳았다	그의 부인을	다시	아담이	그가 알았다

	תַּחַת	אַחֵר	זֶרַע	אֱלֹהִים	שָׁת־לִי	כִּי	שֵׁת	אֶת־שְׁמוֹ
음역)	타ㅎ카트	아ㅎ케이르	제라	엘로힘	리-솨트	키	쉐이트	쉬모-에트
직역)	대신	다른	씨를	엘로힘이	나에게 두었다	왜냐하면	셋	그의 이름을

	קָיִן׃	הֲרָגוֹ	כִּי	הֶבֶל
음역)	카인	하라고	키	헤벨
직역)	가인이	그가 그를 죽였기 때문에	왜냐하면	아벨

아담이 자기 부인과 다시 동침한 이 사건은 언제 일어난 것인가? 라멕의 아들들이 출생한 후 세속 문화가 발달한 다음에 일어났는가? 그렇지 않다. 오래전에 일어난 사건이지만 토라는 가인과 아벨에 관한 기사를 마무리하는 것을 우선한다. 이것은 '토라는 연대기적 순서에 큰 관심을 두지 않는

다'는 것을 보여준다. 토라는 각각의 일반적인 주제(예: 가인과 아벨의 기사)를 따로 정리한 다음 그동안 감추어 두었던 기사로 되돌아갔다(Aderes Eliyahu).

아담은 아벨이 죽은 것을 보았고, 가인이 저주를 받고 가인의 자손은 악한 길로 계속 가는 것을 바라보면서 무기력하게 살았던 것으로 보인다. 아담은 이제 험악한 세월 130년을 보낸 후 하나님께서 그에게 내려 주시는 새로운 은혜를 받았다(Midrash). 그래서 아담은 다시 그의 아내와 동침하므로 인하여 새로운 세상을 열어갈 아들을 얻었다(Malbim).

아담 나이 130에 새로운 아들이 태어났다. 그의 이름은 '셋'인데, '두다', '위치시키다', '놓기'의 의미를 가진 단어로부터 왔다. 그리고 그는 잃어버린 아벨을 대신하여 하나님이 그 가정에 새로운 아들을 주셨다고 믿었던 것으로 보인다.

여기서 우리가 잠시 묵상해볼 것은 130이라는 숫자이다. 3대 족장인 야곱이 바로와 만날 때 바로가 야곱의 나이를 물었다. 그때 야곱은 자기의 나이를 130이라 하였다. 야곱은 130세에 이르러 잃었던 아들을 찾았고 새로운 시대의 새로운 삶을 시작하였다.

본문에서 아담의 나이가 130세라는 것 또한 의미가 있는 것으로 보인다. 아담의 나이 130세에 새로운 시대를 열어갈 아들을 주셨는데, 야곱 또한 130세 때 새로운 영적 시대를 열어갈 요셉을 다시 만났다. 이렇게 보면 130년이란 수의 의미 또한 크다고 할 수 있다.

이해를 돕기 위하여 영어 문자로 보면 'yz'는 a에서 x까지 모든 것을 대신한다는 말이다. 즉 히브리어 알파벳 22개 가운데 마지막 두 문자 שת 는 그 앞에 있는 20개의 문자를 대신한다는 말이다. 그러므로 아담의 아들 셋은 아벨의 축복으로 태어났어야 할 모든 의인을 대신하는 사람으로 하나님이 세워주신 것이다.

아담이 130세 되었을 때 하나님은 그 가정에 아들을 주시고 이름을 '셋'이라 부르게 한 이유가 있는 것으로 보인다. 이사야 19:10과 시편 11:3을 읽어보면 '셋'이라는 단어가 나오는데 '기초'라는 명사로 쓰인 것을 알 수 있다. 이런 의미로부터 유추해 보건데, 새로운 세상의 기초를 놓을 사람 '셋'을 하나님께서 그 가정에 새로 태어나게 하신 것이다. 그러므로 '셋'이라는 이름 뒤에 "그와 더불어 세상이 새로 설립되었다"라는 의미가 숨어 있는 것으로 보인다(Numbers Rabba 14:20).

또한 셋이라는 이름을 히브리어로 표현하면 '쉐이트' שת인데 이 두 문자는 히브리어 문자 가운데 마지막 두 문자이다. 영어 문자로 이해한다면 'yz'에 해당된다. 아담이 셋의 이름을 지은 다음 이름에 대한 설명을 하였는데 '죽은 아벨 대신 다른 씨를 자기에 두었다'고 하였다. 이로 미루어 보건데 셋은 그 앞에 있어야 했던 의로운 사람 모두를 대신한 것으로 보인다.

שת   대신 ⇐ ת———א
셋   대신 ⇐ 아벨의 후손으로 있어야 할 의인들

창세기 4:26 셋도 아들을 낳고 그의 이름을 에노스라 하였으며 그 때에 사람들이 비로소 여호와의 이름을 불렀더라

	אָז	אֱנוֹשׁ	אֶת־שְׁמוֹ	וַיִּקְרָא	יֻלַּד־בֵּן	גַּם־הוּא	וּלְשֵׁת
음역)	아즈	에노쉬	쉬모 – 에트	바이크라	벤–율라드	후–감	울러쉐이트
직역)	그때에	에노스라	그의 이름을	그는 불렀다	아들을 낳아졌다	그는–또한	그리고 셋에게

	פ : יְהוָה	בְּשֵׁם	לִקְרֹא	הוּחַל
음역)		하쉠임	버쉠임	리크로	후ㅎ칼
직역)		하쉠임의	이름으로	부르는 것을	시작했다

'셋'이 아들을 낳고 그의 이름을 '에노스'라고 부른 것을 보면, 그는 그 시대의 사람들과 다른 성격의 사람이라는 것을 알 수 있다. 왜냐하면 그 시대 사람들은 자녀를 출산하면 이름을 지을 때, 하나님의 이름을 약자로 하여 자녀의 이름에 접미어로 첨가하는 경향이 있었는데, 셋은 그런 풍습을 따르지 않았다(므후야엘, 무투샤엘 등). 그는 그의 아들 이름을 '에노스'라 하였는데, 이는 '사람'이라는 의미이다. 시편 8:4을 읽어보면 " '에노스' 가 무엇이기에 그를 기억하시나이까? 그리고 사람의 아들이 무엇이기에 그를 돌보시나이까"라 하였다. 이처럼 셋은 '사람이 무엇이기에, 하나님이 기억하시고 돌보아 주시나'며 하나님의 은혜를 노래하였다. 이는 분명 그 시대 사람들이 하나님을 두려워하지도 않으면서 하나님의 이름을 함부로 들먹이는 것과 달랐음에는 틀림없다(B'chor Shor).

하나님을 두려워하지 않는 시대에 홀로 하나님을 부르는 것은 쉬운 일이 아니다. 십자가에 달린 예수님을 바라보며 모든 사람들이 조롱하고 있을 때 예수님을 주라고 시인 하는 것은 쉬운 일이 아닌것과 같다. 그러한 악한 시대에 '셋'이 아들을 낳고 그의 아들의 이름을 '에노스'라 부른 것은 우연이 아니다. '에노스'는 '아담'처럼 '사람'을 의미하지만, 히브리어 '에노스 אֱנוֹשׁ'의 가장 기본적인 의미는 '약하다'는 의미인데, '셋'은 아들을 낳고 아들의 이름을 지어주면서 '사람은 연약한 존재임'을 고백하고 있다. 그래서 하나님이 함께하지 않으면 스스로 존재할 수 없는 존재라는 것을 고백한 이름이 '에노스'이다.

이어지는 구문을 한글성경으로 읽어보면, '그 때 사람들이 비로소 여호와의 이름을 불렀더라'고 한다. 이 구문은 난해한 구문이다. 에노스가 태어날 때 그 때 비로소 사람들이 '여호와'의 이름을 불렀다는데, 그 때 사람들이 무엇을 어떻게 하였다는 말인가? 셋이 아들의 이름을 '연약한 사람'이라는 의미를 가진 이름으로 부른 것은, 하나님이 사람을 기억하고 돌보아 주지 않으면 살 수 없다고 고백한 것이므로, 이것이 하나님을 경배하기 시작한 것으로 보려는 사람들이 많이 있다. 그래서 그때부터 사람들이 여호와의 이름을 부르기 시작하였다는 것이다. 또한 이것을 공적인 예배의 시작이며, 하나님의 이름을 부르며 기도하는 기도의 시작이라고 한다 (Rashbam, bn Ezra, Ibn Caspi, Sforno, Hirsch). 기도는 희생제사와 무관한 예배의 한 축으로, 예배의 진보를 보여주기도 한다. '에노스'라는 이름으로 상징되는 인간의 연약함에 대한 인식은 인간이 하나님께 전적으로 의존한다는 인식을 높여 주며, 직관적으로 하나님의 이름을 부르며 기도해야하는 존재임을 가르쳐준다.

이는 하나님의 얼굴을 피하여 하나님으로부터 떠나간 가인의 후손들과 전혀 다른 모습을 보여주는 장면이다. 가인의 후손들은 자신에게 영광 돌리는 노래를 지어 부르는데, 이제 가인의 후손들과 정반대 방향으로 나가는 새로운 씨를 하나님께서 주셨다. 그래서 이 때부터 여호와의 이름을 부르며 기도하고 예배하였다고 한다.

그러나 이러한 해석과 다르게 해석할 수도 있다. 가인의 후손들의 악행을 설명한 다음, 갑자기 한 아들이 태어나고 그 때 비로소 여호와의 이름을 부르기 시작하였다는 말은 이해하기 어렵다. '그 때'는 언제인가? 물론 '에노스'가 태어 날 때이다. '에노스'가 태어난 시대는 어떤 시대인가? 가인의 후손들의 죄악이 만연해가는 시대인데 그 때 하나님의 이름을 부른다는 것은 무슨 의미인가?

미드라쉬는 한글성경 번역본 가운데 대부분의 교회가 사용하는 개역개정에 나타나 있지 않은 단어 '시작하다'는 단어 'ㅎ카랄 חָלַל'에 관심을 가진다. 물론 한글번역본 가운데 새번역을 읽어보면 '사람들이 주님의 이름을 불러 예배하기 시작하였다'하였다. 본문에서 '시작하다'는 히브리어 'ㅎ카랄 חָלַל'은 '시작하다'는 의미도 있지만 '신성모독하다', '더럽히다', '오염하다'는 의미를 가진다. 그리고 본문에서 'ㅎ카랄 חָלַל'은 '사역수동태(호프알)'로 쓰여, '....이 신성모독이 되었다', '... 이 더럽혀졌다', '....이 시작되었다'는 의미로 번역할 수 있다. 그러므로 '그 때에 여호와의 이름을 부르는 것은 신성모독이었다'고 번역할 수 있다.

어느 시대를 막론하고 '사람'과 '생명이 없는 물건들' 또는 '세상에 존재하는 어떤 것'이 하나님의 이름으로 불린다면 그것은 신성모독이다. 가인의 후손들이 악을 더해가는 그런 시대에 그런 부류의 사람들의 입에서 여호와의 이름이 불리어진다면 이것은 하나님의 이름을 더럽히는 것이며, 신성모독이라는 것이다.

그렇다면 우리는 어떤 입장을 따라야 하는가? 죄악이 가득한 자리에서 하나님을 부르는 것은 분명 악 중의 악이다. 범죄현장에서 자신도 그 범죄에 동참하면서 하나님의 이름을 입으로 부르고 있다면 그것은 분명 하나님의 이름을 망령되이 일컫는 것이며 신성모독이다. 그러나 죄악이 만연한 세대에서 죄를 두려워하며, 그 죄악에 물들지 않으려고 안간힘을 쓰는 사람들의 입에서 하나님의 이름 여호와가 불리어진다면 이는 분명 하나님이 받으시는 예배이다. 그리고 하나님의 이름 하쉠임을 부르는 것은 하나님의 은혜와 돌보심을 간구하는 기도임에 틀림없다. 그러므로 우리는 죄악이 만연한 이 세상에서 구별된 사람으로 하나님을 불러 하나님께 기도하며 예배하는 자리로 나가는 성도가 되어야한다. 우리가 예배한다고 하면서 자칫 잘못하면 하나님의 이름을 욕되게 하고 우상 숭배하는 자리로 나갈 수 있다. 그러면 그것은 신성 모독이다. 그러므로 우리는 양면성을 가지고 나는 진정한 예배자인가? 나는 진정 하나님의 이름을 바르게 부르는 기도자인가를 늘 점검하는 자리로 나가는 하나님의 사람이 되어야 한다는 것을 가르쳐 주는 말씀으로 읽으면 좋겠다.

25-26절에 가인의 후손과 대조를 이루는 셋의 후손이 나온다. 하와는 성경에 기록된 세 번째 아들을 낳은 후에 다시 한 번 소망을 갖게 되었다. 하와가 그를 셋(שֵׁת 쉐이트)-'지정된(appolinted)'-이라 부름으로서 하나님이 가지신 뜻(섭리)을 인식하고 있었다. 만약 그 표현이 옳다면 셋의 아들과 관련하여 진정한 신앙의 부흥이 있었던 것 같다.

어떤 이들은 이 본문에서 여호와의 이름을 부르는 것은 하나님에 대한 신성모독이라고 해석하기도 한다.

악한시대 죄 가운데에서 사람들이 하나님의 이름을 부르는 것은 경외가 아니라 망령되이 부르는 것이며 하나님을 신성 모독하는 것일 수 있기 때문이다.

4장에서 우리는 인간의 개인적 사회적인 발전을 보게 된다. 가인과 아벨은 두 종류의 예배하는 사람과 두 가지의 예배 방법을 나타내며 성경 전체에 걸쳐 나타나는 '구별되는 것'에 대한 중요한 기본 원리를 남기고 있다. '구별되라', 즉 가인과 아벨의 모습을 통해서 알 수 있는 것이 구별되는 것이라면, 지금도 여전히 우리가 어느 쪽에 머물 것인지를 하나님은 우리에게 선택하라는 질문을 던지고 있는 것과 같다고 하겠다.

지금 우리는 어느 쪽에 서 있으며 구별되어 있는지 계속적인 질문을 우리에게 해야 한다.

아무리 사회가 발전할지라도 하나님의 근본 원리인 구별은 하나님께 속한 자녀에게는 필수적인 것이며, 또한 선택의 길에 서 있을 때 반드시 그 원리가 작동하도록 되어 있다. 만약, 우리가 삶에서 겪게 되는 삶의 방향과 목적을 구별이라는 중심점에 놓고 삶을 살아간다면 하나님은 우리의 표지판이며 표준 나침반이 되어주신다. 이와 같이 올바른 방향을 알려주는 그분과 함께 할 때, 그리고 그분에게 그 방향을 물을 때에만 우리는 구별된 자리에 설 수 있다. 아무리 구정물로 뒤덮인 사회일지라도 그 가운데서 우리는 구별됨으로서 하나님께 예배하는 진정한 신앙을 가진 하나님의 사람으로 살아가야 한다.

아담의 자손들 가운데 잘못된 의도로 하나님께 예배한 자가 있다면 우리는 바른 의도로 하나님을 바르게 알아 하나님이 말씀하시고 가르치는 방법대로 예배해야 하지 않겠는가!

예배하는 삶은 셋의 후손이 보여준 놀라운 선물이다. 예배하는 자는 영과 진리로 예배하여야 한다. (요 4:24)

GENESIS

בְּרֵאשִׁית ה

창세기 5장

1 이것은 아담의 계보를 적은 책이니라 하나님이 사람을 창조하실 때에 하나님의 모양대로 지으시되 **2** 남자와 여자를 창조하셨고 그들이 창조되던 날에 하나님이 그들에게 복을 주시고 그들의 이름을 사람이라 일컬으셨더라 **3** 아담은 백삼십 세에 자기의 모양 곧 자기의 형상과 같은 아들을 낳아 이름을 셋이라 하였고 **4** 아담은 셋을 낳은 후 팔백 년을 지내며 자녀들을 낳았으며 **5** 그는 구백삼십 세를 살고 죽었더라 **6** 셋은 백오 세에 에노스를 낳았고 **7** 에노스를 낳은 후 팔백칠 년을 지내며 자녀들을 낳았으며 **8** 그는 구백십이 세를 살고 죽었더라 **9** 에노스는 구십 세에 게난을 낳았고 **10** 게난을 낳은 후 팔백십오 년을 지내며 자녀들을 낳았으며 **11** 그는 구백오 세를 살고 죽었더라 **12** 게난은 칠십 세에 마할랄렐을 낳았고 **13** 마할랄렐을 낳은 후 팔백사십 년을 지내며 자녀들을 낳았으며 **14** 그는 구백십 세를 살고 죽었더라 **15** 마할랄렐은 육십오 세에 야렛을 낳았고 **16** 야렛을 낳은 후 팔백삼십 년을 지내며 자녀를 낳았으며 **17** 그는 팔백구십오 세를 살고 죽었더라 **18** 야렛은 백육십이 세에 에녹을 낳았고 **19** 에녹을 낳은 후 팔백 년을 지내며 자녀들을 낳았으며 **20** 그는 구백육십이 세를 살고 죽었더라 **21** 에녹은 육십오 세에 므두셀라를 낳았고 **22** 므두셀라를 낳은 후 삼백 년을 하나님과 동행하며 자녀들을 낳았으며 **23** 그는 삼백육십오 세를 살았더라 **24** 에녹이 하나님과 동행하더니 하나님이 그를 데려가시므로 세상에 있지 아니하였더라 **25** 므두셀라는 백팔십칠 세에 라멕을 낳았고 **26** 라멕을 낳은 후 칠백팔십이 년을 지내며 자녀를 낳았으며 **27** 그는 구백육십구 세를 살고 죽었더라 **28** 라멕은 백팔십이 세에 아들을 낳고 **29** 이름을 노아라 하여 이르되 여호와께서 땅을 저주하시므로 수고롭게 일하는 우리를 이 아들이 안위하리라 하였더라 **30** 라멕은 노아를 낳은 후 오백구십오 년을 지내며 자녀들을 낳았으며 **31** 그는 칠백칠십칠 세를 살고 죽었더라 **32** 노아는 오백 세 된 후에 셈과 함과 야벳을 낳았더라

창세기 5장

아담에서 셋까지

1–2절	5장에 나오는 사람 창조를 요약 설명
3–5절	아담의 2대 셋
6–8절	아담의 3대 에노스
9–11절	아담의 4대 게난
12–14절	아담의 5대 마할랄렐
15–17절	아담의 6대 야렛
18–20절	아담의 7대 에녹
21–24절	아담의 8대 므두셀라
25–27절	아담의 9대 라멕
28–31절	아담의 10대 노아
32절	아담의 11대 노아의 자녀들

창세기 5:1 이것은 아담의 계보를 적은 책이니라 하나님이 사람을 창조하실 때에 하나님의 모양대로 지으시되

	אָדָם	אֱלֹהִים	בְּרֹא	בְּיוֹם	אָדָם	תּוֹלְדֹת	סֵפֶר	זֶה
음역)	아담	엘로힘	버로	버욤	아담	톨러도트	세이페르	제
직역)	아담을	엘로힘이	창조의	날에	아담의	계보의	책이다	이것이

			אֹתוֹ:	עָשָׂה	אֱלֹהִים	בִּדְמוּת
음역)			오토	아사	엘로힘	비드무트
직역)			그를	그가 만들었다	엘로힘의	모양으로

    5장부터 시작하여 6:8까지는 아담으로부터 시작하여 인간과 세계의 창조 그리고 그 모든 것의 파멸을 목격한 노아의 출현 사이의 긴 기간에 걸쳐 있는 최초 인류의 10세대 족보를 수직적으로 정확하게 보여준다. 5장에 나오는 족보 형식을 따른 고대 근동의 몇 가지 족보를 볼 수 있는데, 그 중에 하나는 전 세계를 파멸로 몰고 간 홍수 이전에 군림한 수메르 왕들의 목록이다. 이 목록은 바빌로니아의 역사를 그리스어로 기록한 바빌로니아의 제사장 베로수스(Berossus)가 쓴 것이다. 그는 기원전 3세기에 살았던 인물로 알려져 있다(Nahum M. Sarna).

    베로수스는 열 명의 특별한 사람들에 관하여 비교적 상세히 설명하고 있는데, 그들은 전 세계를 파멸로 몰고 간 홍수가 일어나기 전 시대의 마지막 영웅들로 보인다. 이처럼 서부 셈족 사람들은 족보를 기록할 때 10세대 단위로 기록하는 것을 선호한 것으로 보인다. 성경 독자들은 이러한 족보의 형식을 이스라엘의 위대한 왕 다윗의 족보에서도 볼 수 있다. 독자는 이러한 사실을 '베레스로부터 시작하여 다윗에 이르는 족보'를 기록하고 있는

룻기 4:18-22과 역대기상 2:5, 9-15에서 확인할 수 있다. 성경에 기록된 이러한 족보 형식은 신학적 목적을 가지고 기록한 것처럼 보이기도 한다. 성경에도 홍수 이전의 10세대 족보와 홍수 이후 10세대를 기록하고 있다 (창 5:3-31, 11:10-26). 홍수 이전 족보는 노아를 등장시키는 것으로 마감하고 홍수 이후의 족보는 믿음의 조상 아브라함의 출생으로 막을 내린다. 이제 성경은 아브라함을 통하여 인류 역사가 새로운 전환점을 맞이하였음을 보여준다.

성경에 나오는 족보를 읽어보면, 하나님이 족보를 기록하실 때 의미심장한 구조를 가지고 기록하였다는 것을 알 수 있다. 창세기 5장과 11장 그리고 룻기 4장에 나오는 10대의 족보는 아주 체계적으로 기록되었으며, 아주 간단명료하게 균형 잡혀 있는 것을 볼 수 있다. 이는 성경에 나오는 족보는 분명한 가르침과 교훈을 주고 있다는 것을 암시한다. 그러므로 이러한 족보의 기록은 우연한 사건이 아니라 신성한 사건의 전개라고 보아야 할 것이다.

그러면 창세기 4장의 족보와 5장의 족보의 차이점은 무엇인가? 4장은 아담의 아들 가운데 하나님의 얼굴을 피하여 간 한 사람으로부터 태어나는 자녀들의 족보를 기록하고 있다. 그 특징은 체계적이지 못하고 조직적이지 못하다는 것이다. 이 족보는 어떤 사람과 그런 사람의 후손이 있었다는 것을 이야기할 뿐, 앞으로의 역사기록에는 그다지 중요하지 않은 인물들의 족보로 보인다. 그러나 4장 마지막을 장식하는 새로운 인물인 셋의 탄생으로부터 시작한 5장의 족보는 분명한 계통을 가지고 있으며 매우 조직적이고 균형 잡힌 족보라는 것을 알 수 있다. 이 두 장의 족보를 통하여 세상에 존재하는 모든 인류는 한 조상으로부터 나왔다는 것을 알 수 있다.

두 족보를 읽어보면 같은 이름과 비슷한 이름이 나오는 것을 볼 수 있다. 에녹(가인의 2대, 셋의 6대)과 라멕(가인의 6대, 셋의 8대)은 두 족보 모두에 나오며, 가인과 게난은 히브리어로 보면 거의 같다. 그리고 이랏과 야렛도 비슷하며, 무투사엘과 므두셀라도 비슷하다. 이 몇 사람의 이름이 중복되거나 비슷하다고 하여 같은 족보를 서로 다른 사람이 기록하였다고 보기는 어렵다. 왜냐하면 중복하지 않는 이름이 더 많을 뿐만 아니라 정확하게 같은 이름은 두 사람 밖에 없기 때문이다. 족보에 등장하는 이름이 같다는 것은 과거나 현대나 할 것 없이 이름의 뜻이 좋은 것은 많은 사람들이 선호한 것으로 보인다.

5장에 나오는 셋의 후손의 족보는 기본적인 형식을 갖추고 있다. 그 사람이 몇 살에 아들을 낳았다. 낳은 아들의 이름을 지어 불렀다. 그리고 그 이후 몇 년을 살며 자녀를 출산하였다. 그리고 도합 몇 년을 살고 죽었다는 형식이다. 이러한 형식은 아담에서 노아에 이르는 족보의 문학적인 형식을 이루었다. 단지 아담의 7대손 에녹에 이르렀을 때 그 형식이 무너지고 그 다음 대에서 다시 그 형식으로 돌아온다. 에녹을 설명하는 구절은 4구절인데 다른 사람을 설명하는 구절은 모두 3구절이다. 이는 성경은 에녹에게 특별한 관심을 둔 것으로 보인다.

노아시대에 이르러 홍수가 일어나기 전까지 살았던 사람들은 장수하였던 것으로 보인다. 그들의 평균 연령은 858세에 이른다. 이처럼 장수한 것은 고대 민족 전승사에 나오는 영웅들이 장수한 것과 맥을 같이한다. 베로수스(Berossus)의 역사서에 나오는 고대 왕들의 명단에 있는 10명의 왕이 다스린 통치기간은 432,000년에 이른다. 그리고 수메르 왕의 목록에는 241,200년이 추가되기도 한다(Nahum M. Sarna). 이와 비교해 보면 창세기에 나오는 홍수 이전 10대 조상들이 다스린 햇수는 아주 짧다. 아담에서 노아의 홍수까지 기간은 고작 1,656년밖에 안 된다. 그러면 이제 5장을 1절부터 읽으면서 족보를 통하여 우리에게 주는 은혜를 찾아 누리는 자리로 나가자.

본장 1, 2절은 족보의 서론과 아울러 창 1:26-28을 반복하고 있는 것으로 보인다. 즉 아담의 계보를 다시 설명하기 시작한다. 그런데 '아담'에 관사를 붙여 사용하였던 창세기 2장과 다르게 관사 없이 '아담'을 사용하는 것을 볼 수 있다. 창세기 2:19을 읽어보면, '여호와 하나님이 흙으로 각종 들짐승과 공중의 각종 새를 지으시고 아담이 무엇이라고 부르나 보시려고 그것들을 그에게로 이끌어 가시니 아담이 각 생물을 부르는 것이 곧 그 이름이 되었더라'고 하였는데, 아담은 관사를 가지고 '하아담 הָאָדָם(아담 אָדָם+הָ)'이라는 표현을 사용하였다. 창세기 2:20에 나오는 '아담' 또한 '하아담'으로 나온다.

> 아담(하아담 הָאָדָם)이 모든 가축과 공중의 새와 들의 모든 짐승에게 이름을 주니라 아담(하아담 הָאָדָם)이 돕는 배필이 없으므로

창세기 2:21 또한 같은 표현을 사용한다.

> 여호와 하나님이 아담(하아담 הָאָדָם)을 깊이 잠들게 하시니 잠들매 그가 그 갈빗대 하나를 취하고 살로 대신 채우시고

그러나 5장에서 아담의 계보를 시작하면서 관사 없이 '아담'을 사용하는 것을 볼 수 있다. 5:1-3을 읽어 보면 '아담'이라는 단어가 4번 반복하여 나

온다. 모두 관사 없이 나온다. 그리고 또 하나의 특이한 점은 명사를 반복하여 사용한다는 것이다. 일반적으로 같은 문장에서 같은 명사를 여러 번 반복하여 사용하여야 할 경우 한 번만 명사를 사용하고 나머지 경우는 대명사를 사용하는 것이 보통이다. 특별히 사람의 이름을 말할 때는 앞에서 한 번만 이름을 쓰고 인칭대명사를 사용하는 것이 일반적이다. 본문이 일반적인 문장이라면, 제일 처음에 '아담'이라는 이름을 쓰고, 그 다음에 그 이름이 다시 나올 경우, 그 이름을 반복하여 쓰지 않고, 그 이름을 받는 인칭대명사 3인칭 남성 단수형 '그(he)'를 사용할 것이다. 그런데 본문에서는 왜 '아담'이라는 이름대신 인칭대명사 '그'를 쓰지 않고 4번이나 반복하여 '아담'을 계속하여 사용하였을까? 이렇게 사용하는 경우는 흔하지 않다.

하나님은 말씀을 기록하실 때 아주 분명하게 말씀하시는 것으로 보인다. 1절에서 첫 번째 나오는 아담은 분명 한 사람 아담이다. 하나님이 최초로 만든 사람의 이름이다. 그리고 두 번째 나오는 아담은 '사람'의 의미로 쓰였다. 앞에 나오는 한 사람 아담과는 다르게 '사람'을 나타내기 때문에 대명사로 받을 수 없다.

2절에 쓰인 아담 또한 '사람'으로 쓰였는데 남자와 여자를 통틀어 부르는 말인 '사람'으로 쓰인 것이다. 즉 하나님이 창조하신 남성과 여성을 일반적으로 부르실 때 '아담'이라고 부른다는 말이다. 남자도 아담이요 여자도 아담이라는 말이다. 우리가 이해할 수 있는 말로 이 말은 남자도 사람이요 여자도 사람이라는 말이다. 그러므로 1절에 나오는 아담과 같은 아담이 아니기 때문에 이 또한 대명사로 받을 수 없다.

3절에 나오는 아담은 하나님이 최초로 만든 사람 아담을 다시 언급한 것이다. 이 말은 하나님이 아담을 만드신 후 130년 되었을 때 셋을 출산하였다는 사실을 말한다. 3절부터 진정한 족보가 시작되는 것을 알 수 있다.

여기서 아담의 의미를 몇 가지 살펴보는 것이 유익할 것으로 보인다. 미드라쉬 슬로샤 버 아르바흐(Sh'loshah V'Arbaah)를 읽어보면 아담은 다음과 같이 7가지 의미를 가진다고 하였다. 독자 여러분이 이 서적을 참고하면 성경을 연구하는데 많은 도움이 될 것이다.

> 첫째, 하나님이 지은 첫 사람의 이름
> 둘째, 하나님이 지은 첫 사람 아담의 부인
> 셋째, 하나님이 지은 첫 사람 아담의 자녀들
> 넷째, 백성
> 다섯째, 부인과 구별된 남자 사람
> 여섯째, 남자와 구별된 여자 사람
> 일곱째, 도시 이름 아담

아담이 도시 이름으로 쓰인다고 하면 대부분의 성경독자들은 어리둥절할 수도 있다. 그러나 여호수아 3:16을 읽어 보면 아담이라는 도시가 등장한다.

> 곧 위에서부터 흘러내리던 물이 그쳐서 사르단에 가까운 매우 멀리 있는 아담 성읍 변두리에 일어나 한 곳에 쌓이고 아라바의 바다 염해로 향하여 흘러가는 물은 온전히 끊어지매 백성이 여리고 앞으로 바로 건널새

잠시 히브리어 관사에 관하여 복습하는 시간을 가지면 좋겠다. 히브리어는 원래 관사가 없다. 단지 어떤 것을 한정시키거나 제한시키는 한정사

가 있을 뿐인데 그것을 편의상 관사라고 부른다. 그러면 히브리어는 어떤 명사에 관사를 붙이지 않는가?

① 고유명사일 때에는 붙이지 않는다. 하나님이 아담을 지으시고 짐승을 지으시고 아담에게 데리고 갔다고 할 때에 그 때에 아담은 관사가 붙어 있다. 이는 고유명사가 아니라는 말이 된다.

② 족보를 나타낼 때에 아담이라는 말에 관사를 붙이지 않는다. 아담의 족보라는 말은 사람의 족보라는 말이다. 그러므로 5장에서 아담은 집합명사로 사용되고 있는 것이다. 그러기에 아담의 족보는 사람의 족보라는 말이고, 이는 인류의 족보라는 말이다. 그러기에 관사를 붙이지 않고 인류의 족보라는 의미에서 아담이라고 하는 것이다.

이제 1절부터 읽어가며 아담의 족보를 통하여 하나님이 가르치려는 하나님의 뜻을 알아가는 즐거운 시간을 가지면 좋겠다. 1절은 분명하게 새로운 이야기의 전개를 알리고 있다. 그래서 성경은 '이것은 책이다 계보의 아담의'이라는 말로 시작한다. 이는 세상에 존재하는 인류는 한 사람도 예외 없이 아담의 후손이라는 사실을 말하고 있다. 본문에서 책이라는 단어는 무엇을 의미하는가? 아담은 책을 가지고 있었는가? 아담에게 족보 책이 필요하였는가? 족보 책은 아마도 후손에게 필요할 것이다. 여러분의 1대 조상에게 족보 책이 필요하였는지 생각하여보라. 1대 조상에게는 족보 책이 필요 없었을 것이다. 그러므로 이제부터 하나님이 만드신 아담의 다른 아들을 통한 아담의 새로운 후손 라인(line)을 다시 알려주시려는 의도를 보여주고 있는 말씀이다. 그래서 아담으로부터 계수하여 10대 노아까지 이어지는 라인을 보여주려는 의도에서 1절의 말씀을 시작하고 있다.

다음 구문은 '하나님이 사람을 창조하시던 날'에 관한 말씀이다. 하나님은 아담을 지을 때, 그 분의 형상대로 지었다는 것을 다시 한 번 말씀하고 있다. 하나님은 사람을 지을 때 완전하게 지었는데 타락하였다. 그래서 어떤 이들은 완전하게 지음 받지 못했다고 말하는데 그것은 성경을 오해한 것이다. 하나님은 사람을 하나님보다 조금 못하게 그러나 인간으로서는 완전하게 지었다. 여기서 완전하다는 말은 온전한 자유의지를 가진 존재로 하나님이 지었다는 말이다. 하나님은 사람을 지을 때 기계처럼 만들지 않았다는 말이다. 자신이 스스로 판단하고 결정할 수 있는 자유의지까지 주셔서 완전한 존재로 지었다(Ralbag). 그러므로 사람이 자유의지를 그릇되게 사용한다면 벌이 따르는 것은 당연한 것으로 보인다(Sforno).

결국 창세기 5장의 족보는 인류의 족보가 어떻게 시작되었는지를 보여주려는 의도에서 아주 자세하게 기록한 것으로 보인다(대상 1-9장, 룻 4:18-22, 대상 2:5, 9-15참고). 하나님은 인류의 뿌리가 어딘지 가르쳐준다. 역대상 1-9장에 나오는 족보를 통해서 인류는 자신의 뿌리를 찾아갈 수 있어야 한다. 그 때 창세기 5장에서 시작된 인류의 족보가 그 시작이라는 것을 분명하게 알 수 있을 것이다.

> **5장 족보의 형식**
>
> ...살에 아버지가 되고
> 그후 ...년을 살면서 자녀를 출산하고
> 도합 ...년을 살고 죽다.

창세기 5:2 남자와 여자를 창조하셨고 그들이 창조되던 날에 하나님이 그들에게 복을 주시고 그들의 이름을 사람이라 일컬으셨더라

	אֹתָם	וַיְבָרֶךְ	בְּרָאָם	וּנְקֵבָה	זָכָר
음역)	오탐	바예바레ㅋ흐	버라암	우너케이바	자카르
직역)	그들을	그리고 그가 복 주었다	그가 그들을 창조하셨다	여자를 그리고	남자

	הִבָּרְאָם:ס	בְּיוֹם	אָדָם	אֶת־שְׁמָם	וַיִּקְרָא
음역)	히바러암	버욤	아담	쉬맘-에트	바이크라
직역)	그들이 창조되던	날에	아담	그들의 이름을	그리고 그가 불렀다

본절은 하나님이 남자와 여자를 창조했다는 말로 시작한다. 하나님은 인류의 족보 책이라는 것을 말한 다음, 그 인류는 남자와 여자가 있다는 것을 밝혀준다. 그리고 하나님이, 그 남자와 여자를 하나님이 창조하셨다고 말씀하면서 족보를 시작하는 것은 의미심장하다. 그리고 하나님은 '그들을 복 주셨다'고 말씀하는데 이는 피엘형(강조형)으로 하나님은 지속적으로 반복하여 그들에게 복을 주실 것을 말씀하신 것이다.

다음 구문을 읽어 보면 '그가 불렀다, 그들의 이름을, 아담'이라고 하였는데 이는 문법적으로 어색한 표현이다. '그들의 이름'을 히브리어로 표현하려면 '그들의 이름들 שְׁמוֹתָם'이라고 써야한다(민 13:4, 26:55, 34:19). 그런데 '그들의 이름들'을 불렀다가 아니라 '그들의 이름'이라고 부른 것은 '그들의 이름'을 아담이라는 인류를 표현하는 집합명사로 쓴 것이다. 그래서 남자도 사람, 여자도 사람이라고 부르는 것이다. 하나님이 그들을 별개의 존재가 아니라, '사람'이라는 존재로 보아 그들을 남자 사람, 여자 사람으로 본 것이다.

다시 말해서 사람의 모습을 남성, 여성으로 나누는 것뿐이지, 사람을 지은 분은 하나님이라는 사실을 다시 한 번 말씀하려는 의도를 가지고 있다.

즉 이제 앞으로 태어날 모든 존재, 인류, 사람도 하나님의 피조물이라는 것을 가르쳐주려는 의도가 있는 것으로 보인다. 그러므로 이어지는 구문을 보면 '그들이 창조되던'이라는 말로 복수형으로 돌아가고 있다.

창세기 5:3 아담은 백삼십 세에 자기의 모양 곧 자기의 형상과 같은 아들을 낳아 이름을 셋이라 하였고

	בִּדְמוּתוֹ	וַיּוֹלֶד	שָׁנָה	וּמְאַת	שְׁלֹשִׁים	אָדָם	וַיְחִי
음역)	비드무토	바욜레드	솨나	우머아트	쉘로쉼	아담	바예ㅎ키
직역)	그의 모양으로	그가 낳았다	그리고 년에	백 년 그리고	30	아담이	살았다

	שֵׁת׃	אֶת־שְׁמוֹ	וַיִּקְרָא	כְּצַלְמוֹ
음역)	쉐이트	쉬모-에트	바이크라	커짤모
직역)	셋	그의 이름 을	그가 불렀다 그리고	그의 형상처럼

한글성경과 대부분의 번역본에는 아들이라는 단어가 나오는데 히브리어 성경에는 아들이라는 단어가 나오지 않는다. 단지 그의 모양과 형상처럼 낳았다 하니 의역하여 아들을 낳았다고 번역하였다.

아담은 에덴에서 쫓겨났음에도 불구하고 하나님의 모양 안에서 하나님의 형상처럼 닮은 자를 낳았다는 말을 하고 있다. 이는 놀라운 기적이 아닐 수 없다. 그런데 이 기적은 누가 만들었다는 말인가? 하나님은 인류의 족보를 만들면서 왜 가인의 족보를 인류의 족보라고 하지 않고 셋의 족보를 인류의 족보로 말하고 있는가? 셋은 하나님이 만들어지도록 하셨다는 것을 지금 성경은 말하고 있다. 이는 하나님이 그에게 기적을 베풀어주셨고 은혜를 베풀어주셨다는 말이다. 이는 우리가 하나님을 믿음으로 말미암아 그 믿음을 통하여 하나님은 우리를 하나님의 자녀가 되게 만들어 주실 것이라는 사실을 말하려는 의도가 있는 것으로 보인다.

성경이 말하려는 것은 하나님이 셋을 만들어 주셨는데 아담의 모양 안에서 그의 형상처럼 만들었다는 것이다. 이 말씀은 하나님이 하나님의 모양과 형상처럼 만든 아담의 모양과 형상처럼 낳았다는 말이다. 그러므로 이 말은 하나님의 모양과 형상처럼 낳았다는 말이다. 이것은 하나님이 그렇게 하신 것이지 사람이 그렇게 할 수 없다. 아담과 하와는 그렇게 만들 능력이 없다. 셋의 씨를 뿌려준 것은 사람이 아니다. 그 씨는 하나님이 뿌려준 것이다. 즉 하나님이 셋을 만들어서 아담과 하와를 도구로 사용하여 이 땅 위에 보낸 것이다. 이것이 하나님이 베풀어 주시는 무한한 은혜이다. 이 은혜로 인하여 셋은 하나님의 사람이 되었다.

우리를 하나님의 사람으로 만들어준 것 또한 하나님의 은혜로 된 것이다. 그러므로 우리가 잘났다고 큰 소리 칠 수 없다. 마가복음에 씨 뿌리는 비유가 나오는데, 이 비유를 읽는 사람들은 밭에 강조점을 두며, 그 밭을 마음의 밭이라고 생각한다. 우리는 씨 뿌리는 비유를 좀 더 깊이 묵상할 필요가 있을 것 같다. 지금 여러분이 씨 뿌리는 사람이라고 생각해 보면 좋을 것 같다. 여러분은 어떤 밭에 씨를 뿌릴 것인가? 길가에, 돌밭에, 가시떨기에 그리고 좋은 땅 어디에 씨앗을 뿌릴 것인지 마음 속 깊이 묵상해보면 답을 찾을 수 있을 것이다.

씨 뿌리는 사람이 바보가 아니라면 씨를 돌밭에, 가시밭에, 길가에 뿌리겠는가? 신약성경에 씨를 뿌리는 사람은 인자라고 하였다. 이는 씨를 뿌리는 분은 하나님이시다는 것을 가르쳐주는 말씀이다(마 13:37). 하나님이 몰라서 씨를 아무 밭에나 뿌리는 것은 아니다. 신약성경에 나오는 씨 뿌리는 비유는 하나님께서 씨를 뿌리실 때 남김없이 씨를 뿌린다는 말이다. 길가든, 돌밭이든, 가시밭이든 뿌린다. 그런데 놀라운 것은 하나님은 우리를 셋이라는 씨앗으로 만들어 놓고 뿌려주신 것이다. 신약성경의 이 비유는 씨 뿌리는 자의 비유라는 사실을 기억해야 한다. 그리고 씨 뿌리는 자는 하나님이다.

셋이 태어나는 상황을 보면 하나님은 하나님의 사람, 하나님의 모양과 형상을 닮은 씨앗을 세상이라는 밭에 뿌리는데 그 밭은 어떤 밭인가? 아담이 하나님으로부터 쫓겨났음에도 불구하고 하나님의 모양과 형상을 닮은 씨앗인 사람으로 태어나게 하신 분이 하나님이다. 셋이라는 씨앗이 뿌려진 세상이라는 밭은 이미 하나님으로부터 저주를 받아 땅이 제 기능을 할 수 없는 밭이다. 그 시대에 하나님의 이름을 부르는 사람이 없었다. 그런 밭에 하나님이 하나님의 씨앗을 뿌렸는데 바로 그 씨가 셋이다. 하나님의 사람인 성경의 독자는 씨 뿌리는 자의 비유를 따라서 돌밭이든, 가시밭이든, 길가든 씨를 뿌려야 한다. 그래서 하나님이 그러한 밭을 갈아엎어 옥토를 만들어 하나님이 선택한 사람이 되도록 만들어 가신다. 이것이 아담을 통하여 셋을 세상에 보내 주신 하나님의 놀라운 은혜이다.

여기서 잠깐 가인과 아벨을 생각해 보는 시간을 가지면 좋겠다. 아담과 하와가 동침하여 출산한 다음 이름을 가인이라 부르고 둘째를 아벨이라 하였는데, 누가 그들의 이름을 지어 불렀는가? 분명한 것은 가인의 이름은 하와가 지어준 것이 틀림없다(창 4:1). 그러나 셋을 낳은 다음 이름을 지어준 사람은 분명 아버지 아담이다(창 4:25). 아담은 하나님의 모양과 형상을 닮은 자신을 생각하면서 자신을 닮은 아들의 이름을 셋이라 불렀다. 물론 셋이라는 의미는 다양한 의미가 있지만 일반적으로 '대신하는 자'라는 의미로 이해하는 것이 좋을 것이다. 아벨 대신 주신 아들로 믿음의 대를 이어갈 후손으로, 하나님이 은혜로 준 선물이다.

그리고 히브리어로 본 절을 읽어보면 30년 그리고 100년이라고 하는데, 이는 히브리어 수사 표현법으로 이를 좀 더 연구하는 것이 바람직하다. 수사가 나오는 본문을 찾아 자세히 연구하는 시간을 가지면 좋을 것이다. 히브리어로 학자는 '탈미드 하함 תַּלְמִיד הֶכָם 현명한 학생'이라 부른다. 끊임없이 배우는 사람이라는 의미이다. 따라서 성경을 연구하는 독자는 끊임없이 하나님의 말씀을 배워야 할 것이다. 이 세상에 존재하는 하나님의 사람에게 다른 무엇이 중요한 것이 아니라, 하나님의 말씀을 배우는 일이 가장 중요한 일이라는 것을 알아야 한다. 그러므로 시간을 내어 말씀을 연구하는 일에 최선을 다해야 한다.

> **하나님의 말씀을 배우고 연구하는 일을 중단하는 것은 하나님의 사람으로 살기를 거부하는 것이다(탈무드)**

창세기 5:4 아담은 셋을 낳은 후 팔백 년을 지내며 자녀들을 낳았으며

	שְׁמֹנֶה	אֶת־שֵׁת	הוֹלִידוֹ	אַחֲרֵי	יְמֵי־אָדָם	וַיִּהְיוּ
음역)	쉬모네	쉐이트-에트	홀리도	아ㅎ카레이	아담 - 예메이	바이흐우
직역)	팔	셋을	그를 낳은	후에	아담의 날들	그것들이 있었다

	וּבָנוֹת׃	בָּנִים	וַיּוֹלֶד	שָׁנָה	מֵאֹת
음역)	우바노트	바님	바욜레드	쇼나	메이오트
직역)	그리고 딸들을	아들들	그는 낳았다	년	백

본절에 나오는 아담은 분명 하나님이 최초로 지은 사람의 이름으로 쓰인 아담이다. 그래서 이는 분명 고유 명사이다. 하나님이 지은 그 사람 아담이 셋을 낳은 후 시간이 800년이 지나가는데 이 기간에 대한 설명은 그저 아들들과 딸들을 낳았다는 설명 밖에는 없다.

아담은 몇 살부터 생을 시작하였는지는 모르지만, 그가 지음받은 후 130년에 셋을 얻었고, 그 이후 800년을 더 살았다고 하는데, 고대 사람들은 모두 이처럼 오래 살았는가? 유대인 성경주석가들은 5장에 이름이 기록된 사람들만 예외적으로 오래 살았다는 주장과 모든 평범한 사람들도 똑같이 오래 살았다는 견해로 나누이는 것을 볼 수 있다. 그러나 일반적인 사람들은 그들의 수명을 숫자 그대로 보면 안 된다고 주장하기도 한다. 우리는 이해할 수 없지만 하나님의 특별하신 섭리가 있는 것으로 보아야 할 것이다.

람밤(Rambam)은 5장에서 언급된 저명한 인물들만이 오래 살았다고 주장하는 사람이다. 5장에 이름이 기록되지 않은 평범한 사람들은 그토록 장수하는 삶을 살지 못했을 것이라 하였다(More Nevuchim 1:7). 람밤은 계속하여 말하기를 그 시대 사람들은 그들의 음식과 주거 형태가 현대와 다르기 때문에 일반적으로 장수는 했을 것이라고 하였다.

라닥(Radak)은 조금 특이한 설명을 하였는데, 그 시대 사람들은 미래의 세대를 위하여 그들의 지혜와 예술과 문화를 전수하여, 그 다음 세대가 그것을 보존할 수 있도록 가르치기 위하여 긴 수명이 필요하였다고 하였다. 즉 사람이 알지 못하는 특별한 기간이 그 시대의 사람들에게는 필요하였다는 말이다. 그러므로 인생의 연수가 70년 또는 80년이라고 말하는 시편 90:10의 생애와 비교하면 안 된다.

랍반(Ramban)은 또 다른 설명을 독자들에게 들려준다. 하나님이 직접 자기의 모양과 형상대로 지은 아담은 육체적으로 완벽했으며, 그의 모양과 형상을 닮은 그의 자녀들도 그랬을 것이라고 생각하였다. 그러므로 그 시대 사람들이 오래 사는 것은 특이한 것이 아니라 아주 자연스러운 것이라고 하였다. 그러나 홍수 후에는 자연환경과 식생활 등 모든 환경이 악화되어 점차적으로 사람의 생의 기간이 단축된 것으로 보인다.

처음 사람 아담의 계보의 연속성은 아담의 첫 번째 아들의 범죄로 인하여 위험한 순간을 맞이하기도 하였다. 그러나 하나님은 아담과 하와에게 새로운 아들을 허락하셨다. 이 아들이 새로운 역사를 쓰는 인물이 되었다. 하나님의 은혜로 아담은 셋을 낳은 후, 800년을 지내며 아들들과 딸들을 낳았다고 성경은 말한다. 하나님의 말씀을 따라 생육하고 번성하는 일은 인간의 환경이 어떠하든지 상관없이 지속적으로 일어났다(Targum Yerushalmi).

창세기 5:5 그는 구백삼십 세를 살고 죽었더라

	שָׁנָה	מֵאוֹת	תְּשַׁע	אֲשֶׁר־חַי	אָדָם	כָּל־יְמֵי	וַיִּהְיוּ
음역)	쇼나	메이오트	터샤	ㅎ카이-아쉐르	아담	여메이-콜	바이흐우
직역)	년	백	구	그가 산	아담의	날들의-모두	그들이 있었다

	וַיָּמֹת׃ ס	שָׁנָה	וּשְׁלֹשִׁים
음역)	바야모트	쇼나	우쉘로쉼
직역)	그는 죽었다.	년	삼십

이제 아담의 생애의 마지막을 기록한다. 아담이 살았던 모든 날은 특별한 일이 없이, 그저 그렇게 지나갔다는 것은 우리가 이미 앞에서 이야기했다. 아담의 생애를 세 부분으로 나누어 말한 다음, 전체를 말하는 형식으로 이야기 하였는데, 이제 앞으로 노아까지 같은 형식을 취하는 것을 볼 수 있다. 다시 말해서 아들을 낳기 전에 살았던 년 수를 알려주고, 아이를 출산할 때의 나이를 말하고, 아이를 출산한 후 몇 년을 살았는지 말한 다음, 전 생애를 말하는 형식을 갖춘 것이다. 이는 한 사람의 생애의 년 수를 아주 정확하게 기록하고 있다는 것과 중간에 빠지는 대가 하나도 없이 연결된다는 것을 말하려는 의도로 기록한 것으로 보인다. 과학자들이 말하는 연대와 아주 큰 차이가 나지만 하나님은 인류의 역사를 정확하게 기록하고 있다는 것을 알 수 있다(Radag).

본절은 아담의 전 생애가 930년이라는 사실을 독자들에게 분명하게 말한다. 앞에서도 언급하였지만 성경이 수를 표현하는 방법을 연구하는 것은 바람직하다 하겠다. 너찌브(N'tziv)는 나이를 표현하는 방법에 대하여 다음과 같이 간략하게 설명하기도 하였다. 성경은 나이를 표현할 때 큰 수를 먼저 쓰고 작은 수를 나중 쓰는 경우가 있다. 아담은 큰 수 900을 먼저 말하고 작은 수 30을 나중에 기록하였다. 창세기 5:8을 읽어보면 차이를 알 수 있다. 셋이 죽을 때의 나이를 말하는 것을 보면 작은 수 십단위 12를 먼저 말하고 900을 뒤에 말하는 것을 볼 수 있다. 너찌브(N'tziv)는 사람이 죽은 해의 수를 말할 때 큰 수를 먼저 말하는 것은 그의 생애가 생산적인 삶을 살았다는 것을 말한다고 하였다. 반면 사람이 생산적인 삶을 살지 못했을 때는 작은 수를 먼저 말하고 큰 수를 나중에 말한다고 하였다.

미드라쉬(Midrash)를 읽어보면 흥미로운 기사를 발견할 수 있다. 아담은 원래 1000년의 생애를 살 수 있었다고 한다. 왜냐하면 선과 악을 알게 하는 지식의 나무의 열매를 먹는 '그 날'에 아담은 죽을 것인데 그는 그 날 죽지 않았기 때문이다. 하나님은 바로 그 한 날을 천년으로 만들어 주셨다는 것이다(시 90:4). 그러나 아담은 그의 생애의 70년을 다윗에게 남겨 주었기 때문에 그는 930년에 죽었다(Zohar; cf. Avodah Zarah 5a cited in v.1).

5절을 마감하는 단어는 '그가 죽었다'는 말이다. 아담은 왜 죽어야 하는가? 이는 하나님이 사람에게 정하여 놓으신 이치이다(히 9:27). 그리고 창세기 3:19에서 흙으로 돌아갈 것을 말씀하셨다. 그러므로 때가 되어 아담은 죽은 것이다. 그러면 아담이 죽은 후에 하와는 살아 있었는가? 탈무드는 아담이 죽자 하와가 기도했다고 한다. "하나님, 내 영혼을 받아 주소서." 그래서 그녀는 아담이 죽은 그 날 죽었으며, 그들은 막벨라 굴에 묻혔다고 전한다(Zohar).

아담이 죽으므로 하나님이 직접 지은 인간은 세상을 떠나게 되어 인류의 1세대가 막을 내리고 다음 세대로 넘어간다.

또한 독자들이 창세기 5:3-5을 70인 역으로 읽는다면 아담이 셋을 낳은 년 수가 히브리어 성경과 다르다는 것을 알 수 있을 것이다. 3절을 보면 230세에 셋을 낳았다 하였으며 4절에서 700년을 살면서 자녀를 낳았다 하고 5절에서는 930년을 살고 죽었다고 하였다.

이제 6절부터 20절까지는 인류 1대 조상인 아담 생애의 기록형식과 같은 형식으로 6대까지 이어지는 조상들의 생애를 기록하고 있기 때문에 70인 역에서 차이가 발견되는 절만 읽어보고 7대 에녹으로 넘어가려고 한다.

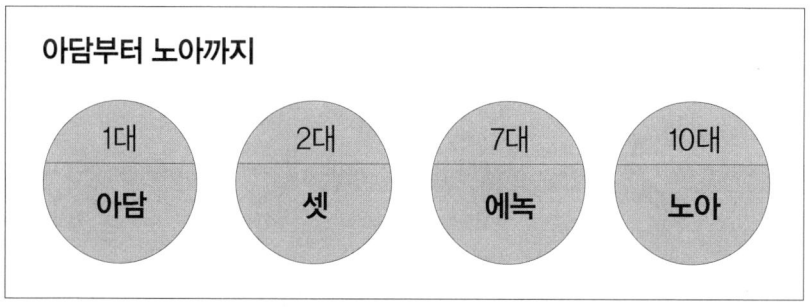

창세기 5:6 셋은 백오 세에 에노스를 낳았고

	:אֶת־אֱנֽוֹשׁ	וַיּ֖וֹלֶד	שָׁנָ֑ה	וּמְאַ֣ת	שָׁנִ֖ים	חָמֵ֥שׁ	שֵׁ֕ת־וַיְחִי
음역)	에노쉬-에트	바욜레드	샤나	우머아트	샤님	ㅎ카메이쉬	쉐이트-바여ㅎ키
직역)	에노스-을	그는 낳았다	년	100년 그리고	년	오	셋-살았다

LXX ἔζησεν δὲ Σηθ διακόσια καὶ πέντε ἔτη καὶ ἐγέννησεν τὸν Ενως
70인역: 셋은 205년에 에노스를 낳았다.

창세기 5:7 에노스를 낳은 후 팔백칠 년을 지내며 자녀들을 낳았으며

	שֶׁ֔בַע	אֶת־אֱנ֑וֹשׁ	הוֹלִיד֖וֹ	אַחֲרֵ֥י	שֵׁ֗ת־וַיְחִי
음역)	쉐바	에노쉬-에트	홀리도	아ㅎ카레이	쉐이트-바여ㅎ키
직역)	7	에노스-를	그가 그를 낳은	후에	셋-살았다

	:וּבָנֽוֹת	בָּנִ֖ים	וַיּ֥וֹלֶד	שָׁנָ֑ה	מֵא֖וֹת	וּשְׁמֹנֶ֥ה	שָׁנִ֔ים
음역)	우바노트	바님	바욜레드	샤나	메이오트	우쉬모네	샤님
직역)	딸들 그리고	아들들	그는 낳았다 그리고	년	100	8	년

LXX καὶ ἔζησεν Σηθ μετὰ τὸ γεννῆσαι αὐτὸν τὸν Ενως ἑπτακόσια καὶ ἑπτὰ ἔτη καὶ ἐγέννησεν υἱοὺς καὶ θυγατέρας
70인역: 에노스를 낳은 후 707년을 살며 아들들을 딸들을 낳았으며

창세기 5:8 그는 구백십이 세를 살고 죽었더라

וַיִּהְיוּ	כָּל־יְמֵי־שֵׁת	שְׁתַּיִם	עֶשְׂרֵה	שָׁנָה	וּתְשַׁע	מֵאוֹת
음역) 바이흐우	쉐이트-여메이-콜	쉬테이밈	에스레이	샤나	우터샤	메이오트
직역) 그들은 이었다	셋의- 날들의-모두	2	10	년	9 그리고	백

שָׁנָה	וַיָּמֹת: ס
음역) 샤나	바야모트
직역) 년	그는 죽었다 그리고

LXX καὶ ἐγένοντο πᾶσαι αἱ ἡμέραι Σηθ ἐννακόσια καὶ δώδεκα ἔτη καὶ ἀπέθανεν

70인역: 셋은 912세를 살고 죽었더라

창세기 5:9 에노스는 구십 세에 게난을 낳았고

וַיְחִי	אֱנוֹשׁ	תִּשְׁעִים	שָׁנָה	וַיּוֹלֶד	אֶת־קֵינָן
음역) 바여ㅎ키	에노쉬	티슈임	샤나	바욜레드	케이난-에트
직역) 살았다	에노스	90	년	그는 낳았다 그리고	게난을

LXX καὶ ἔζησεν Ενως ἑκατὸν ἐνενήκοντα ἔτη καὶ ἐγέννησεν τὸν Καιναν

70인역: 에노스는 190년에 게난을 낳았다.

창세기 5:10 게난을 낳은 후 팔백십오 년을 지내며 자녀들을 낳았으며

	עֶשְׂרֵה	חָמֵשׁ	אֶת־קֵינָן	הוֹלִידוֹ	אַחֲרֵי	אֱנוֹשׁ	וַיְחִי
음역)	에슈레이	ㅎ카메이쉬	케이난-에트	홀리도	아ㅎ카레이	에노쉬	바예ㅎ키
직역)	10	5	게난을	그가 그를 낳은	후에	에노스	살았다

	וּבָנוֹת׃	בָּנִים	וַיּוֹלֶד	שָׁנָה	מֵאוֹת	וּשְׁמֹנֶה	שָׁנָה
음역)	우바노트	바님	바요레드	쇼나	메오트	우쉬모네	쇼나
직역)	딸들 그리고	아들들과	낳았다	년	100	8 그리고	년

LXX καὶ ἔζησεν Ενως μετὰ τὸ γεννῆσαι αὐτὸν τὸν Καιναν ἑπτακόσια καὶ δέκα πέντε ἔτη καὶ ἐγέννησεν υἱοὺς καὶ θυγατέρας

70인역: 게난을 낳은 후 715년을 지내며 아들들과 딸들을 낳았으며

창세기 5:11 그는 구백오 세를 살고 죽었더라

	מֵאוֹת	וּתְשַׁע	שָׁנִים	חָמֵשׁ	אֱנוֹשׁ	כָּל־יְמֵי	וַיִּהְיוּ
음역)	메오트	우트솨	쇼님	ㅎ카메이쉬	에노쉬	여메이-콜	바이흐우
직역)	100	9 그리고	년	5	에노스의	날들-모두	그들은 이었다.

					שָׁנָה	וַיָּמֹת׃ ס
음역)					쇼나	바야모트
직역)					년	그리고 그는 죽었다

LXX καὶ ἐγένοντο πᾶσαι αἱ ἡμέραι Ενως ἐννακόσια καὶ πέντε ἔτη καὶ ἀπέθανεν

70인역: 에노스는 905세를 살고 죽었더라

창세기 5:12 게난은 칠십 세에 마할랄렐을 낳았고

	וַיְחִ֣י	קֵינָ֔ן	שִׁבְעִ֖ים	שָׁנָ֑ה	וַיּ֖וֹלֶד	אֶת־מַֽהֲלַלְאֵֽל׃
음역)	바여ㅎ키	케이난	쉬브임	샤나	바욜레드	에트 - 마할랄엘
직역)	살았다	게난	70	년	그는 낳았다 그리고	마할랄렐을

LXX καὶ ἔζησεν Καιναν ἑκατὸν ἑβδομήκοντα ἔτη καὶ ἐγέννησεν τὸν Μαλελεηλ

70인역: 게난은 170년에 마할랄렐을 낳았고

창세기 5:13 마할랄렐을 낳은 후 팔백사십 년을 지내며 자녀들을 낳았으며

	וַיְחִ֣י	קֵינָ֗ן	אַחֲרֵי֙	הוֹלִיד֣וֹ	אֶת־מַֽהֲלַלְאֵ֔ל	אַרְבָּעִ֣ים
음역)	바여ㅎ키	케이난	아ㅎ카레이	홀리도	에트 - 마할랄엘	아르바임
직역)	살았다	게난	후에	그가 그를 낳은	마할랄렐을	40

	שָׁנָ֔ה	וּשְׁמֹנֶ֥ה	מֵא֖וֹת	שָׁנָ֑ה	וַיּ֥וֹלֶד	בָּנִ֖ים	וּבָנֽוֹת׃
음역)	샤나	우쉬모네	메이오트	샤나	바욜레드	바님	우바노트
직역)	년	8 그리고	100	년	그는 낳았다 그리고	아들들과	딸들을 그리고

LXX καὶ ἔζησεν Καιναν μετὰ τὸ γεννῆσαι αὐτὸν τὸν Μαλελεηλ ἑπτακόσια καὶ τεσσαράκοντα ἔτη καὶ ἐγέννησεν υἱοὺς καὶ θυγατέρας

70인역: 마할랄렐을 낳은 후 740년을 지내며 아들들과 딸들을 낳았으며

창세기 5:14 그는 구백십 세를 살고 죽었더라

	וַיִּהְיוּ	כָּל־יְמֵי	קֵינָן	עֶשֶׂר	שָׁנִים	וּתְשַׁע	מֵאוֹת	שָׁנָה
음역)	바이흐우	여메이-콜	케이난	에세르	샤님	우터샤	메이오트	샤나
직역)	그들은 이었다	날들의-모두	게난의	10	년	9	100	년

	וַיָּמֹת׃ ס	
음역)		바야모트
직역)		그는 죽었다 그리고

LXX καὶ ἐγένοντο πᾶσαι αἱ ἡμέραι Καιναν ἐννακόσια καὶ δέκα ἔτη καὶ ἀπέθανεν

70인역: 게난은 910년을 살고 죽었더라

창세기 5:15 마할랄렐은 육십오 세에 야렛을 낳았고

	וַיְחִי	מַהֲלַלְאֵל	חָמֵשׁ	שָׁנִים	וְשִׁשִּׁים	שָׁנָה	וַיּוֹלֶד
음역)	바여ㅎ키	마할랄렐	ㅎ카메이쉬	샤님	버쉬쉼	샤나	바욜레드
직역)	살았다	마할랄렐	5	년	60 그리고	년	그는 낳았다

	אֶת־יָרֶד׃	
음역)		야레드-에트
직역)		야렛을

LXX καὶ ἔζησεν Μαλελεηλ ἑκατὸν καὶ ἑξήκοντα πέντε ἔτη καὶ ἐγέννησεν τὸν Ιαρεδ

70인역: 마할랄렐은 165년에 야렛을 낳았고

창세기 5:16 야렛을 낳은 후 팔백삼십 년을 지내며 자녀를 낳았으며

	שְׁלֹשִׁים	אֶת־יֶרֶד	הוֹלִידוֹ	אַחֲרֵי	מַהֲלַלְאֵל	וַיְחִי	
음역)	쉴로쉼	에레드-에트	홀리이도	아ㅎ카레이	마할랄렐	바여ㅎ키	
직역)	30	야렛-을	그가 그를 낳은	후에	마할랄렐	살았다	
	וּבָנוֹת׃	בָּנִים	וַיּוֹלֶד	שָׁנָה	מֵאוֹת	וּשְׁמֹנֶה	שָׁנָה
음역)	우바노트	바님	바욜레드	샤나	메이오트	우쉬모네	샤나
직역)	딸들을 그리고	아들들과	그는 낳았다 그리고	년	100	8 그리고	년

LXX καὶ ἔζησεν Μαλελεηλ μετὰ τὸ γεννῆσαι αὐτὸν τὸν Ιαρεδ ἑπτακόσια καὶ τριάκοντα ἔτη καὶ ἐγέννησεν υἱοὺς καὶ θυγατέρας

70인역: 야렛을 낳은 후 730년을 지내며 아들들과 딸들을 낳았으며

창세기 5:17 그는 팔백구십오 세를 살고 죽었더라

	שָׁנָה	וְתִשְׁעִים	חָמֵשׁ	מַהֲלַלְאֵל	כָּל־יְמֵי	וַיִּהְיוּ
음역)	샤나	버티슈임	ㅎ카메이쉬	마할랄렐	여메이-콜	바이흐우
직역)	년	90 그리고	5	마할랄렐의	날들의-모두	그들은 이었다
		וַיָּמֹת׃ ס	שָׁנָה	מֵאוֹת	וּשְׁמֹנֶה	
음역)		바야모트	샤나	메이오트	우쉬모네	
직역)		그는 죽었다	년	100	8 그리고	

LXX καὶ ἐγένοντο πᾶσαι αἱ ἡμέραι Μαλελεηλ ὀκτακόσια καὶ ἐνενήκοντα πέντε ἔτη καὶ ἀπέθανεν

70인역: 마할랄렐은 895년을 살고 죽었더라

창세기 5:18 야렛은 백육십이 세에 에녹을 낳았고

	וַיְחִי־יֶרֶד	שְׁתַּיִם	וְשִׁשִּׁים	שָׁנָה	וּמְאַת	שָׁנָה	וַיּוֹלֶד
음역)	예레드-바예ㅎ키	쉬타임	버쉬쉼	쇼나	우머아트	쇼나	바욜레드
직역)	야렛-살았다	2	60 그리고	년	100 그리고	년	그는 낳았다

	אֶת־חֲנוֹךְ:
음역)	ㅎ카노ㅋ흐-에트
직역)	에녹을

LXX καὶ ἔζησεν Ιαρεδ ἑκατὸν καὶ ἑξήκοντα δύο ἔτη καὶ ἐγέννησεν τὸν Ενωχ

70인역: 야렛은 162세에 에녹을 낳았고

창세기 5:19 에녹을 낳은 후 팔백 년을 지내며 자녀들을 낳았으며

	וַיְחִי־יֶרֶד	אַחֲרֵי	הוֹלִידוֹ	אֶת־חֲנוֹךְ	שְׁמֹנֶה	מֵאוֹת
음역)	예레드-바예ㅎ키	아ㅎ카레이	홀리이도	ㅎ카노ㅋ흐-에트	쉬모네	메이오트
직역)	야렛-살았다	후에	그가 그를 낳은	에녹을	8	100

	שָׁנָה	וַיּוֹלֶד	בָּנִים	וּבָנוֹת:
음역)	쇼나	바욜레드	바님	우바노트
직역)	년	그가 낳았다 그리고	아들들과	딸들을 그리고

LXX καὶ ἔζησεν Ιαρεδ μετὰ τὸ γεννῆσαι αὐτὸν τὸν Ενωχ ὀκτακόσια ἔτη καὶ ἐγέννησεν υἱοὺς καὶ θυγατέρας

70인역: 에녹을 낳은 후 800년을 지내며 아들들과 딸들을 낳았으며

창세기 5:20 그는 구백육십이 세를 살고 죽었더라

	וּתְשַׁע	שָׁנָה	וְשִׁשִּׁים	שְׁתַּיִם	כָּל־יְמֵי־יֶרֶד	וַיִּהְיוּ
음역)	우터샤	샤나	버쉬쉼	쉬타임	예레드– 여메이 – 콜	바이흐유
직역)	9 그리고	년	60 그리고	2	야렛의–날들의 – 모두	그들은 이었다

	וַיָּמֹת: פ	שָׁנָה	מֵאוֹת
음역)	바야모트	샤나	메이오트
직역)	그는 죽었다 그리고	년	100

LXX καὶ ἐγένοντο πᾶσαι αἱ ἡμέραι Ιαρεδ ἐννακόσια καὶ ἑξήκοντα δύο ἔτη καὶ ἀπέθανεν

70인역: 야렛은 962년을 살고 죽었다.

창세기 5:21 에녹은 육십오 세에 므두셀라를 낳았고

	וַיּוֹלֶד	שָׁנָה	וְשִׁשִּׁים	חָמֵשׁ	חֲנוֹךְ	וַיְחִי
음역)	바욜레드	샤나	버쉬쉼	ㅎ카메이쉬	ㅎ카노ㅋ흐	바여ㅎ키
직역)	그는 낳았다 그리고	년	60 그리고	5	에녹	살았다

	אֶת־מְתוּשֶׁלַח:
음역)	머투솰라ㅎ크– 에트
직역)	므두셀라를

LXX καὶ ἔζησεν Ενωχ ἑκατὸν καὶ ἑξήκοντα πέντε ἔτη καὶ ἐγέννησεν τὸν Μαθουσαλα

70인역: 에녹은 165년에 므두셀라를 낳았다.

창세기 5:22 므두셀라를 낳은 후 삼백 년을 하나님과 동행하며 자녀들을 낳았으며

	הוֹלִידוֹ	אַחֲרֵי	אֶת־הָאֱלֹהִים	חֲנוֹךְ	וַיִּתְהַלֵּךְ
음역)	홀리도	아ㅎ카레이	하엘로힘-에트	ㅎ카노ㅋㅎ	바이트할레이크
직역)	그가 그를 낳은	후에	그 엘로힘과 함께	에녹	그는 그 스스로 걸어갔다

	בָּנִים	וַיּוֹלֶד	שָׁנָה	מֵאוֹת	שְׁלֹשׁ	אֶת־מְתוּשָׁלַח
음역)	바님	바욜레드	쇼나	메이오트	쉘로쉬	머투쉘라ㅎ크-에트
직역)	아들들과	그는 낳았다 그리고	년	100	3	므두셀라 -를

	וּבָנוֹת׃
음역)	우바노트
직역)	딸들을 그리고

LXX εὐηρέστησεν δὲ Ενωχ τῷ θεῷ μετὰ τὸ γεννῆσαι αὐτὸν τὸν Μαθουσαλα διακόσια ἔτη καὶ ἐγέννησεν υἱοὺς καὶ θυγατέρας
70인역: 에녹은 기뻐하였다 하나님과 함께, 그리고 그는 므두셀라를 낳은 후 200년을 지내며 아들들과 딸들을 낳았다.

에녹에 이르러 사람들의 생애를 기록하는 양식이 조금 바뀌는 것을 볼 수 있다. 에녹이 아들을 낳은 후 몇 년을 더 살았다는 것을 말해야 하는데, 본문은 갑자기 에녹이 그 스스로가 하나님과 함께 걸어갔다는 말로 시작한다. 이는 독자들로 하여금 새로운 장면으로 들어서게 하는 것을 볼 수 있는데, 이는 독자들을 새로운 자리로 초대하는 것이다. 그 자리는 바로 하나님의 자리이다. 에녹은 므두셀라를 낳은 후에 그 스스로가 300년을 함께 걸어갔다고 한 것은 놀라운 일이다.

'그는 그 스스로 걸어갔다 וַיִּתְהַלֵּךְ(바이트할렉)'는 말은 에녹이 스스로 하나님과 함께 걸어갔다는 말이다. 누구의 강요나 협박이 아니라 자기 스스로가 그렇게 하였다는 말이다. 창세기17:1을 읽어보면 '아브람이 구십구 세 때에 여호와께서 아브람에게 나타나서 그에게 이르시되 나는 전능한 하나님이라 너는 내 앞에서 행하여 완전하라'하셨다. 여기에 '내 앞에 행하여'라는 말씀이 있는데, 이 말씀 가운데 '행하여'라는 단어를 히브리어로 읽어보면 창세기 5:22에 나오는 말씀과 똑같은 단어이며 똑같이 히트파엘형으로 쓰였다. 단지 창세기 17:1에는 명령형으로 쓰였기에 '너는 스스로 걸어가라'고 번역할 수 있다. 그러므로 이 말씀은 '너는 내 앞에서 너 스스로 걸어가 완전하라'는 말씀이다. 이 말씀에 비추어 지금 우리가 읽고 있는 22절을 다시 번역하여 보면 '에녹은 므두셀라를 낳은 후 그 엘로힘과 함께 그 스스로 걸어갔다'는 말씀이 된다.

한글성경에서 '하나님과 동행하였다'고 말씀하는데, 이 말씀은 원문으로 보면 '에녹이 그 엘로힘과 함께 스스로 걸어갔다'는 말이다. 한글성경에서 '하나님과'라는 말은 '에트 하엘로힘 אֶת הָאֱלֹהִים'으로 '그 하나님과 함께'라는 말이다. 히브리어 '함께'라는 전치사는 여러 단어가 있는데 그 가운데 본문에서는 '에트 אֶת'를 사용하였다. 이는 처음부터 끝까지 함께하였다고 말할 때 주로 쓰이는 단어이다. 여기서 잠시 히브리어로 '함께'라고 쓰이는 단어 몇 개를 살펴보면 도움이 될 것이다.

    עִם 일반적으로 '함께'함을 의미. 가장 널리 쓰이는 단어이다.
    אֶת 처음부터 끝까지 함께 함을 말할 때 주로 쓰인다.
        그리스어로 말하면 알파 Α요 오메가 Ω라는 말과 같은 의미이다.
        죽는 순간까지 함께 한다는 의미이다.
    בְּ... 연합을 이루는 것을 말할 때 주로 쓰이는 단어이다.

에녹은 엘로힘과 처음부터 끝까지 함께 갔는데, 강조 재귀형으로 그 스스로가 하나님과 함께 걸어갔다. 이렇게 우리도 하나님과 함께 걸어가는 것이 축복이다. 이 처럼 에녹은 므두셀라를 낳은 후 처음부터 끝까지 즉, 그의 모든 생애 기간 동안 그 스스로 하나님과 함께 걸어갔다는 말이다. 하나님은 본문을 통하여 에녹의 놀라운 신앙을 보여주며 독자들을 에녹의 신앙의 자리로 초대하기를 원한다.

우리가 앞에서 살펴본 대로 대를 이은 족보가 계속되다가 22-24절, 28-29절, 32절에서는 앞에서 나오는 족보의 형식과 구조가 달라지는 것을 볼 수 있다. 앞부분의 족보 형식을 보면 '언제 아들을 낳고 얼마를 더 살다가 언제 죽었다'는 구조이다. 그러나 21-24절의 구조는 아들을 낳고, 몇 년을 살았는데 그가 그 동안 어떻게 살았는지 설명하고 있다.

그리고 28-29절의 형식은 낳고, 살았는데 하나님의 안위하심을 기대하며 살았다는 것을 소개한다. 마지막 32절의 구조는 낳았다는 말만 한 다음, 그 이후의 역사는 그를 낳게 하신 그분의 인도하심의 손길을 기대하고 있음을 말한다.

여기서 잠시 아담의 장자인 가인의 족보와 새로운 아담의 족보를 비교하여 보면 놀라운 것을 발견할 수 있을 것이다. 지금 에녹에 와서 족보를 기록하는 형식이 달라졌는데, 가인의 족보를 보면 라멕에 와서 족보 서술 방식이 변화된 것을 볼 수 있다. 공교롭게도 에녹은 아담의 7대손이고 라멕은 가인의 7대손이며 아담을 포함시키면 아담의 8대손이다.

그러나 가인은 세속적인 족보를 가지므로 가인의 7대인 라멕과 새로운 씨앗인 셋을 통한 아담의 7대손 에녹과 비교하여 보면 매우 큰 차이점을 발견할 수 있을 것이다. 한 사람은 스스로 자기 자신이 하나님과 동행하는 삶을 살았으며, 다른 한 사람은 최고로 악한 길을 따라가는 모습을 볼 수 있다. 이것이 아담의 7대 손인 에녹과 가인의 7대손인 라멕의 차이점이다. 한 사람은 하나님 편으로 돌아와 있는 모습을 보여 주며, 다른 한 사람은 하나님과 상관없는 모습을 보여준다.

여기서 독자는 7이라는 수를 다시 한 번 생각해 보면 좋을 것이다. 7이라는 수는 성경에서는 일반적으로 맹세를 가리킬 때 사용하는 단어이다. 다시 말해서 서원을 하거나 언약을 맺을 때 주로 사용하는 단어가 7과 같은 수이므로 7은 언약의 수라고 할 수 있다. 에녹과 라멕은 각각 7대손인데 이들은 언약의 대에 이르렀다는 것을 보여준다. 가인의 7대인 라멕이 이렇게 된 것은 하나님이 가인에게 말씀하신 것이 7대에 와서 이루어진 것을 보여준 것이라 할 수 있다. 또한 아담의 7대손 에녹을 말하는 것은 7대에 이르러 하나님을 믿는 사람은 이렇게 된다는 것을 보여주는 것이라 할 수 있다.

그리고 후대에 제사장 에스라가 말할 때에도 내가 솔로몬 성전의 첫 번째 제사장의 7대손이라고 말하는 것은 우연의 일치가 아니다. 그리고 창세기 17:1에 하나님께서 아브람에게 '너는 제발 내 앞에서 스스로 걸어가라' 말씀하면서 '너는 나를 믿으면 믿는 대로 행하라'고 하셨다. 이렇게 말씀하신 하나님인데 에녹을 말할 때에는 '스스로 걸어갔다'라고 한다. 이처럼 에녹은 자기 스스로 하나님과 함께 걸어가는 삶을 살았던 진정한 신앙인이었다.

창세기 5:23 그는 삼백육십오 세를 살았더라

	וַיְהִי	כָּל־יְמֵי	חֲנוֹךְ	חָמֵשׁ	וְשִׁשִּׁים	שָׁנָה	וּשְׁלֹשׁ	מֵאוֹת	שָׁנָה:
음역)	바여히	콜-예메이	ㅎ카노ㅋ흐	ㅎ카메이쉬	버쉬쉼	쇼나	우쉘로쉬	메이오트	쇼나
직역)	이었다	모두 날들의-	에녹의	5	그리고 60	년	3	백	년

LXX καὶ ἐγένοντο πᾶσαι αἱ ἡμέραι Ενωχ τριακόσια ἐξήκοντα πέντε ἔτη

70인역: 에녹의 날들은 365년이었다.

앞에 나온 에녹의 조상들의 족보를 기록하는 형식과 조금 다르다. 다른 조상들은 도합 몇 년을 살았다고 말한 다음 그는 죽었다는 구문이 이어지는데 그런 구문이 뒤따르지 않는다.

창세 5:5부터 나오는 '죽었다 וַיָּמָת(와야모트)'는 단어가 나오지 않는다는 말이다. 에녹에 이르러는 죽는다는 말 대신 다른 표현을 사용하는데 다음 절을 읽어보자

창세기 5:24 에녹이 하나님과 동행하더니 하나님이 그를 데려가시므로 세상에 있지 아니하였더라

	וְאֵינֶ֕נּוּ	אֶת־הָאֱלֹהִ֑ים	חֲנ֖וֹךְ	וַיִּתְהַלֵּ֥ךְ
음역)	버에이네누	하엘로힘-에트	ㅎ카노ㅋ흐	바이트할레이ㅋ흐
직역)	그리고 그는 없다	그 엘로힘과 -함께	에녹이	그는 그 스스로 걸어갔다

	אֹת֖וֹ אֱלֹהִֽים׃ פ		כִּֽי־לָקַ֥ח
음역)	엘로힘	오토	라카ㅎㅋ-키
직역)	엘로힘	그를	그가 취하였다-왜냐하면

22절에 나온 말씀이 다시 반복된다. 이는 에녹의 신앙을 다시 한 번 강조하며 독자를 에녹의 신앙의 자리로 초대하는 것이다. 에녹을 설명하면서 엘로힘과 동행했다는 구문이 2절에 걸쳐 반복하여 나오는데, 그 의미는 무엇인가? 에녹이 하나님과 동행한다는 말은 에녹이 하나님과 어떻게 하였다는 말인가? 신명기 30:15-16을 말씀을 읽어 보면 하나님과 동행하다는 의미를 조금이나마 알 수 있을 것 같다.

15 보라 내가 오늘 생명과 복과 사망과 화를 네 앞에 두었나니
16 곧 내가 오늘 네게 명령하여 네 하나님 여호와를 사랑하고 그 모든 길로 행하며 그의 명령과 규례와 법도를 지키라 하는 것이라 그리하면 네가 생존하며 번성할 것이요
또 네 하나님 여호와께서 네가 가서 차지할 땅에서 네게 복을 주실 것임이니라

하나님과 동행하는 것은 하나님을 사랑하기 때문에 하나님이 말씀하신 그 모든 길로 걸어가고 있으며, 그의 법도를 지키는 자리에 있다는 것을 말한다. 이렇게 하는 것이 하나님과 동행하는 방법이라는 것을 알려주는 말씀이다. 노아와 아브라함도 하나님과 함께 그 스스로 걸었다고 하였는데, 이는 하나님이 하신 모든 말씀대로 다 이루는 삶을 살았다는 것을 의미한다(창 6:9, 7:5, 17:1). 하나님과 동행하는 것은 진심으로 하나님 앞에서 행하는 것이며, 주께서 보시기에 선하게 행하는 것이며, 생명이 있는 땅에서 하쉐임 앞에서 행하는 것을 말하며, 정의를 행하며 인자를 사랑하며 겸손하게 행하는 것이다(왕하 20:3, 시 116:9, 미 6:8). 그리고 입에는 진리의 법이 있고 입술에는 불의함이 없으며 화평과 정직함으로 행하며 죄악에서 떠나는 모습을 말한다(말 2:6). 에녹이 하나님과 함께 그 스스로 걸어갔다는 말은 바로 에녹이 이러한 삶을 살았다는 것을 가르쳐 주는 구문이다. 신약성경이 에녹을 인용하는 구문 가운데 한 절인 히브리서 11:5을 함께 읽어보자.

> 믿음으로 에녹은 죽음을 보지 않고 옮겨졌으니 하나님이 그를 옮기심으로 다시 보이지 아니하였느니라 그는 옮겨지기 전에 하나님을 기쁘시게 하는 자라 하는 증거를 받았느니라.

다른 신약성경 유다서 1:14-15를 함께 읽어보자.

14. 아담의 칠대 손 에녹이 이 사람들에 대하여도 예언하여 이르되 보라 주께서 그 수만의 거룩한 자와 함께 임하셨나니

15. 이는 뭇 사람을 심판하사 모든 경건하지 않은 자가 경건하지 않게 행한

모든 경건하지 않은 일과 또 경건하지 않은 죄인들이 주를 거슬러 한 모든 완악한 말로 말미암아 그들을 정죄하려 하심이라 하였느니라

이러한 말씀을 종합하여 볼 때 하나님과 함께 걸어가는 삶을 살았다는 것은 곧 하나님의 말씀을 따라 살았다는 말이다. 말라기 2:6을 읽어보면 에녹이 하나님과 동행하였다는 말은 말씀과 동행하는 삶이다. 그리고 이는 에녹이 예배하는 삶, 하나님을 증거 하는 삶을 살았다는 말이다. 다시 말해서 제사장적인 삶을 살았다는 말이다. 이는 바로 하나님의 말씀을 보여주어 후손이 따라하도록 인도하는 삶으로 선지자적인 삶이다(유 1:14-15). 그리고 에녹은 하나님의 교훈으로 다른 사람을 인도하시고 영광으로 영접하시는 하나님을 왕으로 모시고 세상에서 왕적인 존재로 사는 삶을 살았다(시 49:15-16, 73:24, 히 11:1).

이는 하나님께서 처음에 사람을 만들 때에 왕, 선지자, 제사장 신분으로 창조하였는데 뱀의 유혹으로 세 가지 직분을 박탈당한 것이다. 그런데 하나님이신 예수님이 제사장으로 선지자로 왕으로 오셨다. 그래서 우리는 예수님을 영접함으로 왕, 선지자 '제사장직'이 회복이 된 것이다. 이것이 나로 말미암아 된 것이 아니라 하나님의 은혜로 말미암아 된 것이다. 우리를 하나님의 형상과 모양으로 회복시켜 주셔서 이 세 가지 신분이 회복된 것처럼 아담의 7대손인 에녹은 이 세 가지 직분을 가지고 하나님과 함께 걷는 삶을 살았다. 그래서 그 에녹은 왕, 제사장, 선지자 직분을 가지고 하나님과 함께 걸었던 인물이다. 바로 언약의 수인, 아담의 7대손인 에녹에서 그 모든 것이 회복되었던 것이다. 이와 같이 우리도 내가 아니라 하나님의 은혜로 왕, 선지자, 제사장이 되었다. 이제 우리도 에녹과 같이 하나님 앞에서 스스로 행하는 성도가 되어야 한다는 것을 성경은 에녹을 통하여 우리

에게 가르쳐 주고 있다.

　그리고 하나님께서 7대손에 이르러 아담의 후손이 양극화되는 것을 보여주신 것은, 하나님의 말씀은 반드시 이루어진다는 것을 우리에게 가르쳐 주신 것이다. 가인의 7대손에서 하나님이 말씀하신대로 벌 받는 일이 이루어진 것처럼, 아담의 7대손에서 신앙의 회복이 이루어졌음을 보여준다. 또한 하나님의 성전인 솔로몬 성전이 바벨론 침공에 의하여 무너진 후 하나님은 이스라엘을 회복시키기 위하여 해방 시키시고, 무너진 하나님의 전을 수축하였을 때에 제사장의 7대손인 학사 에스라에 이르러 완전히 회복되었던 역사를 현대 성경 독자들은 잘 알고 있다. 이처럼 숫자 7은 언약과 서약 그리고 맹세를 가리키는 수이며, 그것을 이루는 수라는 것을 우리는 잘 알 수 있다.

　에녹은 아가다(Aggadah)에서 많은 토론의 주제로 나온다. 특별히 에녹은 미드라쉬에 나오는 다양한 토론 주제의 주인공이다. 미드라쉬(Midrash)는 모든 세대의 일곱 번째 세대에 많은 관심을 두는데 이는 그 때 신성이 특별히 나타나기 때문이라고 한다. 우리가 앞에서 살펴본대로 에녹은 아담의 7대손이다. 이집트에서 이스라엘 백성을 인도하여 낸 영적인 지도자 모세는 믿음의 조상 아브라함의 7대손이다. 이스라엘의 가장 위대한 왕 다윗은 그의 아버지 이새의 7번째 아들이다.

　우리는 하나님이 나와 함께 하심을 믿어야 한다. 그리고 하나님은 우리와 언약하신 것을 반드시 이루심을 믿고, 우리는 하나님과 함께 걸어가는 삶을 살아야 한다. 우리는 연약하고 나약하지만 하나님 앞에서 하나님의 말씀대로 행하는 제사장적인 삶과 하나님의 통치권을 인정하고 하나님의 왕 직을 위임받은 왕으로서 삶을 살아가며, 하나님의 말씀을 행하며 보여

주는 선지자적인 삶을 산다면, 하나님은 우리의 삶을 통하여 역사를 이루어 가실 것이다.

다음 구문을 읽어보면 '그는 없다'고 하였다. 히브리어 구문에 '...이 있다 שׁיֵ(예이쉬)'와 '...이 없다 אֵין(에인)'이 있다. 이 구문은 '...에 ... 있다' 또는 '...에 ...이 없다'는 것을 말할 때 사용하는 구문이다.

אֵין(에인) There is(are) not ~이 없다.
שׁיֵ(예이쉬) There is(are) ~이 있다

본문에서는 '...이 없다 אֵין(에인)'는 구문에 3인칭 남성 단수 대명사 접미사가 붙었다. 그러므로 '그가 없다'는 말이다. 그가 없다는 말은 무슨 의미인가? 한글 번역본에는 '하나님이 그를 데려가시므로 세상에 있지 아니하였더라'고 하였다. 이 말은 에녹은 세상에 없었다는 말이다. 다시 말해서 세상에 존재하지 않는다는 말로 이해하여야 할 것이다. 세상에 존재하지 않는다는 말은 다른 곳에 존재한다는 말이다. 다시 말해서 이 세상에는 없다는 말인데 이 말은 살아있는 채로 다른 곳으로 옮겨 갔다는 말인가? 아니면 죽어서 이 세상에 존재하지 않았다는 말인가? 그리고 이어지는 구문을 읽어보면 '하나님이 그를 취하였다'고 하였는데 이는 하나님이 그를 데려가셨다는 말이다. 다른 말로 하면 다른 곳으로 옮겼다는 말로 이해할 수 있다. 그렇다면 이 말은 '죽음'에 대한 다른 표현으로 쓰인 것은 아닌가?(왕하 2:10, 욥 7:21, 시 39:14(한글 13), 잠 12:7, 겔 24:16, 18, 욘 4:3, 4 참고).

우리나라 말에도 '죽었다'는 말을 표현하는 것을 보면 '죽었다', '돌아가셨다', '사망했다', '상선하셨다' 또는 '저 세상으로 갔어' 등 매우 다양한 용

어를 사용한다. 세상 사람들도 어떤 죽은 사람을 가리킬 때 '그 사람 저 세상에 갔다'는 말을 사용한다. 이는 분명히 '그 사람은 이 세상에 없다'는 말이다. 세상에 없다는 말을 죽었다는 말로 이해할 수도 있다. 그러므로 본문을 좀 더 깊이 연구할 필요가 있다. 왜냐하면 신약성경 히브리서 9:27에 '사람이 한 번 죽는 것은 사람에게 정해진 것'이라고 가르치고 있기 때문이다.

창세기 5:25 므두셀라는 백팔십칠 세에 라멕을 낳았고

	שָׁנָה	וּמְאַת	שָׁנָה	וּשְׁמֹנִים	שֶׁבַע	מְתוּשֶׁלַח	וַיְחִי
음역)	쇼나	우머아트	쇼나	우쉬모님	쉐바	머투셀라ㅎ	바여ㅎ키
직역)	년	100	년	80 그리고	7	므두셀라	살았다.

	אֶת־לָמֶךְ:	וַיּוֹלֶד
음역)	라메크ㅎ -에트	바욜레드
직역)	라멕-을	그는 낳았다 그리고

LXX καὶ ἔζησεν Μαθουσαλα ἑκατὸν καὶ ἑξήκοντα ἑπτὰ ἔτη καὶ ἐγέννησεν τὸν Λαμεχ

70인역: 므두셀라는 167년에 라멕을 낳았다.

에녹에 이르러 바뀌었던 표현 양식이 에녹의 아들 므두셀라에 이르러 다시 돌아왔다. 그래서 지금 '...년을 살고 그는 낳았다 ...를' 이라는 형식을 취하고 있다. 그리스어 번역본 또한 기본 양식으로 돌아온 것을 알 수 있다.

므두셀라는 완전한 의인이라고 말하는 사람들도 있다(Yalkut). 세대르

올람 라바(Seder Olam Rabbah)에 따르면 므두셀라는 243년 동안 그의 8대 할아버지인 아담으로부터 토라를 공부했다고 전한다. 그리고 미쉬나 바바 바트라(Bava Basra) 121b에 따르면 므두셀라는 인류의 수명을 연결지어 주는 영원한 라인 7개의 '연결 고리' 중 하나라고 하였다. 그래서 그가 죽었을 때 하늘의 천사가 그를 칭송할 수 있는 기간을 허락하여 주기 위하여 하나님은 홍수를 7일간 연기하였다고 하였다. 다시 말해서 하나님은 의인 므두셀라를 애도하는 기간 7일을 준 다음 홍수를 보냈다(Sanhedrin 108b, Avos d'Rabbi Nosson).

창세기 5:26 라멕을 낳은 후 칠백팔십이 년을 지내며 자녀를 낳았으며

	שְׁתַּיִם	אֶת־לֶמֶךְ	הוֹלִידוֹ	אַחֲרֵי	מְתוּשֶׁלַח	וַיְחִי
음역)	쉬타임	레메크흐-에트	홀리도	아흐카레이	머투쉘라흐	바예흐키
직역)	2	라멕을	그가 그를 낳은	후에	므두셀라	살았다.

	וּבָנוֹת׃	בָּנִים	וַיּוֹלֶד	שָׁנָה	מֵאוֹת	וּשְׁבַע	שָׁנָה	וּשְׁמֹנִים
음역)	우바노트	바님	바욜레드	샤나	메이오트	우쉬바	샤나	우쉬모님
직역)	딸들 그리고	아들들 그리고	낳았다	년	100	7 그리고	년	80 그리고

LXX καὶ ἔζησεν Μαθουσαλα μετὰ τὸ γεννῆσαι αὐτὸν τὸν Λαμεχ ὀκτακόσια δύο ἔτη καὶ ἐγέννησεν υἱοὺς καὶ θυγατέρας

70인역: 라멕을 낳은 후 802년을 살았으며 그는 아들들과 딸들을 낳았으며

창세기 5:27 그는 구백육십구 세를 살고 죽었더라

	וַתְּשַׁע	שָׁנָה	וְשִׁשִּׁים	תֵּשַׁע	מְתוּשֶׁלַח	כָּל-יְמֵי	וַיִּהְיוּ
음역)	우터솨	솨나	버쉬쉼	테이솨	머투셸라흐	여메이-콜	바이흐우
직역)	9 그리고	년	60 그리고	9	므두셀라의	날들의-모두	그들은 이었다

				וַיָּמֹת: פ	שָׁנָה	מֵאוֹת
음역)				바야모트	솨나	메이오트
직역)				그는 죽었다 그리고	년	100

LXX καὶ ἐγένοντο πᾶσαι αἱ ἡμέραι Μαθουσαλα ἃς ἔζησεν ἐννακόσια καὶ ἑξήκοντα ἐννέα ἔτη καὶ ἀπέθανεν

70인역: 므두셀라는 969년을 살고 죽었다.

　최초의 인류 10대 족보를 읽어 가면서 우리는 몇 가지 특징을 발견할 수 있는데, 본문에서도 우리는 특이한 점을 발견할 수 있다. 10세대 중 가장 오래 살았던 사람 므두셀라는 10세대 중 가장 짧게 살았던 사람 에녹의 아들이다. 아버지는 가장 짧은 생을 살았고, 그의 아들은 가장 긴 생애를 살았다. 므두셀라가 죽은 년도를 계산하여 보면 홍수가 나던 해에 죽은 것으로 보인다. 그러면 므두셀라는 홍수로 죽었는가? 그렇지는 않을 것이다. 그의 이름이 가지는 의미는 '무기의 남자' 또는 '지옥의 강물의 남자' 또는 '그때까지 살았다'를 의미하는 것으로 다양하게 해석된다(요엘 2:8, 느 4:11, 대하 23:10, 32:5). 그러나 '홍수가 날 때까지 살았다'는 의미가 가장 타당성 있어 보이며 가장 널리 알려진 의미이다. 가장 오래 살았던 므두셀라가 죽자 그를 애도할 수 있는 기간 7일을 주기 위하여 하나님은 홍수를 7일간 연기 하였다고 하였다.

창세기 5:28 라멕은 백팔십이 세에 아들을 낳고

	בֵּֽן׃	וַיּ֥וֹלֶד	שָׁנָ֖ה	וּמְאַ֣ת	שָׁנָ֑ה	וּשְׁמֹנִ֖ים	שְׁתַּ֥יִם	לֶ֔מֶךְ	וַֽיְחִי־
음역)	벤	바욜레드	샤나	우머아트	샤나	우쉬모님	쉬타임	레메ㅋ흐-	바여ㅎ키
직역)	한 아들을	그는 낳았다	년	100	년	80 그리고	2	라멕-	살았다

LXX καὶ ἔζησεν Λαμεχ ἑκατὸν ὀγδοήκοντα ὀκτὼ ἔτη καὶ ἐγέννησεν υἱόν

70인역: 라멕은 188년을 살았고 그는 아들을 낳았다.

이제 드디어 아담의 10대가 등장할 차례가 되었는데, 10대의 이름이 등장하지 않는다. 다시 한 번 족보의 형식을 바꾸는 것을 볼 수 있다. 24절에서 아담의 7대손이 태어날 때 문학 양식이 달라졌으며, 지금 10대를 출산하는 즈음에 다시 한 번 문학 양식이 바뀌는 것을 볼 수 있다.

본문에서 특이한 것은 아들의 이름을 말하지 않고 그저 아들을 낳았다고 한다. 이는 무엇을 의미하는가? 아들이라는 단어를 건설하다는 의미로 해석하려는 경향을 가진 학자들도 있다. 왜냐하면 이제 미래를 새롭게 건설할 아들이 태어났다는 것을 알리려는 의도를 가지고 성경을 기록하였는지 모르기 때문이다. 또한 우리가 잘 아는 것처럼 노아는 방주의 건설자가 되었으며, 미래 이스라엘을 건설한 자들의 조상이 되었기 때문이다.

> 5장을 읽어 보면 가장 오래 산 사람은 969세이며 5장에 나오는 사람들의 평균 수명은 858세이다.

창세기 5장 | **159**

창세기 5:29 이름을 노아라 하여 이르되 여호와께서 땅을 저주하시므로 수고롭게 일하는 우리를 이 아들이 안위하리라 하였더라

	מִֽמַּעֲשֵׂ֔נוּ	יְנַחֲמֵ֖נוּ	זֶ֤ה	לֵאמֹ֑ר	נֹ֖חַ	אֶת־שְׁמ֥וֹ	וַיִּקְרָ֧א
음역)	밈마아세이누	여나하메이누	제	레이모르	노아ㅎ크	쉼모-에트	바이크라
직역)	우리의 일로부터	그가 우리를 쉬게 할 것이다	이르기를	노아	그의 이름-을	그가 불렀다

	יְהוָֽה׃	אֵֽרֲרָ֖הּ	אֲשֶׁ֥ר	מִן־הָ֣אֲדָמָ֔ה	יָדֵ֑ינוּ	וּמֵעִצְּב֣וֹן
음역)	하쉐임	에이르라ㅎ	아쉐르	하아다마- 민	야데이누	우메이이쯔본
직역)	하쉐임	그가 그녀를 저주하다	…한	그 땅-부터	우리의 손들의	수고로부터 그리고

라멕은 아들을 낳은 다음 바로 이름을 지어 부르지 않는다. 다른 조상들은 몇 년에 …를 낳고 몇 년을 살고 죽었다고 하였다. 그러나 28절을 읽어 보면 라멕은 노아를 낳았다고 하지 않고 아들을 낳았다고 하였다. 그리고 본 절에서는 그의 이름을 노아라 불렀다고 한 다음, 노아를 가리키는 대명사를 보면 지시대명사 '제 זֶה, 이것'을 사용한다. 물론 이 지시대명사는 사람을 가리키는 대명사로 쓰인다. 그러나 본문에서는 왠지 어색하다. '그는' 이라는 인칭 대명사를 사용하는 편이 훨씬 자연스러울 것이다. 아마도 28절에 나오는 아들, 즉 건설자인 '이 사람', 다시 말해 '노아'를 가리키기 위하여 이 단어를 사용한 것으로 보인다. 그러므로 라멕은 노아가 건설자가 될 뿐만 아니라, 앞으로의 세대에서 유일한 위로자가 되어 주기를 소망한 것으로 보인다.

족보에 또 하나의 특징을 발견할 수 있다. 아담의 9대손인 라멕의 아들의 이름은 노아라고 부른다. 그리고 노아라고 부른 이유를 설명한다. 지금까지 어느 누구도 아들을 낳고 아들의 이름을 지어 부르고 설명한 사람이 없다. 그러나 아담의 9대손인 라멕은 아들의 이름을 설명한다. 라멕이 태어날 때까지 아담은 살아있었으나 라멕이 아들을 낳을 때 죽었다. 그래서 라멕은 그들의 시조가 된 아담이 죽은 후에 태어난 아들이 새로운 시대를 건설할 인물이 되기를 원하여 앞 절에서 아들을 낳았다고 했는지 모른다. 그 아들이 미래 시대를 건설할 자로 세워지기를 원하였을 것이다. 왜냐하면 인류의 시조인 아담이 죽고 난 다음, 처음 태어난 아들이기 때문이다. 그리고 인류의 시조 아담이 범죄하여 땅이 저주를 받았는데, 그 아담이 죽었으니 이제 태어난 아들은 그 저주로부터 벗어나며 이마에 땀이 흐르는 수고로부터 벗어나는 쉼과 위로를 갈망하였는지도 모른다.

라멕은 이러한 소망을 가지고 아들을 낳았을 때 즉시 이름을 부르지 않고 아들을 낳았다고 한 다음에 아들의 이름을 지어 부른 것으로 보인다. 그래서 라멕은 그의 아들 노아를 그 시대 사람들을 위로할 유일한 위로자로 세우려는 의도를 가지고 이름을 지었음에 틀림없다. 왜냐하면 하나님이 보시기에 좋게 만드신 세상과 땅이 제 기능을 잃어버리고 가시와 엉겅퀴를 내는 땅으로 망가뜨려 놓은 아담이 죽었기 때문에 라멕은 자신의 아들이 세상에 사는 사람들을 위로하는자로 살기 원했다. 그래서 라멕은 아들의 이름을 '위로', '쉼', '안식'이라는 의미를 가진 '노아'라 지었다. 이로보건데 가인의 후손인 라멕과 셋의 후손인 라멕은 같은 이름을 가지고 있었지만 완전히 다른 성품을 지닌 사람이라는 것을 알 수 있다. 현대를 살아가는 '크리스천'이라는 이름을 가진 사람들 가운데도 다양한 사람이 있다. 본서를 읽는 독자는 무늬만 있는 '크리스천'이 아니라 진실한 '크리스천' 즉 하나님 앞에서 걸어가는 하나님의 사람이 되어야 세상을 바르게 세우고 수고하고 무거운 짐을 진 사람들을 위로하는 이 시대의 노아가 될 수 있을 것이다.

창세기 5:30 라멕은 노아를 낳은 후 오백구십오 년을 지내며 자녀들을 낳았으며

	וַתְשָׁעִים	חָמֵשׁ	אֶת־נֹחַ	הוֹלִידוֹ	אַחֲרֵי	וַיְחִי־לֶמֶךְ
음역)	버티슈임	ㅎ카메이쉬	노아ㅎ-에트	홀리이도	아ㅎ카레이	레메크ㅎ-바예ㅎ키
직역)	90 그리고	5	노아 -를	그가 그를 낳은	후에	라멕- 살았다

	וּבָנוֹת:	בָּנִים	וַיּוֹלֶד	שָׁנָה	מְאַת	וַחֲמֵשׁ	שָׁנָה
음역)	우바노트	바님	바욜레드	쇼나	메오트	바ㅎ카메이쉬	쇼나
직역)	딸들을 그리고	아들들과	그가 낳았다	그리고 년	100	5 그리고	년

LXX καὶ ἔζησεν Λαμεχ μετὰ τὸ γεννῆσαι αὐτὸν τὸν Νωε πεντακόσια καὶ ἑξήκοντα πέντε ἔτη καὶ ἐγέννησεν υἱοὺς καὶ θυγατέρας

70인역: 노아를 낳은 후 565년을 살았으며 그는 아들들과 딸들을 낳았으며

하나님이 에녹을 취하여 세상에 없게 한 때로부터 69년 뒤에 에녹의 손자 라멕이 아들을 낳고 이름을 노아라고 불렀다. 가인의 7대 후손의 이름이 라멕인데 그가 살던 시대는 아주 악한 시대로 알려져 있다. 마찬가지로 에녹의 손자 라멕이 살던 시대도 악이 점점 관영하여지는 시대였을 것이다. 그처럼 악한 시대에 에녹의 손자 라멕이 아들을 낳고 이름을 노아라고 지어 부르면서 위로와 소망을 기대하였다. 그는 노아를 낳은 다음 596년을 더 살면서 자녀들을 낳았다. 그러나 그는 아버지 므두셀라보다 5년 먼저 죽었다.

창세기 5:31 그는 칠백칠십칠 세를 살고 죽었더라

	וּשְׁבַע	שָׁנָה	וְשִׁבְעִים	שֶׁבַע	כָּל-יְמֵי-לֶמֶךְ	וַיְהִי
음역)	우쉬바	쇠나	버쉬브임	쉐바	레메ㅋ흐 여메이-콜	바여히
직역)	7 그리고	년	70 그리고	7	라멕의 날들의- 모두	그들은 이었다

			ס : וַיָּמֹת	שָׁנָה	מֵאוֹת
음역)			바야모트	쇠나	메이오트
직역)			그는 죽었다	년	100

LXX καὶ ἐγένοντο πᾶσαι αἱ ἡμέραι Λαμεχ ἑπτακόσια καὶ πεντήκοντα τρία ἔτη καὶ ἀπέθανεν

70인역: 라멕은 753년을 살고 죽었다.

창세기 5장 연대기	0	100	200	300	400	500	600	700	800	900	1000	1100	1200	1300	1400	1500	1600	1656	1800	2000
	아담이 자녀를 낳을 때			수명		사망												홍수		
1. 아담 (5:3-5)	0	130	수명(930년)			930														
2. 셋 (5:6-8)		130	105	수명(912년)			1042													
3. 셋 (5:9-11)			235	90	수명(905년)		1042													
4. 게난 (5:12-14)				325	70	수명(910년)		1235												
5. 마할랄렐 (5:15-17)				395	65	수명(895년)			1290											
6. 야렛 (5:18-20)			460	162	수명(962년)					1422										
7. 야렛 (5:21-24)				622	65 수명(962년)	987														
8. 무드셀라 (5:25-27)				687	187	수명(969년)											1656			
9. 라멕 (5:28-31)					874	182	수명(777년)										1651			
10. 라멕 (5:32)					1056	500											수명(600년)/950년/350년)			2006
					(아담 사망후 126년)												홍수			

창세기 5:32 노아는 오백 세 된 후에 셈과 함과 야벳을 낳았더라

	אֶת־שֵׁם	נֹחַ	וַיּוֹלֶד	שָׁנָה	מֵאוֹת	בֶּן־חֲמֵשׁ	וַיְהִי־נֹחַ
음역)	쉐임-에트	노아ㅎ크	바욜레드	샤나	메이오트	ㅎ카메이쉬-벤	노아ㅎ크 바여히
직역)	셈을	노아는	그는 낳았다 그리고	년	100	5 아들	노아는 이었다

	וְאֶת־יָפֶת׃	אֶת־חָם
음역)	야페트-버에트	ㅎ캄-에트
직역)	야벳을 그리고	함을

LXX καὶ ἦν Νωε ἐτῶν πεντακοσίων καὶ ἐγέννησεν Νωε τρεῖς υἱούς τὸν Σημ τὸν Χαμ τὸν Ιαφεθ

70인역: 노아는 500세이었다 그리고 노아는 세 아들, 셈을 함을 야벳을 낳았다.

피르케이 아보트 미쉬나 5:2을 읽어보면 다음과 같이 기록하고 있다.

> 아담부터 노아까지 열 세대가 있었다.
> 그분의 인내심의 정도를 보여주고 있다.
> 왜냐하면 그들 모든 세대들이
> 그분의 홍수를 그들 위에 내릴 때까지 더욱더 그분을 화나게 했기 때문이다.

미쉬나는 아담부터 노아까지 10세대의 이름을 말하지 않는다. 왜냐하면 성경에 자세하게 말하고 있기 때문이다. 우리가 창세기 5장을 읽어본 것과 같이 아담으로부터 시작하여 셋, 에노스, 게난, 마할랄렐, 야렛, 에녹, 므두셀라, 라멕, 노아까지 정확하게 10세대가 등장한다. 그리고 족보를 기록하는 문학 형식은 몇 살에 아버지가 되고 몇 년을 살면서 자녀를 낳고 도합 몇 년을 살고 죽었다고 자세히 기록되어 있는 것을 볼 때, 중간에 빠진 세대가 있다고 보는 것은 불가능하다고 미쉬나 주석가들은 말한다.

이처럼 창세기 5장 족보에 마지막으로 등장하는 이름은 노아의 아들들이지만 마지막 인물은 아담의 10대인 노아이다. 이렇게 최초 인류 10세대를 보면 인류의 역사가 결코 길지 않다는 것을 알 수 있다. 그리고 모든 인류의 시작은 하나님이라는 사실을 확인할 수 있다. 신약성경 사도행전 17:26-29을 읽어보아도 인류의 시조는 분명 하나님이시다.

> 26. 인류의 모든 족속을 한 혈통으로 만드사 온 땅에 살게 하시고 그들의 연대를 정하시며 거주의 경계를 한정하셨으니
> 27. 이는 사람으로 혹 하나님을 더듬어 찾아 발견하게 하려 하심이로되 그는 우리 각 사람에게서 멀리 계시지 아니하도다
> 28. 우리가 그를 힘입어 살며 기동하며 존재하느니라 너희 시인 중 어떤 사람들의 말과 같이 우리가 그의 소생이라 하니
> 29. 이와 같이 하나님의 소생이 되었은즉 하나님을 금이나 은이나 돌에다 사람의 기술과 고안으로 새긴 것들과 같이 여길 것이 아니니라

그러므로 창세기 5장은 단순하게 아담 개인의 족보로 읽기보다는 인류의 족보로 읽는 것이 바람직하다. 최초 인류 10세대를 도표로 그려 보면 다음과 같다. 도표에서 연도의 기준점은 아담이 셋을 낳은 연도인 130년을 기준으로 하였다. 왜냐하면 아담은 몇 년 된 사람으로 창조 되었는지 알 수 없기 때문이다. 그러므로 아담이 죽은 해는 930년이 된다.

도표 1) 한글 개역개정

세대	이름	아버지가 된 나이	첫 아들을 낳은 후 생존기간	생애	생존 년대
1	아담	130	800	930	0-930
2	셋	105	807	912	130-1042
3	에노스	90	815	905	235-1140
4	게난	70	840	910	325-1235
5	마할랄렐	65	830	895	395-1290
6	야렛	162	800	962	460-1422
7	에녹	65	300	365	622-987
8	므두셀라	187	782	969	687-1656
9	라멕	182	595	777	874-1651
10	노아	500	450	950	1056-2006

도표 2) 70인역 도표

세대	이름	처음 아버지가 된 나이	첫 아들을 낳은 후 생존기간	생애
1	아담	230	700	930
2	셋	205	707	912
3	에노스	190	715	905
4	게난	170	740	910
5	마할랄렐	165	730	895
6	야렛	162	800	962
7	에녹	165	200	365
8	므두셀라	167	802	969
9	라멕	188	565	753
10	노아	500	450	950

도표 3) 첫 아들을 출산한 연도 비교

세대	이름	미소라본(MT)	사마리아사본(SP)	70인역(LXX)
1	아담	130(3절)	700	930
2	셋	105(6절)	707	912
3	에노스	90(9절)	715	905
4	게난	70(12절)	740	910
5	마할랄렐	65(15절)	730	895
6	야렛	162(18절)	800	962
7	에녹	65(21절)	200	365
8	므두셀라	187(25절)	802	969
9	라멕	182(28절)	565	753
10	노아	500(32절)	450	950
	홍수가 일어난 때	100(7장6절)	100(7장6절)	100(7장6절)
		1656	1306	2242

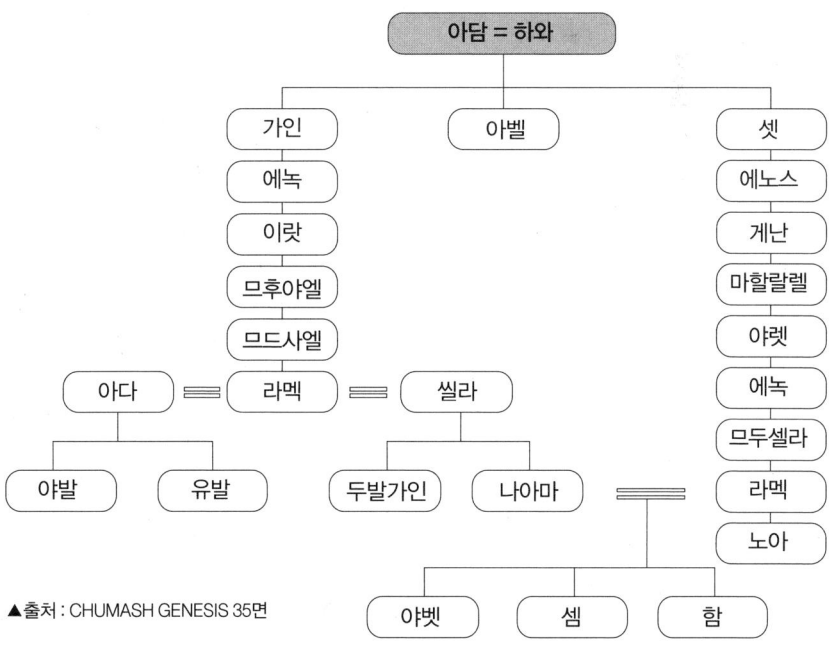

▲출처 : CHUMASH GENESIS 35면

【홍수 이전의 수메르 왕의 도표】

	도시이름	왕	통치	통치기간
1	에리독(eridug)	아룰림왕(alulim)	3600*8년 통치	2왕이 3600*18년 통치
2		아랄갈(alalgal)	3600*10년 통치	
3	바드티비라 (badtibira)	엔멘루안나 (enmenluanna)	3600*10+3600*2 년 통치	3왕이 3600*30년 통치
4		엔멘갈안나 (enmengalanna)	3600*8년 통치	
5		양치기 두무지 (dumuzi)	3600*10년 통치	
6	라라크(larak)	엔시파지안나 (ensipazianna)	3600*8년 통치	1왕이 3600*8년 통치
7	시파르(sippar)	엔멘두르안나 (enmenduranna)	3600*5+(600*2)*2 +600년 통치	1왕이 3600*5년+(600*2)*2+600통치
8	슈르파크 (shuruppak)	우부르투투 (uburtutu)	3600*5+600년 통치	2왕이 3600*15+600년 통치
		지우스드라 (ziusudra) (슈르파크의 아들)	3600*10년 통치	

다섯 도시에서 8왕이 3600*60+3600*7년을 통치하였다.

▲조철수 메소포타미아와 히브리신화

【홍수 이후의 수메르 왕의 도표】

	도시이름	왕	통치	통치기간
1	키쉬왕권(kish)	가나우르(ganaur)	600+600년 통치	
2		쿨라지안나벨	600+6+60년 통치	
3		팔라키나팀	600+300년 통치	

▲조철수 메소포타미아와 히브리신화

    앞에서 말한 바와 같이 족보의 형식은 먼저 처음으로 아버지가 된 나이를 말하고(아담 제외), 그 다음 몇 년 동안 살면서 자녀를 낳았고, 도합 몇 년을 살았는지 말하고 있다. 이렇게 10세대를 계산하여 보면 노아는 1056

년에 태어났다. 이러한 계산으로 년도를 계산하면 현재 유대인이 사용하는 달력이 만들어지는데 유대인의 달력을 가지고 있다면 펼쳐보면 많은 도움이 될 것이다. 지금 우리가 사용하는 일반 달력은 2018년이다. 하지만 유대인의 달력은 5778년이며 9월이 되면 5779년이 된다. 그러므로 성경의 년대는 6000년 정도 된 것으로 보인다. 이렇게 계산하면 현대 과학자들과 역사학자들이 말하는 년도와는 비교가 안 된다. 하지만 우리는 성경 창세기가 말하는 아담이 셋을 낳은 년도를 기준으로 말하고 있다는 것을 기억하고, 년도의 수치에 너무 신경 쓰지 않았으면 좋겠다.

22-24절:하나님과 동행한 에녹

"하나님과 동행하였다"(5:24, 6:9)라고 기록된 단 두 사람 가운데 한 사람이 바로 에녹이다. 유다서 14, 15절에 나오는 에녹의 담대한 증거를 주목해 보는 것은 매우 중요하다.

14. 이런 사람들을 두고 아담의 칠대손 에녹은 이렇게 예언하였습니다. "보아라, 주님께서 수만 명이나 되는 거룩한 천사들을 거느리고 오셨으니,
15. 이것은 모든 사람을 심판하시고, 모든 불경건한 자들이 저지른 온갖 불경건한 행실과, 또 불경건한 죄인들이 주님을 거슬러서 말한 모든 거친 말을 들추어내서, 그들을 단죄하시려는 것이다."

וַיִּתְהַלֵּךְ חֲנוֹךְ אֶת־הָאֱלֹהִים
하엘로힘-에트 ㅋ하노ㅋ흐 바이트할레이ㅋㅎ
"그리고 에녹은 스스로 하나님과 함께 걸어갔다"이다. 이것은 누가 시켜서 한 것이 아니며 또한 두려움에 떨면서 한 것이 아니라, 에녹 스스로가 하나님과 동행하였다는 뜻이다.

28-32절: 위로자 노아

본 구문에서는 믿음으로 행한 노아의 아버지 라멕의 믿음과 소망을 보여주는데, 이것은 라멕이 자기 아들을 낳고 그의 이름을 짓는 것을 보면 알 수 있다.

노아는 'נֹחַ'(노아ㅋ흐)로 '쉼'이라는 뜻이다. 이것은 '주님께서 저주하신 땅 때문에 우리가 수고하고 고통을 겪어야 하는데 이 아들이 우리를 위로할 것이다.'(29절, 새번역)라는 것이다.

에녹은 우리가 할 수 있는 최상의 특권인 하나님과의 교제를 나누었다. 'וַיִּתְהַלֵּךְ חֲנוֹךְ 바이트할레이ㅋ흐 ㅋ하노ㅋ흐'에서 알 수 있는 것은 에녹 자신 스스로가 그 길을 걷고 있었다는 것이다. 'וַיִּתְהַלֵּךְ'(바이트할레이ㅋ흐)는 강조 재귀동사형으로 행동을 하는 주어 스스로가 그 일을 하는 것을 강조하여 표현하는 형태이다. 그렇다면 에녹이 이 동작을 취한 것은 우리에게 상당한 의미를 주고 있는 것인데, 그것은 신앙이란 하나님의 선물로서 수동적인 면이 강조되기는 하지만 선물을 받은 사람이 스스로 행하여야 하는 능동적인 면도 결코 무시할 수는 없다는 것을 말해주는 것이다. 에녹이 300년 동안 하나님과 동행한 후에 어떻게 되었는지 우리 모두는 잘 알고 있다. 그는 죽음을 보지 않았으며, 하나님께서 살아있는 에녹을 하늘로 데려가시는 그 영광을 얻었다. 그렇다면 21세기를 살고 있는 우리도 한 번 깊이 생각해 보자.

히브리어 용어해설

동사 'וַיִּתְהַלֵּךְ 바이트할레이ㅋ흐'는 히트파엘형으로 강조 재귀형이다. 그래서 단순한 동작이 아니라, 주어 스스로가 동작을 한 것을 강조해서 표현하는 형태이다. 에녹에게 이렇게 사용한 것은 에녹 자신 스스로가 하나님을 따랐다는 것을 강조해서 설명하려는 표현일 것이다. 그래서 단순히 '동행했다'라는 표현은 원래 의미를 잘 살려주지 못한다.

우리의 신앙생활은 지금 어떠한가? 우리는 스스로 하나님과 함께 즐겁게 걸어가고 있는가? 아니면 억지인가? 강요인가?

노아는 우리 삶의 두 가지 중요한 복인 '쉼'과 '위로'를 암시한다(마 11:28-30).

노아라는 이름에서 알 수 있듯이 노아 아버지는 자신의 신앙을 담아 아들의 이름을 지었는데 노아라는 말의 뜻은 '쉼, 위로'이다. 쉼과 위로가 없는 노아의 세대에서 하나님만이 진정한 쉼의 창조자이며 그것을 줄 수 있는 분이라는 뜻이다. 그리고 바로 이것이 노아의 신앙고백이다.

그렇다면 우리는 어떠한가? 하나님이 내 삶 가운데 쉼과 위로를 주시는 분이며 또한 쉼과 안식을 주셨음을 우리는 믿고 있는가?

예수님은 우리를 쉼으로 초대하고 계신다.

> 수고하며 무거운 짐을 진 사람은 모두 내게로 오너라. 내가 너희를 쉬게 하겠다. 나는 마음이 온유하고 겸손하니, 내 멍에를 메고 나한테 배워라. 그리하면 너희는 마음에 쉼을 얻을 것이다. 내 멍에는 편하고, 내 짐은 가볍다(마 11:28-30, 새번역)

주의 자녀들아! 오직 하나님이 내 쉼이요, 내 위로로다! 하나님 외에 그 어느 것도 내 쉼이 될 수 없고 위로가 될 수 없음을 선포하라.

GENESIS

בְּרֵאשִׁית ו

창세기 6장

1 사람이 땅 위에 번성하기 시작할 때에 그들에게서 딸들이 나니 **2** 하나님의 아들들이 사람의 딸들의 아름다움을 보고 자기들이 좋아하는 모든 여자를 아내로 삼는지라 **3** 여호와께서 이르시되 나의 영이 영원히 사람과 함께 하지 아니하리니 이는 그들이 육신이 됨이라 그러나 그들의 날은 백이십 년이 되리라 하시니라 **4** 당시에 땅에는 네피림이 있었고 그 후에도 하나님의 아들들이 사람의 딸들에게로 들어와 자식을 낳았으니 그들은 용사라 고대에 명성이 있는 사람들이었더라 **5** 여호와께서 사람의 죄악이 세상에 가득함과 그의 마음으로 생각하는 모든 계획이 항상 악할 뿐임을 보시고 **6** 땅 위에 사람 지으셨음을 한탄하사 마음에 근심하시고 **7** 이르시되 내가 창조한 사람을 내가 지면에서 쓸어버리되 사람으로부터 가축과 기는 것과 공중의 새까지 그리하리니 이는 내가 그것들을 지었음을 한탄함이니라 하시니라 **8** 그러나 노아는 여호와께 은혜를 입었더라 **9** 이것이 노아의 족보니라 노아는 의인이요 당대에 완전한 자라 그는 하나님과 동행하였으며 **10** 세 아들을 낳았으니 셈과 함과 야벳이라 **11** 그 때에 온 땅이 하나님 앞에 부패하여 포악함이 땅에 가득한지라 **12** 하나님이 보신즉 땅이 부패하였으니 이는 땅에서 모든 혈육 있는 자의 행위가 부패함이었더라 **13** 하나님이 노아에게 이르시되 모든 혈육 있는 자의 포악함이 땅에 가득하므로 그 끝 날이 내 앞에 이르렀으니 내가 그들을 땅과 함께 멸하리라 **14** 너는 고페르 나무로 너를 위하여 방주를 만들되 그 안에 칸들을 막고 역청을 그 안팎에 칠하라 **15** 네가 만들 방주는 이러하니 그 길이는 삼백 규빗, 너비는 오십 규빗, 높이는 삼십 규빗이라 **16** 거기에 창을 내되 위에서부터 한 규빗에 내고 그 문은 옆으로 내고 상 중 하 삼층으로 할지니라 **17** 내가 홍수를 땅에 일으켜 무릇 생명의 기운이 있는 모든 육체를 천하에서 멸절하리니 땅에 있는 것들이 다 죽으리라 **18** 그러나 너와는 내가 내 언약을 세우리니 너는 네 아들들과 네 아내와 네 며느리들과 함께 그 방주로 들어가고 **19** 혈육 있는 모든 생물을 너는 각기 암수 한 쌍씩 방주로 이끌어들여 너와 함께 생명을 보존하게 하되 **20** 새가 그 종류대로, 가축이 그 종류대로, 땅에 기는 모든 것이 그 종류대로 각기 둘씩 네게로 나아오리니 그 생명을 보존하게 하라 **21** 너는 먹을 모든 양식을 네게로 가져다가 저축하라 이것이 너와 그들의 먹을 것이 되리라 **22** 노아가 그와 같이 하여 하나님이 자기에게 명하신 대로 다 준행하였더라

창세기 6장

세상에 죄악이 가득함을 한탄하시는 하나님께서 위로자 노아를 보내다

  1-4절 – 하나님의 아들들과 사람의 딸들의 결혼
  5-8절 – 세상에 죄악이 가득함을 보시며 한탄하시는 하나님
  9-13절 – 세상의 죄악에 대한 심판의 경고
  14-16절 – 하나님의 사람을 구원하기 위한 방주 건설
  17-22절 – 노아와 언약을 맺으시는 하나님

창세기 6:1 사람이 땅 위에 번성하기 시작할 때에 그들에게서 딸들이 나니

	וּבָנוֹת	הָאֲדָמָה	עַל־פְּנֵי	לָרֹב	הָאָדָם	כִּי־הֵחֵל	וַיְהִי
음역)	우바노트	하아다마	퍼네이-알	라로브	하아담	헤ㅎ케일 –키	바여히
직역)	딸들이	그 땅의	표면-위에	많아지는 것을	그 아담이	그가 시작했다	그것이 있었다

	לָהֶם:	יֻלְּדוּ
음역)	라헴	율러두
직역)	그들에게.	태어나졌다

6장을 시작하는 단어 '바여히 וַיְהִי'는 좋지 않은 일이 일어날 것을 미리 알려주는 단어라고 보는 것이 좋다. 본문에서는 인간의 악함이 아주 크다는 것을 가르쳐 주기 위하여 '바여히 וַיְהִי'가 제일 앞자리에 나온 것으로 보

인다. 즉 하쉐임께서 사람의 악함이 크다는 것을 정확하게 보시고 계시다(5절)는 것을 알려주기 위한 서언으로 보인다(Megillah 10b).

그러나 하쉐임 하나님은 노아가 그의 아들들을 낳았다는 말로 창세기 5장을 마무리한 다음 6장을 시작하면서 '사람(그 아담)이 땅 위에 많아지기 시작하였다'고 한다. 그리고 그 땅의 표면 위에라고 한 것은 사람들이 거주하는 땅(지역)마다 인구가 증가하기 시작하였다는 것을 가르쳐 준다. 토라는 이처럼 땅 위에 사람이 증가하기 시작하였다는 것을 강조하면서 6장을 시작한다. 이것은 분명 하나님이 약속한 것, '생육하고 번성하여 땅에 충만하라'는 말씀의 성취이기 때문에 그 사람(아담)에게 내려진 축복임에 틀림없다.

다음 구문을 읽어보면 '딸들이 태어났다'고 하였다. 5장의 족보를 잠시 생각해 보면, 조상들이 오랜 시간 동안 아들들과 딸들을 낳았다고 하였는데 본문에서 딸들이 태어났다고 하는 이 말씀은 무슨 의미를 가지고 있는가? 아들들이 태어났다는 말을 생략한 것일까? 우리나라에도 어느 시대인가 아들이 태어나면 좋아하고 딸이 태어나면 부끄러워하는 때가 있었다. 그러나 현대는 조금 달라진 것이 사실이다. 그러면 노아 시대에도 딸들이 태어나는 것을 기뻐하였을까? 그것은 확실하지 않다. 미드라쉬를 읽어보면 흥미 있는 이야기가 있다. '랍비 시므온이 딸을 얻었는데, 친구 랍비 히야가 친구 집을 방문하여 말했다. "하나님이 지금 당신을 축복하기 시작하였다." 그 이유는 가족이 딸들을 통하여 증가하기 때문이다(Ma harzav, Bereshith Rabbah).'

미드라쉬에 나오는 또 다른 이야기를 읽어보자. 가말리엘이 딸을 시집

보낼 때 부녀지간에 나눈 대화가 미드라쉬에 기록되어 있다. 딸이 남편과 함께 아버지 집을 떠나면서 말했다. "아버지 제가 이제 아버지 집을 떠나 남편의 집으로 가니 축복하여 주세요." 그때 아버지가 말했다. "네가 떠나서 다시는 집으로 돌아오지 않기를 바란다." 이렇게 집을 떠난 딸이 아들을 낳았다는 소식을 듣고 딸의 집을 방문하여 그에게 말했다. " '어쩌나, 맙소사'란 말이 절대로 너의 입 밖으로 나오지 않기를." 그때 딸이 아버지에 말했다. "아버지, 제가 무슨 잘못을 하였기에 제가 결혼하여 집을 떠날 때도 좋은 말씀을 주시지 않으시더니, 지금 또 이런 말씀을 주십니까?" 아버지 가말리엘은 말했다. "너는 아버지의 말을 이해하지 못하고 오해하였구나! 이것은 큰 축복의 말이란다. 첫째는 네가 너의 남편과 가족으로부터 사랑받으면서 평화롭게 살아서 네가 아버지의 집으로 돌아올 필요가 없기를 바라는 큰 축복이었으며, 둘째는 너의 아들이 건강하게 오래 살기를 바라는 축복이란다. 너는 이런 말을 많이 할 것이다. 너는 매일 '아이고 어쩌나'라고 말할 것이다. 아이고 어째, 그는 아직도 먹지 않았다. 아이고 어쩌나, 그는 아직 기도하지 않았다. 맙소사, 그는 아직도 공부하지 않았다." 정말 귀한 복의 말씀이다. 아버지 집을 그리워하지 않을 만큼 행복하게 살라는 축복이었으며, 아들이 어머니의 입에서 '어쩌나', '어쩔꼬', '맙소사'와 같은 말이 나오지 않을 정도로 미리 미리 먹고 기도하고 공부하는 아들이 되라는 놀라운 축복이었다.

그러면 본문에 나오는 말씀인 '딸들이 태어났다'는 말은 큰 축복의 말씀인가? 딸들이 태어나 집을 떠나 다른 곳으로 시집가서 그곳에서 남편의 사랑을 받으면서 많은 자녀를 낳아 땅에 충만하라는 하나님의 말씀을 성취시키는 것으로 보아야 하는가? 여기까지는 아주 은혜로운 말씀이다. 딸이 태어난 것은 큰 축복이다. 그러나 라다크(Radak)는 조금 다른 각도에서 바라보았다. 그는 '앞으로 전개될 이야기에서 딸들이 중요한 역할을 하기 때문에 여기서 구체적으로 언급되었다'고 말하였다.

창세기 6:2 하나님의 아들들이 사람의 딸들의 아름다움을 보고 자기들이 좋아하는 모든 여자를 아내로 삼는지라

	כִּי	הָאָדָם	אֶת־בְּנוֹת	בְּנֵי־הָאֱלֹהִים	וַיִּרְאוּ
음역)	키	하아담	버노트−에트	하엘로힘−버네이	바이르우
직역)	그것	그 아담(그 사람)의	딸들을	그 엘로힘의 아들들이	그리고 그들이 보았다

	מִכֹּל	נָשִׁים	לָהֶם	וַיִּקְחוּ	הֵנָּה	טֹבֹת
음역)	미콜	나쉼	라헴	바이ㅎ커쿠	헤이나	토보트
직역)	모두로부터	부인들로	그들을 위하여	그들은 취하였다 그래서	보라	선하였다(선한)

	בָּחָרוּ׃	אֲשֶׁר
음역)	바ㅎ카루	아쉐르
직역)	그들이 선택하였다(선택한)	…한

토라는 노아시대 사람들의 사악함을 말하기 전에 엘로힘의 아들들을 등장시킨다. 이것은 무엇 때문인가? 아마도 지도자들의 타락을 암시적으로 미리 보여주기 위함이 아닐까? '버네이 하엘로힘 בְּנֵי־הָאֱלֹהִים'을 대부분의 영어 번역본이나 한글성경에서는 '하나님의 아들들'로 번역하였다. 그래서 하나님의 아들들이 누구인지에 대하여 많은 연구가 있었으나, 한 가지 견해로 모아지지는 못한 것이 사실이다. 그러므로 지속적인 연구가 필요할

것으로 보인다. 반면에 유대인의 영어 번역본을 보면 대부분 'the sons of the leaders', 'the sons of rulers'로 번역하는데 JPS는 'the divine beings'로 번역하였다. 유대인들은 어느 정도 한 가지 공통된 견해를 가지는 것처럼 보인다.

출애굽기 4:16을 읽어보면 '모세를 아론에게 '엘로힘 אֱלֹהִים'이 되게 하였으며, 7:1에서도 모세를 바로에게 '엘로힘 אֱלֹהִים'이 되게 하였다.' 하나님이 모세를 하나님으로 만들어 주신 것은 분명히 아니다. 이집트 사람들이 바로를 신으로 섬기기 때문에 바로와 대등한 자리에 세워 주신 것이지 모세를 이스라엘의 신으로 세워 주신 것이 아니다. 그러나 이스라엘 백성들은 하나님의 뜻을 알지 못하고 모세를 엘로힘 אֱלֹהִים 으로 오해했던 것처럼 보인다(출 32:1). 그리고 '엘로힘'과 비슷한 의미를 가진 히브리어 단어 '에일림 אֵלִים'이 있는데, 이 단어도 '아들들'이라는 단어와 연계하여 쓰이는 것을 볼 수 있다(시 29:1, 89:7(한글 6)). '에일림 אֵלִים'은 다섯 번 쓰였는데 (출 36:19, 욥 41:17, 시 29:1, 89:7, 단 11:56) 그 가운데 두 번이 아들들과 연계하여 사용되었다. 반면에 '엘로힘 אֱלֹהִים'은 성경에 2600번 이상 사용되었는데, 그 가운데 다섯 번이 아들들과 연계하여 사용되었다. 네 번은 본문과 같이 '엘로힘 אֱלֹהִים'에 관사 '하 ה'와 함께 쓰이고 한 번은 관사 없이 쓰였다(창 6:2, 4, 욥 1:6, 2:1, 38:7(관사 없이 쓰임)). 그러면 '엘로힘'이 아들들과 쓰였을 때의 의미는 무엇인가? 또한 '에일림'이 아들들과 함께 쓰였을 때를 비교하여 연구하면 좋겠다.

'엘로힘의 아들들'이나 '에일림의 아들들'은 우주적인 능력을 소유한 존재를 말하는데 주로 사용한 것으로 보인다. 그래서 성경은 주로 천사로 해석한다. 그렇다면 이 단어가 처음으로 나오는 창세기에서도 이 단어를 천사로 번역하여야 하는가? 그러면 이어지는 구문에 나오는 결혼은 어떤 결혼인가? 천상의 천사가 지상의 딸들을 맞이하여 결혼한 것으로 이해하여야 하는가? 이 때 의문이 생긴다. 첫째, 천사도 결혼하는가? 둘째, 하나님은 홍수 이전의 사람들의 죄악을 고발하기 전에 왜 천사들의 결혼 이야기를 하여야 하는가? 이해하기 어려운 구문이다. 지속적인 연구가 필요하다고 본다. 하나님이 사람을 하나님의 아들이라고 부르는 구절을 찾아보면 조금이나마 도움이 될 것이다. 출애굽기 4:22-23와 호세아 11:1에서는 이스라엘 전체를, 사무엘하 7:14에서는 이스라엘 왕을, 욥 38:7에서는 천사를, 시편 2:7에서 이스라엘 왕으로 즉위할 때, 외경 지혜서 2:18에서는 의인을, 신약성경에서는 예수님과 믿는 자들을 하나님의 아들이라 불렀다.

다음 구문을 읽어보면 '그 아담의 딸들 אֶת־בְּנוֹת הָאָדָם'이 나오는데 이는 누구인가? '그 아담'은 분명 사람들을 가리키는 집합명사로 보는 것이 좋을 것이다. 그래서 대부분의 성경번역본들이 '사람들의 딸들'이라고 번역하였다. 그러면 사람들의 딸들은 누구를 가리키는가? 이와 같은 구문은 창세기 6장에만 나오며 2, 4절에 쓰였다. 그리고 이어지는 말씀이 이 딸들을 설명하는 것을 보면 '토보트 헤이나 טֹבֹת הֵנָּה' 라 하였는데, 번역하면 '그녀들은 선하다'이다. 그러나 대부분의 성경 번역본에서는 '아름답다'고 하였다. 물론 아름답다는 히브리어 단어는 다른 단어가 있다. 그러면 본문에서 '토브 טוֹב 선하다'는 말의 의미는 무엇인가? 그녀들이 어떻게 보였기에 엘로힘의 아들들이 그녀들을 취하였는가? 이 구문은 하와가 선악을 알게 하는 지식의 나무를 바라보았을 때 '그 나무는 토브'하다고 한 것과 연관지어 연구하면 좋을 것이다. 이는 물론 외관상 보기에 좋은 것을 말한다. 또한 이 말은 그것을 분석하여 보니 좋았다고 말하는 것이 아니라 엘로힘의 아들들이 사람들의 딸들을 바라보니 자기 눈에 좋게 보였다는 말이다. 이 말은 사람들의 딸들의 성품이 좋다든지 그들의 인격이 잘 갖추어 있다든지 교양이 있다는 말이 아니다. 엘로힘의 아들들이 단순하게 바라보니 그들의 눈에 좋게 보였다는 말이다.

그래서 '그들은 그들 자신을 위하여 취하였다'고 한다. 엘로힘의 아들들이 사람들의 딸들을 바라보고 자기 눈에 좋게 보이자 그들은 그들이 하고 싶은 대로 하였다는 말이다. 하와가 그 나무의 열매를 보니 좋게 보여 아무 생각 없이 따 먹은 것과 같다고 하겠다. 하와가 그 나무로부터 열매를 따먹을 때 나무가 반항하지 않은 것처럼 사람들의 딸들도 어떤 반항이 없었던 것으로 보인다. 그리고 본문에 쓰인 '취하다'는 말은 일반적으로 결혼을 의미한다. 그 때는 '그가 취하다 부인으로'라는 말로 부인 앞에 전치사 '러…ל'를 사용하는데, 본문에는 부인들 앞에 그러한 전치사가 없는 것이 조금 특이하다.

이어지는 구문을 보면 '그들 자신을 위하여' 취하였다고 하였다. 결혼은 자신을 위하여 하는 것은 맞다.

그러나 다음 구문을 읽어보면 '그들이 선택한 모두로부터'라 하였으며 이어지는 '부인들' 또한 복수형이다. 그러면 이 구문이 의미하는 것은 무엇인가? 그들 각자가 개인이 선택한 한 여인을 말하는가 아니면 그들 각자가 선택한 여러 명의 딸들을 말하는가? 물론 '모두'라는 말로 쓰인 히브리어 '콜 כל'은 모두를 나타내는 말인데 영어로 'all', 'every'로 쓰인다. every로 쓰면 주어가 주로 단수로 나오는데 본문에서는 복수가 사용되어 '그들이 취하였다'고 하였다. 그러므로 엘로힘의 아들들이 사람들의 딸들을 바라보며 자기가 보기에 좋은 딸들을 아내로 취하였다는 말로 이해할 수 있다.

이는 범죄 행위이며, 하나님의 법칙을 어기는 불법이며, 하나님을 향한 도전이다. 이처럼 하나님을 향하여 도전하는 존재를 타락자들 즉, 네피림이라고 부른다.

그러면 '엘로힘의 아들들'은 누구인가? 그들은 하나님을 믿는 사람들인데 세상의 좋은 것을 바라보자 하나님을 망각하고 그들의 눈에 보기에 좋은 것을 선택하므로 인하여 하나님을 떠나 타락한 존재가 된 것으로 보인다. 그러므로 본 절에 나오는 그 엘로힘의 아들들은 경건한 사람 셋의 후손으로 보는 것이 좋을 것이다. 왜냐하면 이곳에 선한 천사이든 타락한 천사이든 천사가 등장할 필요가 없기 때문이다. 그리고 유대인들이 말하는 '지도자나 통치자의 아들들'이라고 보아야 할 분명한 이유가 없다. 그리고 사람들의 딸들은 가인의 불경건한 자들의 후손을 말하는 것으로 볼 수 있다.

그래서 경건한 사람들이 불경건한 사람들의 모습을 바라보았을 때, 그들의 모습이 그들의 눈에 좋게 보였던 것이다. 그래서 경건한 자들이 불경건한 자들의 모습을 따라간 것으로 볼 수 있다. 그래서 이 시대의 혼잡한 결혼이 성행하였으며 이들을 통하여 타락자들이 증가하게 되었다.

```
하나님의 아들을 …… 사람의 딸들을 보았다
        │       …… 그녀들의 외모가 눈에 좋게 보였다
        │       …… 자신이 좋아하는 자를 선택했다
        │       …… 자신의 부인으로 취하였다
        ├ 내면의 신앙을 보는 것이 아니라
        └ 외면의 아름다움을 보았다
```

창세기 6:3 여호와께서 이르시되 나의 영이 영원히 사람과 함께 하지 아니하리니 이는 그들이 육신이 됨이라 그러나 그들의 날은 백이십 년이 되리라 하시니라

	וַיֹּאמֶר	יְהוָה	לֹא־יָדוֹן	רוּחִי	בָאָדָם	לְעֹלָם	בְּשַׁגַּם
음역)	바요메르	하쉐임	야돈 – 로	루ㅎ키	바아담	러올람	버솨감
직역)	그가 말했다,	하쉐임이	싸우지 않을 것이다	나의 영이	그 아담 안에서	영원히	왜냐하면

	הוּא	בָשָׂר	וְהָיוּ	יָמָיו	מֵאָה	וְעֶשְׂרִים	שָׁנָה׃
음역)	후	바사르	버하유	야마브	메이아	버에스림	쇼나
직역)	그는	육체이기 때문에	그리고 그들은 --일 것이다	그의 날들은	100	20	년

　　3절부터 하나님은 세상 사람들의 악에 대하여 노아에게 알려 주신다. 지금 '하쉐임이 말씀하셨다'는 말은 하나님이 이제 노아에게 자세하게 가르쳐 주겠다는 말씀이다. 그런데 이어지는 구문은 난해하다. '하나님의 영이 그 아담 안에서 싸우지 않을 것이다.' 이 구문의 의미는 무엇인가? '싸우다' 단어의 원형은 '딘 דִּין'인데 이는 우리가 잘 아는 사람 다니엘이라는 이름과 어원이 같다. 우리가 잘 알고 있는 것처럼 '다니엘 דָנִיֵּאל'의 이름의 의미는 '나의 판단자는 하나님이다'이다.

　　그러므로 '싸우다'는 의미는 '심판하다', '판단하다'는 의미를 가지는데 그러한 의미로 번역하면 '하나님의 영은 그 아담 안에서 판단하지 않을 것이다'는 의미가 된다. 이 말씀은 하나님의 영이 사람 안에 거하면서 판단하거나 심판하는 일을 하지 않겠다는 의미로 하나님의 영은 그 사람에게 신경 쓰지 않겠다는 의미로 읽어야 할 것이다. 하나님의 영은 그의 영과 싸우며 그의 영을 바른 길로 인도하는 일을 이제 그만 하겠다는 것이다. 그것도 영원히 그만 하겠다는 것이다. 쉬운 말로 이제 나의 영은 영원히 사람을 떠나겠다는 말이다. 하나님의 영이 떠나면 그 사람은 영으로 죽은 사람이다. 경건한 사람 안에 하나님의 영이 거하고 있었는데 이제는 그 사람을 떠나겠다는 것이다. 이처럼 하나님의 영이 떠나면 그 사람은 영적으로 죽은 사람이며 하나님의 사람이 아니다. 그런데 안타까운 것은 '영원히 לְעֹלָם? (러올람)'라는 단어가 첨가되었다는 말이다. 이 말이 주는 의미는 심판이 가까이 이르렀으며 하나님의 사람은 숨기시고 세상과 사람을 심판하시겠다는 것을 알려주는 말씀이다.

하나님이 세상과 사람을 심판하시는 이유를 이제 설명하기 시작한다. '또한 그가 육체가 되었기 때문이다'는 말을 덧붙인다. 하나님의 영이 없는 육체는 흙덩어리에 불과하다는 것을 가르쳐 준다. 경건한 사람들이 불경건한 사람들과 함께 육적인 욕망을 따라 사람을 선택하여 결혼하므로 인하여 하나님의 영은 더 이상 그들 안에서 그들과 싸울 필요가 없다. 그러므로 하님의 영이 그들을 다스리지 않으니 그들은 하나님이 없는 사람, 흙덩어리에 불과한 존재가 되었다.

이는 하나님의 영과 사람의 몸의 분리를 말하며 이는 육체적인 죽음을 말한다. 사람이 죽으면 사람의 육체는 흙의 먼지로 돌아간다(창 3:19, 욥 34:15, 시 49:13(한 12), 146:4, 전 3:20, 12:7). 왜냐하면 사람의 육체는 흙의 먼지로부터 취함을 받았기 때문이다.

다음 구문을 보면 하나님은 사람에게 주어진 시간의 한계를 정하신다 (사 65:22). '그의 날들이 120년이 될 것이다.' 하나님은 이들의 잘못을 바라보시고 왜 기간을 정하여주셨는가? 그들의 죄악을 바라보시고 왜 즉시 심판을 하지 않으시고 120년이나 미루고 계시는가? 이것은 하나님께서 사람이 하나님에게로 돌아올 수 있도록 그 사람에게 유예 기간을 주신 것이다. 다시 말해서 회개의 기회를 주시기 위하여 연기하신 것이다. 하나님은 니느웨의 악독을 아시고 그들을 심판하지 않으시고 40일간의 유예기간을 주시고 선지자 요나를 보내셔서 유예 기간이 40일 있다는 것을 알려주었다. 그 당시 니느웨 왕과 사람들은 그 기회를 붙잡았던 것이다. 그러나 노아시대는 점점 더 악하여져 갈 뿐 하나님에게로 돌아오지 않았다.

경건한 사람들, 엘로힘의 아들들이 불경건한 사람들, 그 아담의 딸들에게 하나님의 사람으로서 영향력을 주어 사람들의 딸들을 하나님께로 인도하여야 하는데, 오히려 사람들의 딸들의 영향력을 받아 하나님을 떠나 하나님의 영이 없는 육의 사람으로 변하여 갔다. 현대를 사는 크리스천은 세상 사람들에게 영향을 주는 삶을 사는가? 아니면 육의 사람들의 영향을 받아 육체의 사람으로 육신의 정욕을 따라 사는가?

창세기 6:4 당시에 땅에는 네피림이 있었고 그 후에도 하나님의 아들들이 사람의 딸들에게로 들어와 자식을 낳았으니 그들은 용사라 고대에 명성이 있는 사람들이었더라.

	אַחֲרֵי־כֵ֗ן	וְגַ֣ם	הָהֵ֔ם	בַּיָּמִ֣ים	בָאָ֜רֶץ	הָי֨וּ	הַנְּפִלִ֞ים	
음역)	켄 – 아하레이	버감	하헴	바야밈	바아레쯔	하유	하느필림	
직역)	그렇게 ~ 한 후에	또한 그리고	저(those)	그 날들에	그 땅 안에 있었다	그 네피림이		

	וְיָלְד֖וּ	הָֽאָדָ֔ם	אֶל־בְּנ֣וֹת	הָאֱלֹהִים֙	בְּנֵ֤י	יָבֹ֜אוּ	אֲשֶׁ֨ר	
음역)	버얄러두	하아담	버노트–엘	하엘로힘	버네이	야보우	아쉐르	
직역)	그들이 낳았다 그리고	그 아담의	딸들–에게	그 엘로힘의	아들들	그들이 왔다	…한	

	מֵעוֹלָ֖ם	אֲשֶׁ֥ר	הַגִּבֹּרִ֛ים	הֵ֧מָּה	לָהֶ֑ם	
음역)	메이올람	아쉐르	하기보림	헤이마	라헴	
직역)	영원부터	…한	그 능력 있는 사람이다	그들은	그들에게	

	הַשֵּֽׁם׃ פ	אַנְשֵׁ֥י	
음역)	하쉠	안쉐이	
직역)	그 이름의	사람들이었다(유명한 자)	

본문은 '네피림 נְפִלִים 너필림'이 있었다는 말로 시작하는데 네피림은 누구인가? 네피림은 성경에서 17번 정도 나오는데, 본 절에서 처음 나온다. 본 절을 제외한 구절을 찾아 읽어보면 그 의미를 짐작할 수 있을 것이다. 우리가 찾아 읽어 볼 본문은 형태가 같이 나오는 것만 찾았다. 네피림의 어원이 되는 히브리어 동사 '나팔 נָפַל'은 너무 많이 나오기 때문에 찾지 않았다(400번 이상).

민수기 13:33 거기서 네피림 후손인 아낙 자손의 거인들을 보았나니 우리는 스스로 보기에도 메뚜기 같으니 그들이 보기에도 그와 같았을 것이니라.

신명기 22:4 네 형제의 나귀나 소가 길에 넘어진 것을 보거든 못 본 체하지 말고 너는 반드시 형제를 도와 그것들을 일으킬지니라

여호수아 8:25 그 날에 엎드러진 아이 사람들은 남녀가 모두 만 이천 명이라

사사기 7:12 미디안과 아말렉과 동방의 모든 사람들이 골짜기에 누웠는데 메뚜기의 많은 수와 같고 그들의 낙타의 수가 많아 해변의 모래가 많음 같은 지라

사사기 20:46 이 날에 베냐민사람으로서 칼을 빼는 자가 엎드러진 것이 모두 이만 오천명이니 다 용사였더라.

사무엘상 31:8 그 이튿날 블레셋 사람들이 죽은 자를 벗기러 왔다가 사울과 그의 세 아들이 길보아 산에서 죽은 것을 보고

열왕기하 25:11 성 중에 남아 있는 백성과 바벨론 왕에게 항복한 자들과 무리 중 남은 자는 시위대장 느부사라단이 모두 사로잡아 가고

역대상 10:8 이튿날에 블레셋 사람들이 와서 죽임을 당한 자의 옷을 벗기다가 사울과 그의 아들들이 길보아 산에 엎드러졌음을 보고

역대하 20:24 유다 사람이 들 망대에 이르러 그 무리를 본즉 땅에 엎드러진

시체들뿐이요 한 사람도 피한 자가 없는지라

시편 145:14 여호와께서는 모든 넘어지는 자들을 붙드시며 비굴한 자들을 일으키시는도다.

예레미야 39:9 사령관 느부사라단이 성중에 남아 있는 백성과 자기에게 항복한 자와 그 외의 남은 백성을 잡아 바벨론으로 옮겼으며

예레미야 52:15 사령관 느부사라단이 백성 중 가난한 자와 성중에 남아 있는 백성과 바벨론 왕에게 항복한 자와 무리의 남은 자를 사로잡아 갔고

에스겔 32:22 거기에 앗수르와 그 온 무리가 있음이여 다 죽임을 당하여 칼에 엎드러진 자라 그 무덤이 그 사방에 있도다.

에스겔 32:23 그 무덤이 구덩이 깊은 곳에 만들어졌고 그 무리가 그 무덤 사방에 있음이여 그들은 다 죽임을 당하여 칼에 엎드러진 자 곧 생존하는 사람들의 세상에서 사람을 두렵게 하던 자로다

에스겔 32:24 거기에 엘람이 있고 그 모든 무리가 그 무덤 사방에 있음이여 그들은 다 할례를 받지 못하고 죽임을 당하여 칼에 엎드러져 지하에 내려간 자로다.

에스겔 32:27 그들이 할례를 받지 못한 자 가운데에 이미 엎드러진 용사와 함께 누운 것이 마땅하지 아니하냐 이 용사들은 다 무기를 가지고 스올에 내려가서 자기의 칼을 베개로 삼았으니 그 백골이 자기 죄악을 졌음이여 생존

하는 사람들의 세상에서 용사의 두려움이 있던 자로다.

위의 성경 본문을 통하여 우리가 짐작할 수 있는 네피림의 의미는 '넘어진 자', '타락한 자' 그리고 '엎드려진 자'이다. 즉 넘어지고, 탈취하고, 항복하고, 엎드려지는 자를 말할 때 사용된 단어라는 것을 알 수 있다. 오직 창세기 6:4과 본 절에서 '용사'로 표현하고 있는 것을 볼 수 있다. 그러면 노아시대에 살았던 사람들은 본 절에 나오는 '네피림'이라는 단어를 어떻게 이해하고 해석하였을까? 본 절에 보면 '네피림'은 노아시대 전부터 있었다고 말한다.

그리고 하나님의 아들들이 사람의 딸들을 찾아가서 자녀를 낳았으며 그들을 용사라 부르고 있는데, 이들이 네피림인 것으로 보인다. 이는 하나님의 아들들이 나타나기 전에 살았던 사람들은 모두 네피림이었다는 사실을 알려주는 것이다. 이는 모두 범죄한 가인의 후손을 말하는 것이다. 그러기에 여기에 네피림이란 말은 하나님이 없는 사람 즉 하나님을 떠난 사람을 말한다. 그리고 하나님을 떠난 사람을 넘어진 자, 항복한 자로 말하는데 이는 '타락한자'라는 말로 노아시대에 '타락자들'이 온 땅에 가득하였다는 말이다. 가인의 후손인 라멕의 시대는 이미 타락자, 네피림으로 가득한 세대였다. 그 시대에 하나님의 아들들이 사람의 딸들에게 들어가므로 인하여 더 많은 타락자들이 일어나게 되었다. 그러므로 다음절에서 말하는 것처럼 세상에는 타락자들로 가득하였다. 하나님의 사람들이 세상의 사람들의 영향을 받아 모두 하나님을 떠났기 때문에 하나님의 사람은 하나도 없었다. 이처럼 안타까운 일이 또 어디에 있겠는가? 그러면 우리가 사는 시대는 어떤가? 첨단 과학시대라는 이름 아래 하나님의 사람, 영에 속한 사람은 점점 줄어들고 육에 속한 사람이 점점 증가하는 시대에 우리는 살고 있다. 영안이 열려 이 모습을 바라보면서 탄식하며 예루살렘을 위하여 우는 자가 되어야 할 것이다.

다음 구문을 보면 '저 날들에 בַּיָּמִים הָהֵם 바야밈 하헤임 '라고 말하는데 이 말의 의미는 '옛날 옛날에'라는 의미이다. 할머니 할아버지가 손자 손녀를 앉혀놓고 옛날이야기를 시작하실 때 언제나 사용하시던 바로 그 단어이다. 그러므로 옛날에 엘로힘의 아들들이 나오기 오래전부터 네피림이 이미 있었다는 사실을 가르쳐 주는 말이다. 다시 말해서 '네피림들'은 하나님의 아들들이 오기 전에도 있었으며, 그들이 왔던 그 때에도 있었다. 그러므로 하나님의 아들들(셋의 후손)이 태어나기 전에 이미 존재하고 있었다. 그리고 그 후에도 계속하여 있었다.

앞에서 하나님의 아들들이 사람들의 딸들을 취한다는 말을 하였을 때 일반적으로 결혼한다는 말을 할 때 사용하는 '취하다'는 구조와 그 구조가 조금 다르게 사용되었는데, 이는 단순하게 정상적으로 결혼한다는 말이 아니라 자기 눈에 보기에 좋은대로 강제로 취한다는 의미가 있다. 그러므로 강제로 자기 눈에 보기에 좋은대로 정욕을 따라 취한 것이다. 그 때에도 이미 네피림들이 있었다. 다시 말해서 네피림은 '그 하나님의 아들들'이 온 후에도 또한 있었다. 그 하나님의 아들들이 사람의 딸들에게 온 그 때에도 타락자들은 이미 있었다. 그들이 그들에게 자녀들을 낳았다. 그들은 옛 날부터 강한 자들이었다. 그 사람들의 이름은 영원부터 강한 자들이었다(유명한 자).

사람의 딸들이 하나님의 아들들에게 사람을 낳아 주었는데 그들은 용사들이었다. 하나님의 아들들이 사람의 딸들에게 들어가서 아들을 낳았는데 그 아들들이 사람의 딸들의 영향을 받아 예전부터 있던 타락자처럼 타락자로 성장하여 강한 사람이 되었다. 이는 하나님의 사람이 세상 사람과 만나서 자녀를 낳았는데 하나님의 자녀로 양육한 것이 아니라, 세상 사람으로 양육하여 옛날에 있던 이름 그대로 강한 사람으로 성장하였다는 말이다. 자녀를 낳았을 때에 하나님의 자녀로 양육하여 영의 사람으로 키워야 하는데 세상 사람으로, 타락한 자로 키웠다는 말이다. 그러므로 세상은 점점 더 타락자들로 채워져 갔다. 5절에서 말하는 대로 마침내 세상은 타락자들로 가득하게 되어 하나님의 심판의 경고를 받게 되었다.

창세기 6:5 여호와께서 사람의 죄악이 세상에 가득함과 그의 마음으로 생각하는 모든 계획이 항상 악할 뿐임을 보시고

	וְכָל־יֵצֶר	בָּאָרֶץ	הָאָדָם	רָעַת	רַבָּה	כִּי	יְהוָה	וַיַּרְא
음역)	예이제르-버콜	바아레쯔	하아담	라아트	라바	키	하쉐임	바야르
직역)	모두 그리고	그 땅 안에	그 아담의	악함이	많아지는	것을	하쉐임이	그가 보았다

	כָּל־הַיּוֹם׃	רַע	רַק	לִבּוֹ	מַחְשְׁבֹת
음역)	하욤-콜	라	라크	리보	마흐크쉬보트
직역)	종일(항상)	나쁘다	단지(오직)	그의 마음의	목적(생산물)의

하나님의 아들들이 사람의 딸들과 만나 교제한다면 하나님의 아들들이 사람의 딸들에게 영향을 주어 하나님의 사람이 증가하여야 하는데 그 반대

현상이 일어나고 있는 것을 볼 수 있다. 사람의 딸들의 영향을 받은 하나님의 아들들이 타락의 길로 들어가므로 인하여 세상은 점점 더 악으로 채워져 악이 가득하고 타락자들이 가득한 세상이 되었다. 악으로 가득 찬 세상에 사는 사람들 또한 마음의 생각까지 악하다고 성경은 말한다. 이 말은 사람이라는 질그릇이 악으로 가득 채워져 무엇이 악인지 선인지 구별할 수 없는 마음의 상태에 이르렀다는 말이다. 그러므로 마음의 계획과 목적이 악하므로 세상은 선이 자리할 수 있는 곳은 바늘 끝만큼도 없이 완전히 부패했다. 바로 하나님이 이런 상태를 보았다는 말로 본 절은 시작한다. '하쉐임이 보았다'는 말로 본 절을 시작하는 것을 보면 하쉐임은 심판의 모든 과정을 이미 결정해 놓으시고 이제 그 심판의 정당성을 설명하기 시작한 것이다.

그 다음 이어지는 단어가 '그 아담의 악함'이라면 이해하기 쉬운데 '많아진다'는 단어가 먼저 나오는 것은 특이하다. 이것은 악함이 급하게 증가하고 있다는 사실을 강조하는 구문이다. 성경은 일반적으로 강조하려는 말을 앞에 두는 경향이 많다.

본 절을 시작하는 구문 역시 '보았다 하쉐임'이라 하였는데 이 또한 보시는 하나님을 강조하는 것이 아니라 하나님은 이미 보시고 아시고 계신다는 것을 강조하고 있다. 본 문에 쓰인 '보다 רָאָה 라아'가 하쉐임과 함께 쓰일 때는 주로 세 가지 경우가 있다. 첫째는 '하나님이 친히 나타나셔서 말씀하실 때'이다(창 12:1, 17, 신 31:15, 왕상 9:2, 대하 7:12). 이러한 경우는 대부분 하나님께서 하나님의 말씀을 듣는 자에게 중요한 것을 알리시려는 목적을 가지고 하나님이 그 사람에게 나타나시는 경우가 많다. 둘째는 '하나님이 보신다'고 할 때 쓰이는 경우이다(창 6:5, 29:31, 출 3:4, 신 32:19, 애

3:50). 이 때는 하나님께서 무엇을 보셨는데, 그것이 하나님의 마음에 좋아 보이지 않는 것을 하나님이 아시고 계신다는 것을 듣는 자에게 알려주려는 의도로 사용하였다. 그리고 셋째는 '하나님이 감찰한다'고 말할 때 사용하였다(출 5:21, 대하 24:22, 사 59:15). 이 경우는 말씀 그대로 무엇을 조사하신다는 의미로 쓰였다. 본문에 쓰인 경우는 두 번째 경우로 땅에 악이 많아지는 것을 보시고 아시는 하나님께서 곧 다가올 심판을 경고하기 위한 메시지를 담은 말씀이다.

물론 하나님은 사람들의 죄악을 감찰하기도 하시고 고발하기도 하시고 드러내기도 하신다. 하지만 그 사람을 사랑하시기 때문에 하나님은 하나님의 품으로 돌이키기 위하여 감찰하는 일을 하신다. 그러나 본문은 조금 다르다. 하나님께서 세상에 죄악이 많아지는 것을 바라보시고 그 죄로 인하여 세상을 심판하시겠다는 경고의 말씀이기 때문이다. 본문이 말하려는 의도는 세상이 사악한 것을 하나님이 보시지 않는 것처럼, 하나님이 안 계시는 것처럼, 자기들의 눈에 보기에 좋은 대로 살아가고 있는 사람들에게 하나님이 그들이 행하는 모든 것을 보시고 계시다는 것을 가르쳐 주려는 분명한 의도가 있다. 사사기를 읽어보면 '왕이 없으므로 자기의 눈들이 보는 대로 행했다'는 구문이 여러 번 나온다. 바로 노아가 살던 시대가 그런 시대였다. 왕 되시는 하나님을 잊어버리고 자기들의 눈들에 보기에 좋은 대로 살면서 세상에 악을 차근차근 채워가고 있었다(Moreh Nevuchim 1:48). 이처럼 세상이 악으로 가득 차게 되는 모습을 '라바 라아트 רָעַת רַבָּה'라 하였는데 '라바 רַבָּה'와 '라아 רָעָה'가 함께 나오면 '라아 רָעָה' 가 가득 채워졌다는 관용구이다. 따라서 인간이 가는 곳마다 머무는 곳마다 '악이 가득하였다'는 말이다. 이처럼 악이 땅을 가득 채우고 난 다음 흙으로 지음 받은 인간의 몸이 악으로 가득하게 되었으며 마침내 인간의 생각까지 악으로 채워졌다. 그래서 인간이 하루 온종일 생각하는 것은 악한 것뿐이었다. 그러나 하나님은 이러한 사실을 정확하게 보시고 계시며(시 94:9) 120년의 유예 기간을 주시며 돌아올 기회를 주셨다.

다음 구문을 읽어보면 '마음의 목적 모두'라고 하는데 이는 인간이 마음에서 계획하여 자신의 삶에서 이루어 보려는 '인간의 마음의 모든 생산물'을 말한다. 이것은 바로 인간의 마음이 향하는 그 자신의 계획과 목적을 말하는데 이 자체가 악으로 가득 차 있다는 말이다. 바로 이러한 인간은 자신의 마음에 하나님 두기를 싫어하므로 자신을 창조한 창조주를 잊고 자신이 왕이 되어 자기가 기뻐하는 대로 모든 일을 이루는데 이것은 악에 악을 더하여 갈 뿐이다(롬 1:28). 이러한 인간의 마음의 악한 영향력은 사람을 점점 더 악하게 만들어 선을 행하려는 의도를 완전히 압도하여 하루 종일 지속적으로 악을 행하도록 인도할 뿐이다. 그래서 본문은 '하루 종일 단지 악할 뿐이다'고 말한 것이다. 그러므로 노아 시대 사람들의 마음은 절대적인 악으로 가득 차 있었다.

노아시대 사람들이 이처럼 악하게 된 이유가 무엇인가? 어찌하여 이처럼 악해질 수 있을까? 탈무드에서 답을 찾아 읽어보면 다음과 같다. '이 시대 사람들은 자신의 즐거움을 위하여 더 큰 악을 저지르는 것을 주저하지 않았다. 노아시대 사람들이 큰 죄를 범하는데 세 가지 이유가 있다고 메암 로에즈는 말하였다. 첫째, 그들은 너무 부유해서 하나님으로부터 어떤 것도 받을 필요가 없다고 하였다. 왜냐하면 지금 그들이 가지고 있는 것만으로도 모자랄 것이 없기 때문이다. 둘째, 평화롭게 질병 없이 장수하며 살았다. 셋째, 그들은 신체적으로도 장대하고 강건하여 막강한 힘을 가지고 있었다. 이러한 특징을 가진 노아시대 사람들을 특별하게 부르는 호칭이 여러 가지 있었다.

① 에이밈 אֵימִים : 어떤 사람이 길가다가 길에서 사자를 만났을 때 공포로 떨었던 것처럼, 어떤 사람이 노아시대의 사람을 만나면 그는 겁에 질리고 거대한 공포로 떨었다. 그래서 그 시대의 사람은 공포자로 불리어졌다.

② 러파임 רְפָאִים : 어떤 사람이 노아 시대 사람들의 목소리를 들었을 때 그의 마음은 녹아내리고 진흙처럼 물렁물렁해졌다. 그래서 그 시대 사람들은 사람의 마음을 녹이는 자라 불렀다.

③ 기보림 גִּבּוֹרִים : 이것은 문자적으로 '능력 있는 자'라는 의미를 가진다. 그들은 육체적으로 강하고 힘이 있기 때문에 그들은 힘 있는 자로 불리어졌다.

④ 잠주밈 זַמְזֻמִּים : 그들은 언제라도 전쟁을 할 준비가 되어 있었다. 그들은 거대한 용사와 같이 지속적으로 훈련 받았기 때문에 언제나 완전 무장된 상태에서 전쟁할 준비가 되어있었다. 그들은 언제나 싸울 기세로 으르렁 거리고 소리치고 있었기에 '잠젬 זַמְזֻם'이라고 불리어졌다.

⑤ 아나킴 עֲנָקִים : 그들은 키가 너무 커서 태양을 가리울 수 있었다고 한다. 그래서 사람들은 그를 태양을 가리는 자라 불렀다.

⑥ 아빔 עַוִּים : 이 말은 아람어로 뱀이라는 단어 '아비야 עַוְיָא'와 관계있는 것으로 보인다. 뱀은 먼지를 먹는다고 하였는데(사 65:25), 이 말은 뱀은 흙의 먼지에 대하여 전문가라는 말이다. 즉 뱀은 모든 흙 종류의 맛을 알 정

도로 흙의 전문가이다. 이처럼 노아 시대 사람들은 땅에 대하여 전문가였기 때문에 아빔이라 불리어졌다.

⑦ 너필림 : 하나님을 떠난 자, 넘어진 자를 가리키는 말이다. 하나님이 없는 사람들을 부를 때 타락자 또는 넘어진 자라 부른다. 그래서 노아 시대 사람들을 '너필림', 하나님이 없는 사람, 타락자라 불렀다.

창세기 6:6 땅 위에 사람 지으셨음을 한탄하사 마음에 근심하시고

	בָּאָרֶץ	אֶת־הָאָדָם	כִּי־עָשָׂה	יְהוָה	וַיִּנָּחֶם
음역)	바아레쯔	하아담-에트	아사-키	하쉠임	바이나ㅎ켐
직역)	그 땅에	그 아담을	그가 만든 것을	하쉠임께서	그가 슬퍼했다

			אֶל־לִבּוֹ׃	וַיִּתְעַצֵּב
음역)			리보-엘	바이트아쩨이브
직역)			그의 마음에	그가 스스로
고통스러웠다				

본문을 잘못 읽으면 하나님께서 근심하시고 후회하시는 것처럼 이해할 수 있다. 그러나 하나님은 후회하지 않으신다(민 23:19). 그러면 본문이 가르치려는 의미는 무엇인가? 한글성경을 읽어보면 번역본에 따라서 '한탄하사'나 '후회하다'라고 하였는데, 이 말의 의미가 무엇인지 분명하게 알 수 없다. 한글 번역본에 쓰인 이 말들은 모두 부정적인 말이다. 하나님이 창조

하신 것을 앞에 두고 한탄하였다는 말이나 그것을 지으신 것을 후회하셨다는 말은 성경과 어울리지 않는다. 하나님은 6일 동안 모든 것을 창조하신 후 그것을 바라보시면서 말씀하셨다. '보기에 심히 좋았다.' 그런데 하나님이 그 지으신 것을 바라보시면서 '후회하셨다'거나 '한탄하셨다'는 말은 논리적으로 맞지 않는다. 이러한 단어는 주로 배신이나 배반과 연결되어 사용되는 단어이다. 사람이 하나님을 떠나 죄 가운데 걸어가는 모습을 바라보시는 하나님의 고통스러운 모습을 그리는 단어이다. 즉 하나님은 다른 사람이 계속하여 더 나쁜 상황으로 나아가는 것을 바라보시며 저러면 안 되는데 하며 안타까워하는 모습이다. 본문에 '한탄하다'는 단어와 '근심하다'고 쓰인 단어가 사용된 성경 구절 몇 절만 찾아 읽어보면 이 구문의 의미를 이해하기 쉬울 것이다.

'한탄하다'는 '바이나켐 וַיִּנָּחֶם'인데 '나ㅎ캄 נָחַם'으로부터 파생되었다. 의미는 '쉬다, 위로하다, 가볍게 생각되어진다'이다.

> 이삭이 리브가를 인도하여 그의 어머니 사라의 장막으로 들이고 그를 맞이하여 아내로 삼고 사랑하였으니 이삭이 그의 어머니를 장례한 후에 위로를 얻었더라(창 24:67)

> 얼마 후에 유다의 아내 수아의 딸이 죽은지라 유다가 위로를 받은 후에 그의 친구 아둘람 사람 히라와 함께 딤나로 올라가서 자기의 양털 깎는 자에게 이르렀더니(창 38:12)

> 당신들은 두려워하지 마소서 내가 당신들과 당신들의 자녀를 기르리이다 하고 그들을 간곡한 말로 위로하였더라(창 50:21)

이 말은 하나님이 슬퍼하셨다는 말인데 하나님이 스스로를 위로하며 안타까워하는 표현이다. 어원의 의미는 '숨이 가득차서 쉬다'는 말로 숨을 쉬다 또는 쉼을 가지다 또는 스스로를 달래며 위로하다는 의미를 가지기 때문에 본문에서는 '사람들이 점점 더 악하여서 멸망의 길로 치닫는 것을 바라보시는 하나님이 숨이 가득 찼다'는 말로 슬퍼하며 숨을 내 쉬고 위로를 찾으려고 하였다는 말이다. 다른 사람이 고통 당하는 것을 바라보는 사람이 어찌할 바를 몰라 숨이 차올라 헐떡거리며 숨을 몰아쉬며 어찌할꼬 하는 말이다. 저대로 두면 죽는데 하면서 그것을 바라보는 사람이 숨이 막히는 것처럼 답답해서 어찌할꼬 하면서 한탄스런 상황을 설명하는 단어이다. 이는 마치 병원 중환자실에서 인공호흡기를 착용하고 있는 환자의 심장 박동을 그리는 기계의 그래프가 점점 약해져 가는 것을 바라보며 안타까워하는 보호자의 모습이 지금 하나님의 모습이다. 사람들이 죄악에 점점 깊이 빠져가는 모습을 바라보며 숨이 막힐 정도로 고통스러워하는 하나님의 모습을 보여주는 장면이지 후회하시는 장면이 아니다. 이것은 죄로 인하여 죽을 수밖에 없는 길로 빠져드는 인간을 바라보시면서 그 인간을 향한 하나님의 사랑을 표현한 것이다.

이제 '근심하시고'라고 쓰인 단어 '바이트아쩨이브 וַיִּתְעַצֵּב'의 의미를 살펴보면서 세상을 향한 하나님의 사랑이 얼마나 큰지 알아보자. 바이트아쩨이브 וַיִּתְעַצֵּב는 동사 아짜브 עָצַב의 히트파엘형 미완료 3인칭 남성 단수형이다. 그러므로 그 의미는 '그가 그 스스로 고통스러워 할 것이다'인데 시상을 전환하는 접속사와 함께 쓰여 완료로 해석하면 '그가 그 스스로 고통스러워했다'는 의미이다.

그들이 반역하여 주의 성령을 근심하게 하였으므로 그가 돌이켜 그들의 대

적이 되사 친히 그들을 치셨더니(사 63:10)

그들이 광야에서 그에게 반항하며 사막에서 그를 슬프시게 함이 몇 번인가
(시 78:40)

그들이 종일 내 말을 곡해하며 나를 치는 그들의 모든 생각은 사악이라
(시 56:6 한글 5)

하나님의 성령을 근심하게 하지 말라 그 안에서 너희가 구원의 날까지 인치심을 받았느니라(엡 4:30)

이 말씀을 종합하여 보면 노아시대 사람들이 점점 더 나쁜 현실에 빠져 가는 모습을 바라보시는 하나님이 얼마나 고통스러웠는지를 알 수 있다. 이는 자녀들이 어려움에 더 깊이 빠져 갈 때에 부모가 너무 고통스러워하는 상황과 같다. 이는 부모가 자녀를 너무 사랑하기 때문에 그 자녀가 점점 더 나쁜 환경으로 빠지는 것을 바라보면서 한탄하며 근심하는 것처럼, 하나님이 사람들을 너무 사랑하시는데 그 사랑하는 이들이 점점 더 악한 환경으로 빠져 멸망의 길로 가는 것을 바라보면서 안타까워하며 애태우는 모습을 그림처럼 생생하게 보여주는 장면이다.

이제 히브리어 성경으로 본 절의 마지막 단어인 '리보 לבו'는 '그의 마음' 또는 '그의 의지'라고 번역할 수 있다. 하나님은 '마음으로 진실하게 사람을 사랑하였기 때문에 하나님의 마음은 더 고통스럽고 많이 아프다'는 것을 가르쳐준다. 즉 하나님의 마음이 찢어지는 애통함을 글로 표현한 것이다. 이것은 하나님이 세상을 얼마나 사랑하셨는지를 성경을 읽는 독자에게 가르

쳐주는 구문이다. 성경을 읽는 독자나 성경을 연구하는 사람 모두는 하나님의 이러한 사랑을 느끼고 얼마나 감사하고 있는지?

창세기 6:7 이르시되 내가 창조한 사람을 내가 지면에서 쓸어버리되 사람으로부터 가축과 기는 것과 공중의 새까지 그리하리니 이는 내가 그것들을 지었음을 한탄함이니라 하시니라

	אֲשֶׁר־בָּרָאתִי	אֶת־הָאָדָם	אֶמְחֶה	יְהוָה	וַיֹּאמֶר
음역)	바라티-아쉐르	하아담 -에트	엠ㅎ케	하쉐임	바요메르
직역)	내가 창조한	그 아담을	닦아 낼 것이다(쓸어버릴 것이다	하쉐임이	그가 말했다

	עַד־רֶמֶשׂ	עַד־בְּהֵמָה	מֵאָדָם	הָאֲדָמָה	פְּנֵי	מֵעַל
음역)	레메스-아드	버헤이마-아드	메이아담	하아다마	퍼네이	메이알
직역)	기는 것까지	짐승까지	아담부터	그 흙	의 얼굴	위로부터

	עֲשִׂיתִם:	כִּי	נִחַמְתִּי	כִּי	הַשָּׁמַיִם	וְעַד־עוֹף
음역)	아시팀	키	니ㅎ캄티	키	하솨마임	오프-버아드
직역)	내가 그것들을 만든	것	내가 슬퍼서(어찌할 수 없어서)	왜냐하면	그 하늘의	새까지 그리고

하나님은 심판을 하거나 공의를 베풀 때에는 일반적으로 '엘로힘 אֱלֹהִים'으로 나온다. 그런데 본문에서는 '하쉐임 יְהוָה'으로 나타난다. 이 말은 하나님께서 하나님이 지으신 것을 쓸어버리는 것이 사람에게 은혜가 된다는 것을 가르치려는 의도가 있는 것으로 보인다. 영원히 심판하여 멸해버리려는 의도를 가지고 지금 모든 것을 쓸어버린다면 아마도 '하쉐임 יְהוָה' 대

신 '엘로힘 אֱלֹהִים' 하나님으로 나왔을 것이다. 그러나 '하쉐임 יְהֹוָה' 하나님은 사람으로 하여금 다시 돌이키기를 원하시는 은혜의 마음으로 지금 말씀하시기 때문에 성경은 '하쉐임 יְהֹוָה'으로 표현한 것이다. 하나님은 심판 자체가 목적이 아니라 고난을 통하여 하나님의 뜻을 사람에게 가르쳐 주시려는 의도를 가지고 말씀하신 것이다. 사람을 고통스럽게 하는 것은 하나님의 본심이 아니라고 성경은 가르친다(애 3:33). 하나님은 사람이 하나님께로 돌아오기를 원하신다.

본문을 읽어 보면 '하쉐임이 말씀하셨다'고 하셨는데 이는 하나님께서 어떤 일을 하시기로 결정하셨다는 것을 가르쳐 주시는 말씀이다. 이러한 결심을 하신 하나님은 그 일을 어떻게 이루어 나가실지에 대하여 계속하여 말씀하신다. 하나님은 '내가 닦아낼 것이다' 또는 '내가 쓸어버릴 것이다' 또는 '지워 버릴 것이다'는 의미의 말씀을 하셨다. 이 말씀은 얼룩이 진 것을 깨끗하게 닦아 낸다는 말인데 땅위에 있는 모든 것을 닦아 낸다거나, 창문을 깨끗이 닦듯이 지면을 청소하시겠다는 말씀이다. 다시 말해서 하나님은 땅위에 있는 모든 것, 심지어 날아다니는 새까지도 싹 닦아 내겠다는 것이다. 모든 것을 싹 쓸어버리겠다고 말씀하신 것이다. 이것은 회생 불가능의 상태로 만들겠다는 것이다. 이는 부활도 안 되는 상태라고 고대 성경학자들은 말했다. 이는 사랑의 하나님께서 이 세상을 바라보실 때 닦아내지 않고는 새롭게 할 수 없다는 것을 확인하시고 지금 현재 땅 위에 존재하는 모든 것을 쓸어버려야 새로운 것으로 고칠 수 있기 때문에 하나님은 마음이 찢어지는 고통을 감수하시면서 이 일을 하시겠다고 선언하신 말씀이다. 하나님은 모든 자료를 모아 가지고 선고 공판을 하시고 계시기 때문에 변명의 여지가 없다. 하나님의 인내가 한계에 달한 것이다.

특별히 하나님이 닦아 내시겠다는 말씀은 독자에게 의미심장한 가르침을 준다. 세상을 멸절시키고 파괴하는데 얼마나 많은 군인이나 무기나 연장이 필요할까? 본문은 하나님께서 이 세상을 멸절시키는데 아무 것도 필요한 것이 없다는 것을 가르쳐주는 구문이다. 말씀으로 모든 것을 창조하신 하나님은 말씀으로 땅 위의 모든 것을 날려 버릴 수 있다. 또한 하나님이 창조하신 이 세상의 모든 피조물은 하나님의 도구이다. 그러므로 하나님은 인간을 멸절시키는데 도구가 필요하지 않다(Midrash). 그런데 본문에서 닦아 낸다는 말은 의미가 있는 것으로 보인다. 이것은 얼룩진 것을 닦아 낼 때 물을 사용하여 청소하는 것을 의미한다. 우리가 잘 아는 것처럼 하나님은 물을 보내 지상에 있는 모든 것을 닦아 내셨다(Tanchuma; Rashi).

다음 구문을 보면 '그 땅(흙)의 얼굴(지면)로부터'라 하였는데 이 말씀의 의미는 무엇인가? 이 말씀이 가르치는 것은 이 세상은 파괴되지 않는다는 것이다. 단지 표면만 파괴된다는 것이다. 왜냐하면 인간이 그 표면 위에 존재하고 있기 때문이다. 그러나 뒤따르는 구문을 보면 하나님은 그 땅 위의 것뿐만 아니라 공중에 있는 것 즉 하늘을 날아다니는 새까지 닦아내는 것을 볼 수 있다. 본문을 주의 깊게 읽어보면 쓸어버리는 범위를 알 수 있다. 하나님은 '사람으로부터 짐승까지 그리고 날아다니는 것, 기는 것까지 즉 흙으로 된 것, 흙의 먼지로 된 것은 모두 쓸어버리시겠다'고 범위를 정하여 주셨다. 그런데 성경 독자를 궁금하게 만드는 것이 있다. 사람 이외의 다른 것들은 왜 멸절 당하여야 하는가? 미드라쉬는 이 질문에 다음과 같이 대답한다. '짐승은 사람을 위하여 지음 받았다. 그러므로 사람이 없어지면 짐승은 존재할 이유가 없기 때문에 그들 또한 사람과 함께 닦아냄을 당하는 것이 당연하다.'

하나님은 계속하여 말씀하시기를 '나는 슬퍼했다'고 하였는데 이는 후회했다는 말이 아니라 하나님이 지으신 것이 좋은 길을 버리고 악한 길로 가는 것을 바라보면서 안타까워하는 표현이다. 하나님이 사람을 바라보실 때 망하는 길로 계속하여 달려가는 것을 바라보시는 하나님의 마음을 문자적으로 표현하다보니 후회하는 것처럼 보이는데 이는 후회의 다른 한 면을 보여주는 것이다. 하나님이 친히 지으신 사랑하는 피조물인 사람이 멸망할 수밖에 없는 길로 치닫는 것을 바라보시는 하나님의 애타는 심정, 한탄스러움, 안타까움을 우리는 이해할 수 있어야 한다.

이제 하나님은 본 절 마지막에 '내가 그것을 지었다'고 하셨다. 하나님께서 이 말씀을 하신 이유는 '내가 지금 닦아내기로 작정한 모든 것은 내가 친히 지은 것이라'는 사실을 강조하기 위하여 마지막에 덧붙인 말이다. 그런데 이 단어를 분석하여 보면 아씨티 עָשִׂיתִי(내가 만들었다)라는 동사에 대명사 접미사 멤ם이 첨가 된 형태로 아씨티 עָשִׂיתִי 에서 마지막 요오드 י가 생략된 형태에 대명사 접미사가 왔다. 이것을 도표로 보면 다음과 같다

ם(그들을) + עָשִׂית(내가 만들었다)

똑같은 형대를 취한 성경 구절이 한 절 있는데 비로 이시야 42:16이다. 동사 뒤에 대명사 접미사를 첨가할 경우 불완전 철자법을 사용하는 경우가 흔하지 않다. 그러나 본문에서는 불완전 철자법을 사용하여 하나님이 만드신 모든 것 가운데 일부를 가리키는 말로 사용한 것을 알 수 있다. 그러므로 하나님이 지으신 모든 것이 아니라 하나님이 지으신 것 가운데 일부를 멸절하시겠다는 것이다. 이것 또한 은혜임에는 틀림없다. 하나님은 지으신 것 가운데 사람처럼 흙으로부터 취하여진 것은 쓸어버리신다고 말씀하신

것이다. 그러나 어찌 되었든지 하나님 자신이 지으신 것을 멸하여야만 하는 하나님의 마음은 아프다는 것을 우리에게 가르쳐주는 말씀이다. 그러므로 우리가 이 말씀을 통하여 깨달을 수 있는 것은 하나님의 또 다른 아픔의 심정이다. 자신이 친히 지은 것을 자신이 직접 쓸어버려야 하니 얼마나 안타까운 일인가? 그러므로 6절과 7절은 이 세상을 향한 하나님의 크신 사랑을 가르쳐 주는 중요한 구문이다.

사무엘상 15:11과 출애굽기 32:14을 읽어보면 다음과 같은 질문이 생기기도 한다. '하나님은 정말 후회하시는가? 하나님은 하나님께서 정하여 놓으신 자신의 뜻을 바꾸시는가?' 우리는 하나님이 우리에게나 세상에 대하여 무엇인가를 약속하신 다음 자신의 마음을 바꾸거나 자신의 약속을 이행할 수 없기 때문에 변경해야 한다고 말하는 것은 불가능하다는 것을 분명히 안다. 이러한 행동은 인간에게만 가능하다. 그러나 또 다른 형태의 후회가 있다. 하나님께서는 사람을 만들어 그분을 섬기고 신령한 영광에 기여하여 하나님의 즐거움에 참여하도록 하셨다. 그러나 사람이 죄를 범하므로 이 부르심에 합당치 못한 자리로 떨어지고 말았다. 그 결과 하나님은 사람을 땅의 표면 위에서 쓸어버리지 않으면 안 되었다. 이는 하나님이 하나님의 뜻을 바꾸거나 변경한 것이 아니라 사실은 사람이 하나님을 떠난 것이다(B`chor Shor). 하나님이 지으신 사람이 하나님을 떠나므로 인하여 하나님은 그들을 완전히 쓸어버릴 수밖에 없게 된 것이다. 이 때 하나님께서 하시는 말씀이 왜 내가 이들을 지어가지고 이렇게 되었나 하면서 후회하는 듯한 말씀을 한 것이 6절과 7절이다. 그러므로 이는 하나님이 후회하셨다는 말이 아니다. 하나님의 크고 무한한 사랑을 표현한 말씀이다.

창세기 6:8 그러나 노아는 여호와께 은혜를 입었더라

	וְנֹ֕חַ	מָ֥צָא	חֵ֖ן	בְּעֵינֵ֥י	יְהוָֽה׃ פ
음역)	버노아ㅎ크	마짜	ㅎ케인	버에이네이	하쉐임
직역)	노아는 그리고	찾았다	은혜를	눈들 안에서	하쉐임의

'노아는 찾았다'는 말로 본문을 시작하는데, 히브리어 구문에서는 일반적으로 동사가 앞에 나오는 경우가 많다. 이 구문을 일반적인 구문으로 보면 '찾았다 노아는'으로 나올 것이다. 그러나 본문에서는 '주어'인 '노아'를 문장 제일 앞에 두어 '주어'를 강조하고 있다. 지금 세상을 심판하시겠다는 결심을 하신 하나님께서 '노아'에게 특별한 관심을 가지고 계시다는 것을 알려주는 구문이다.

노아는 찾았다는데 무엇을 찾았다는 말인가? 본문은 노아가 '은혜'를 찾았다고 하였다. 세속적인 말로 '행복(행운)'을 말한다. 세상 사람들은 그 모든 것이 우연히 된 것으로 착각하고 이렇게 말할 것이다.

'아~ 나는 행운을 잡았어!'
'아~ 행운이 나를 찾아 왔어!'

그러나 하나님의 사람은 모든 것이 하나님의 은혜로 된 것을 알기 때문에 이렇게 말한다.

'아~ 하나님이 나를 은혜의 눈으로 바라봐 주셨어.'
'하나님이 나를 은혜로 대해 주셨어.'

죄가 가득한 세상에 살고 있는 노아를 바라보시는 하나님은 '공의의 눈' 또는 '심판의 눈'으로 바라보시지 않으시고 '은혜의 눈'으로 바라보아 주셨다. 만약 하나님이 노아를 바라보시는데 '공의의 눈'으로 바라보셨다면 노아는 정죄 받아야 하고 심판을 받아야 한다. 그러나 하나님은 노아를 '은혜의 눈'으로 바라보셨기 때문에 그의 죄를 보지 않으셨다. 그러므로 노아는 하나님의 눈 안에서 은혜를 발견하였는데 그 은혜로 인하여 노아는 구원을 받으니 당대의 의로운 자가 되고 완전한 자가 될 수 있었다. 신약성경에서 이 사실을 증거 하는 말씀을 찾아 읽어보자.

> 너희는 그 은혜에 의하여 믿음으로 말미암아 구원을 받았으니 이것은 너희에게서 난 것이 아니요 하나님의 선물이라(엡 2:8).

노아는 하나님의 눈들 안에서 은혜를 찾았다고 하였는데 이 말은 '하나님이 은혜의 눈으로 노아를 바라보아 주셨다'는 말이다. 이처럼 노아는 은혜로 구원을 얻을 수 있었다.

> 허물로 죽은 우리를 그리스도와 함께 살리셨고
> (너희는 은혜로 구원을 받은 것이라)(엡 2:5)

창세기 6:8 본문은 모든 사람에게 은혜를 전하는 귀한 말씀이다. 하나님이 노아를 은혜의 눈으로 바라보아 주셨다. 그 때에 노아는 그 은혜로 인하여 믿음을 선물로 받고 이 믿음으로 구원을 받았는데, 하나님은 노아의 이 믿음을 의로 여겨주신 것이다(창 15:6). 이것은 노아에게서 난 것이 아니라 하나님의 선물이라는 것을 성경이 말한다.

> 우리가 무슨 일이든지 우리에게서 난 것 같이 스스로 만족할 것이 아니니 우리의 만족은 오직 하나님으로부터 나느니라(고후 3:5).

하나님의 사람은 모든 것이 하나님의 은혜라는 것을 기억하고 하나님 앞에 감사함으로 나가야 한다.

노아가 은혜를 찾았다는 말은 아주 귀한 믿음의 고백이다

창세기 33:8, 15을 읽어보면 성경은 이렇게 말한다.

> 에서가 또 이르되 내가 만난 바 이 모든 떼는 무슨 까닭이냐 야곱이 이르되 내 주께 은혜를 입으려 함이니이다(창 33:8).

> 에서가 이르되 내가 내 종 몇 사람을 네게 머물게 하리라 야곱이 이르되 어찌하여 그리하리이까 나로 내 주께 은혜를 얻게 하소서 하매(창 33:15).

야곱은 에서에게 말한다. '은혜를 입게 해주세요.' 야곱의 이 말은 에서가 자기를 볼 때 은혜의 눈으로 보아달라는 말이다. 여기서 강조점은 원하는 사람 마음대로가 아니라, 보는 사람 마음대로임을 강조하는 것이다. 그래서 제발 당신은 은혜의 눈으로 나를 보아 달라는 간절한 부탁의 말이다. 창세기 47:25을 읽어 보면 다음과 같은 말씀이 있다.

> 그들이 이르되 주께서 우리를 살리셨사오니 우리가 주께 은혜를 입고 바로의 종이 되겠나이다.

하나님은 우리에게 하쉐임 하나님으로 은혜 베푸시기를 원하신다. 하나님은 공의의 하나님으로 우리를 심판하여 멸해버리기를 원하시는 것이 아니라 은혜를 베풀어서 하나님 앞으로 되돌려 놓으시기를 원하신다. 다음 성경 구절을 주의 깊게 읽어 보면 '눈들 안에서 은혜를 찾았다'는 말의 의미를 분명하게 이해할 수 있을 것이다.

> 모세가 여호와께 아뢰되 보시옵소서 주께서 내게 이 백성을 인도하여 올라가라 하시면서 나와 함께 보낼 자를 내게 지시하지 아니하시나이다 주께서 전에 말씀하시기를 나는 이름으로도 너를 알고 너도 **내 앞에 은총을 입었다** 하셨사온즉(출 33:12)
>
> 여호와께서 모세에게 이르시되 네가 말하는 이 일도 내가 하리니 너는 **내 목전에 은총을 입었고** 내가 이름으로도 너를 앎이니라(출 33:17)
>
> 또 사울이 이새에게 사람을 보내어 이르되 원하건대 다윗을 내 앞에 모셔 서게 하라 그가 **내게 은총을 얻었느니라** 하니라(삼상 16:22)
>
> 왕이 사독에게 이르되 보라 하나님의 궤를 성읍으로 도로 메어 가라 만일 내가 **여호와 앞에서 은혜를 입으면** 도로 나를 인도하사 내게 그 궤와 그 계신 데를 보이시리라 (삼하 15:25)
>
> 하닷이 바로의 눈앞에 **크게 은총을 얻었으므로** 바로가 자기의 처제 곧 왕비 다브네스의 아우를 그의 아내로 삼으매(왕상 11:19)
>
> 모르드개의 삼촌 아비하일의 딸 곧 모르드개가 자기의 딸 같이 양육하는 에스더가 차례대로 왕에게 나아갈 때에 궁녀를 주관하는 내시 헤개가 정한 것

외에는 다른 것을 구하지 아니하였으나 모든 **보는 자에게 사랑을 받더라**(에 2:15)

내가 만일 왕의 **목전에서 은혜를 입었고** 왕이 내 소청을 허락하시며 내 요구를 시행하시기를 좋게 여기시면 내가 왕과 하만을 위하여 베푸는 잔치에 또 오소서 내일은 왕의 말씀대로 하리이다 하니라(에 5:8)

이러한 말씀을 근거로 창세기 6:8을 보면 죄악이 세상에 가득한 가운데서도 하나님은 노아를 바라보실 때 은혜의 눈으로 바라보아 주시니 노아는 그 은혜로 인하여 믿음을 얻고 그 믿음으로 구원을 선물로 받아 당대의 의인이 되고 완전한 자가 되었다. 하나님은 노아가 죄가 없어서 선택한 것이 아니라 하나님이 선택하여 주신 것이다. 세상에 죄가 가득한 가운데서 하나님의 특별한 선택이 있었다. 바로 노아는 하나님의 선택을 받은 것이다. 바로 이 선택이 은혜이다.

죄악이 가득한 세상에서 성경을 읽고 연구하는 독자 여러분! 여러분은 하나님의 특별한 선택을 받은 사람이기에 지금도 하나님은 여러분을 바라보실 때 은혜의 눈으로 바라보시고 계심을 믿어야 한다. 그러므로 하나님의 은혜를 입은 사람은 하나님과 동행하여야 한다. 하나님께서 아브라함에게 말씀하시기를 '나는 엘 샤다이이다 너는 내 앞에서 너 스스로 걸어가 완전한 자가 되라(창17:1)'고 하셨던 것처럼 오늘날 우리에게도 동일한 말씀을 하신다.

창세기 6:9 이것이 노아의 족보니라 노아는 의인이요 당대에 완전한 자라 그는 하나님과 동행하였으며

	הָיָה	תָּמִים	צַדִּיק	אִישׁ	נֹחַ	נֹחַ	תּוֹלְדֹת	אֵלֶּה
음역)	하야	타밈	짜디크	이쉬	노아ㅎ크	노아ㅎ크	톨러도트	에일레
직역)	그는 …이었다	완전한	의로운	사람	노아는	노아	역사이다	이것들이

	:נֹחַ־הִתְהַלֶּךְ	אֶת־הָאֱלֹהִים	בְּדֹרֹתָיו	
음역)	노아ㅎ – 히트할레이크ㅎ	하엘로힘–에트	버도로타브	
직역)	노아는–그는 스스로 걸어갔다	그 엘로힘 –함께	그 세대안에	

본문은 '이것들은' 이라는 지시대명사로 시작하고 이어지는 단어는 '역사들'이다. 이것은 완전한 문장을 이룬다. '이것들은 역사들이다.' 본문에서 '역사'의 의미는 무엇인가? 많은 이들이 '족보'라는 말로 번역하는데 뒤따르는 구문을 읽어보면 '족보'라고 말하기는 어렵다. 그러면 '계보'인가? 아니면 '후손'인가? '역사'라고 번역한 단어는 'יָלַד'(얄라드) 아이를 출산하다(낳다)'에서 파생된 단어이다. 이 단어가 성경에 나타날 때에 역사(history), 후손(offsprings, descendants), 생산물(products), 계보(genealogies), 세대(generations)등으로 다양하게 번역한다. 그러면 본문에서는 어떤 의미로 번역하는 것이 좋을지 선택하여야 한다. 본문은 노아의 후손이나 그의 족보 또는 계보를 말하려는 의도가 아니라 노아 자신의 역사를 말하려는 의도를 가지고 본문을 시작한 것으로 보인다. 그러므로 '노아의 역사'라는 말로 해석하는 것이 가장 바람직하다. 독자들은 매우 비슷한 구문을 창세기 37:2에 읽을 수 있다.

야곱의 족보(톨러도트 תוֹלְדֹת)는 이러하니라 요셉이 십칠 세의 소년으로서 그의 형들과 함께 양을 칠 때에 그의 아버지의 아내들 빌하와 실바의 아들들과 더불어 함께 있었더니 그가 그들의 잘못을 아버지에게 말하더라

창세기 37장은 본문과 거의 같은 구문이다.

히브리어로 읽어보면 'אֵלֶּה תוֹלְדֹת יַעֲקֹב' 에일레 톨러도트 야아코브'로 '이것들은 역사이다 야곱의'이다. 이 구문 또한 야곱의 족보를 말하는 것이 아니며 그의 후손을 기록하는 '족보'도 '계보'도 아니다. '야곱의 역사' 즉 '야곱의 이야기'로 해석해야 하는 것이 자연스럽다. 본문의 의미를 좀 더 잘 이해하기 위하여 '톨러도트 תוֹלְדֹת'의 어원인 '얄라드 יָלַד'가 성경에서 사용된 예를 찾아 읽어보는 것이 좋을 것이다.

너는 내일 일을 자랑하지 말라 하루 동안에 무슨 일이 일어날는지(מַה־יֵּלֶד 마 예일레드, 무슨 역사가) 네가 알 수 없음이니라(잠 27:1)

하루 안에 무슨 일이 일어날지 어떻게 아느냐? 어떤 일이 일어난 시간을 말하는 것이 분명하다. 그 한 날에 어떤 일이 일어날지 모른다는 것이다. 이 말은 그 날에 어떤 역사가 일어날지는 아무도 모른다는 의미이다.

본문에도 노아의 족보를 말하려는 것이 아니라 노아의 이야기(역사, 사역)로 노아에게 일어나는 일을 말하려는 의도를 가지고 본문을 시작하고 있다. 즉 노아가 사는 동안에 일어난 일을 말하려는 것이다. 그래서 짧은 본문에 '노아'의 이름이 세 번이나 나온다. 이는 아담을 통해서 인류가 시작되었는데 노아 시대에 와서 홍수로 종말이 오고, 아담 대신에 한 사람을 세웠는데 그가 노아이다. 그래서 노아는 두 번째 아담의 역할을 감당하므로

노아가 새로운 인류의 조상으로 등장하고 있다. 그리고 새로운 노아 시대에 일어난 일들을 말하고 있기에 처음 문장에서 '이것들이 역사들 노아의'이라고 말한 다음 즉시 그 노아가 어떤 사람인지를 설명한다.

다음 구문을 히브리어 순서로 읽어보면 '노아는 사람 의로운'이다. 일반적인 문장이라면 아마도 '의로운'이라는 단어를 앞세워 '의로운'을 강조한 다음 그 의로운 사람이 누구냐 하면, '노아이다'는 순서로 기록할 것이다. 그러나 본문에서는 노아를 제일 앞에 기록하였다. 이것은 무엇을 의미하는가? 이것은 노아가 의인된 것은 노아에게서 난 것이 아니라 노아가 의인되게 한 무엇이 있다는 것을 강조하는 구문으로 읽어야 할 것이다. 다시 말해서 8절에서 하나님의 눈들 안에서 은혜를 발견한 노아라는 사람은 하나님의 은혜로 의인이 되었다는 말로 이해해야 한다.

다음 구문으로 넘어가기 전에 '의로운 צַדִּיק 짜디크'와 '완전한 תָּמִים 타밈'에 관하여 간략하게 살펴보는 것이 좋을 것이다. 두 단어를 연구하면서 생각해 보아야 할 것이 있는데 첫째, '의로운 사람'이라는 말과 '완전한 사람'이라는 말의 차이점은 무엇일까? 둘째, 어떻게 의롭게 되었는가? 하는 것이다.

신약성경을 읽어보면 '의인은 없나니 한 사람도 없다(롬 3:10)'고 하였다. 만약 노아가 의인으로 죄가 없다고 한다면 로마서를 어떻게 이해하여야 하는가? 우스운 말로 노아는 제외하고 의인은 없다고 해야 할 것이다. 노아시대나 그 이후 시대를 산 모든 사람이 죄인이라고 하였으니 이는 노아도 죄인 가운데 있었다는 말이다. 노아가 의인이 될 수 있었던 것은 창세기 6:8이 있기 때문이다. 노아가 여호와의 눈들 안에서 은혜를 찾은 것이다. 그 은혜로 인하여 믿음으로 노아가 구원을 얻었다. 그것은 하나님의 선물이다. 신약성경 에베소서 2:8을 읽어보면 이해가 쉬울 것이다.

> 너희는 그 은혜에 의하여 믿음으로 말미암아 구원을 받았으니 이것은 너희에게서 난 것이 아니요 하나님의 선물이라(엡 2:8)

하나님께서 모든 죄인 가운데 있는 노아를 바라보실 때 은혜의 눈으로 바라보아 주시니 그 은혜로 인하여 믿음으로 노아는 의인이 된 것이지 처음부터 노아가 의인이었던 것은 분명이 아니다. 노아가 의인이라면 세상에 죄가 가득한 것은 아니다. 왜냐하면 노아라는 이름의 그릇 안에 죄가 들어갈 공간이 남아 있기 때문이다.

하나님은 노아를 선택하여 방주를 건설하도록 했는데, 왜 하나님이 노아를 선택했는가? 이러한 의문을 가진 사람들이 묻고 대답할 때 창세기 6:9을 근거로 노아는 의로운 사람이기에 하나님께서 선택했다고 말한다. 그러나 노아는 창세기 6:8에 하나님의 눈들 안에서 은혜를 발견하였고 구원함을 받아서 그 은혜로 인하여 의인이라 칭함을 받았으며 그 결과로 창세기 6:9에 의인이라 칭함을 받은 것이지 노아가 의인이기 때문에 하나님이 선택한 것은 아니다. 따라서 이 땅의 어느 누구도 의인은 없다. 그러므로 노아도 의인은 아니었다. 그러기에 '노아가 어떻게 의롭게 되었는가' 하는 질문의 답은 '하나님의 은혜'라고 말해야 한다. 우리도 하나님의 은혜로 믿음으로 구원을 받았기에 이 시대에 의인이라 칭함을 받는 의인이 된 것이다. 이것은 '칭의' 즉 의인이 아니지만 '칭함을 받은 의인'이 되었다는 말이다. 본문에서 쓰이는 '의로운'은 주로 행위(indeed)를 말한다. 행위가 의로운 자라는 말인데, 행위는 하나님의 말씀을 연구하는 것으로부터 나온다. 즉 하나님을 만나면 행위가 변화한다. 그리고 '완전함'이라는 말은 예수님에게 적용되어지는 말인데 이는 결점이나 흠이 없는 것을 말한다. 예수님을 믿음으로 예수님과 한 몸을 이룬 사람은 완전한 사람이다. 그러므로 '의로운 사람이며 완전한 사람'이라는 말은 하나님으로 인하여 행위에서 '의롭다'는 말과 삶의 모습에서 '잘못됨(결점)'이 없다는 말이다.

우리가 세상에 살면서 결점이 없다는 말을 할 수 있을까? 결점이 없다는 말은 결과를 두고 하는 말이다. 따라서 '의인'이라는 말은 '행위'라고 하고 '완전함'이라는 '도덕적'이라는 말을 포함하는 것이다. 좀 더 분명하게 이해하기 위하여 '죄'라고 하는 영어 단어를 살펴보면 이해하기 쉬울 것이다. '씬 Sin'은 '도덕적인 죄'를 말하며(약 4:17), '크라임 crime'은 법을 어긴 것, 법을 깨뜨린 사람을 말하는데 이를 '죄인'이라 부른다(요일 3:4). 그리고 성경은 죄를 한 가지 더 말하는데, 이는 예수를 믿지 않는 것이 죄라고 말한다(요 16:9). 세상에서는 '의로운 자'나 '완전한 자'를, 법을 어기지 않은 것을 말할 때에 의인(indeed)이라고 하며 도적적인 것에까지 완전한 상태를 말할 때에 완전한(תָּמִים 타밈) 이라고 말한다. 그러나 성경은 조금 다르게 가르친다. 세상이 말하는 죄는 상대적인 죄이며 절대적인 죄가 아니다. 성경이 말하는 죄는 절대적인 죄를 말한다. 예수님을 믿지 않는 죄는 세상 어디에 있을지라도 그는 죄인이다. 그러나 법과 도덕은 나라에 따라 다르므로 상대적인 죄라고 할 수 있다. 그리고 세상이 말하는 의인은 상대적인 의인, 즉 비교를 통하여 비교적인 의인이라는 말이다. 지금 하나님이 노아를 바라보시고 말씀하시는 의인은 조금 다르다. 노아가 세상적인 죄를 지었을지라도 하나님은 그를 용서하시고 그를 은혜의 눈으로 보아 주셨으며 그에게 믿음을 선물로 주셔서 세상이 보기에도 하나님이 보시기에도 의인 되도록 만들어 주셨다.

그러므로 '노아는 그의 세대에 의인이요 완전한 자요' 할 때에 노아는 그의 세대에 의인이요, 그의 세대에 완전한 자라는 말인가? 노아의 세대가 마감되는 생애까지 완전하다는 말이다. 또한 노아는 의로운 자라는 말은 노아는 하나님으로부터 은혜를 입어 의인이라 칭함을 받은 상태라는 말이다. 이렇게 하나님의 은혜를 입어 의인이라 칭함을 받았어도 하나님을 떠날 수도 있는데, 노아는 그의 세대 안에서 은혜를 입고 하나님을 떠나지 않은 사람이다. 노아가 하나님의 은혜를 입어 의인이 되었으며 이러한 삶이 지속적으로 나타난 결과로 그 세대에 완전하다고 성경은 말한다. 창세기 17:1을 주의 깊게 읽어보면 좀 더 이해할 수 있을 것이다.

> 아브람이 구십구 세 때에 여호와께서 아브람에게 나타나서 그에게 이르시되 나는 전능한 하나님이라 너는 내 앞에서 행하여 완전하라.

> 아브라함은 90년 된 아들, 그리고 9년 된 아들이다. 하나님이 나타나셨다. 아브람에게. 그에게 말했다. 나는 엘샤다이다. 내 앞에서 너 스스로가 걸어가라 그래서 완전해지이다(직역)

'내가 엘샤다이'라는 것을 믿느냐? 그러면 하나님 앞에서 걸어가 완전해지는 단계에까지 완성되라는 말이다. 아브라함은 의로운 사람이지만 하나님 앞에서 걸어가고 있지 않다는 말씀을 성경은 지금 말하고 있다. 그래서 하나님 앞에서 걸어가서 완전함을 이루라는 말이다.

노아는 어떻게 완전함을 이룰 수 있는가? 창세기 7:1을 읽어보면 이렇게 기록하고 있다. 여호와께서 노아에게 이르시되 너와 네 온 집은 방주로 들어가라 이 세대에서 네가 내 앞에 의로움을 내가 보았음이니라 너의 집 모두는 방주에게 와야 한다. 왜냐하면 이 세대 안에서 내 앞에서 은혜를 보았기 때문이다(직역).

하나님이 노아를 은혜로 보아 주었다는 말이다. 이 말씀을 이해할 때 창세기 7:5을 이해할 수 있다. 창세기 7:5을 미리 읽어보자.

노아가 여호와께서 자기에게 명하신 대로 다 준행하였더라.

모든 것 대로 그가(하쉠임) 명령한 모든 것 대로 그가(노아) 했다(직역).

이는 우리가 현재까지는 완전할(תָּמִים 타밈) 수 있다. 그러나 앞으로 우리가 완전함(תָּמִים 타밈)에서 벗어 날 수도 있다. 그리고 벗어났다 할지라도 후에 다시 하나님의 의로움으로 돌아올 수 있는 것을 말한다. 이해를 돕기 위하여 성경을 몇 구절 찾아 읽어보자.

우스 땅에 욥이라 불리는 사람이 있었는데 그 사람은(הָאִישׁ) 온전하고(תָּם) 정직하여 하나님을 경외하며 악에서 떠난 자더라(욥 1:1).

하나님이 바라보시던 시대까지(욥이 살던 시대)는 완전하다는 말이다.

이 두 사람이 하나님 앞에 의인이니 주의 모든 계명과 규례대로 흠이 없이 행하더라(눅 1:6).

흠이 없이 행하는 사람이 완전하다는 것을 가르쳐 주는 구문이다 그러므로 '의롭다'는 말과 '완전하다'는 말은 다른 말이다. 하나님의 사람은 하나님의 사람답게 완전한 삶을 이루는 삶을 살아가려고 노력하는 사람이다.

창세기 9:20을 읽어보면 '노아가 농사를 시작하여(וַיָּחֶל 와야헬) 포도나무를 심었더니' 라 하였는데 조금 더 원문에 가까운 말로 번역하여 읽어보면, '노아는 흙의 사람이다. 포도원을 심었다.'이다. 본문이 말하는 것을 자세히 읽어보면, '노아는 흙의 사람'이지 '농사를 처음 시작한 농부'라는 말이 아니다. 그리고 '시작하여(וַיָּחֶל 바야헬)'라는 말은 חָלַל ㅎ칼랄'인데 이 단어의 의미는 '꿰뚫다. 꿰찌르다. 더럽히다, 시작하다'라는 말을 가지는데 일반적으로 신성모독을 말할 때 이 단어를 사용한다. 그러므로 본문도 하나님의 이름을 모독하다는 말로 이해할 수도 있다. 후에 창세기 9장을 공부할 때 좀 더 깊이 읽어 볼 것이다.

지금 현재까지 노아는 '하나님의 사람'이다. 그런데 '땅의 사람'으로 전락함을 말하는 것을 보면 '하나님의 사람'도 '흙(땅)의 사람'으로 전락할 수도 있다는 말이다. 우리는 날마다 하나님의 은혜를 입은 사람으로 이 은혜에서 멀어지지 않도록 하루하루 순간순간 자신을 온전히 지켜가면서 우리의 세대가 끝나는 그 날까지 의로움을 지켜나가면서 의로움의 결과를 이루어가는 하나님의 사람으로 서 있게 될 때에 이 세상은 달라질 것이다. 그리고 혹시 의로운 삶에서 벗어났다 할지라도 다시 하나님 앞에 속히 나오면 이 세상은 달라질 것이다.

다음 구문은 '그 하나님과 함께(אֶת־הָאֱלֹהִים, 에트 하엘로힘)'라고 하였는데 노아가 '하나님과 함께' 했다는 말은 매우 중요하다. 히브리어로 함께

하다는 말은 여러 가지 있는데 왜 본문은 '에트 אֵת,'를 사용하였는가? 그리고 '그 엘로힘'과 함께라 하였는데 '엘로힘' 앞에 '관사 하 הַ 그'를 첨가한 이유는 무엇인가? 본문에 쓰인 '함께'라는 단어 '에트 אֵת,'는 히브리어 처음 글자와 마지막 글자로 이루어진 단어이다. 이것은 그리스 '알파 A'와 '오메가 Ω'로 이루어졌다는 말과 마찬가지다. 즉 '알파 A'요 '오메가 Ω'라는 말과 같다. 그러므로 이 말은 처음부터 끝까지 함께 했다는 말이다. 하나님이 노아를 부를 때에 노아는 처음부터 끝까지 하나님과 함께 걸어가고 있었다는 말이다.

이제 스스로 걸어갔다는 말을 좀 더 살펴보면 좋을 것 같다. 이 단어는 '가다'는 의미를 가진 단어 '할라ㅋ흐 הָלַךְ'의 '히트파엘형'이다. 그러므로 그는 그 스스로 걸어갔다는 의미이다. 강요나 억압이나 명령을 따른 것이 아니라 스스로 결정하여 걸어갔다는 말인데 좀 더 깊이 들여다보면 다음과 같다.

① 존경하면서 동행한다는 말이다. 그는 뒤에 서서 걸어가는 것이다.
② 두려워하며 동행한다는 말이다. 그는 조심하면서 걸어가는 것이다.

이 두 가지 의미를 합하면 '존경과 두려움으로 그분 앞에서 걸어간다'는 말인가? 그런데 특이하게 이 두 가지 의미를 모두 가지고 있는 단어를 성경에서 찾아보면 그 단어가 바로 '사랑하다'는 말이다. 우리가 하나님을 사랑한다면 하나님을 존경하고 두려워하는 것이다. 하나님을 사랑하는 사람은 '하나님이 좋아하는 것을 하지 않을까 두렵다'는 것이고, '하나님이 싫어하는 것을 행할까 두렵다'는 말이다. 누군가를 진실로 사랑한다면, 그는 그 사람을 너무 사랑하기에 그 사랑하는 사람이 좋아하는 것을 하고 싶고 그가 싫어하는 것을 하지 않으려고 노력할 것이다.

노아는 그 엘로힘과 함께 스스로 걸어갔다. 바로 노아를 은혜의 눈으로 보아준 그 엘로힘과 함께 스스로 걸어가고 있다. 탈무드는 이 구문을 이렇게 해석한다.

노아는 하나님을 예배하는 길로 걸어갔다.
노아는 스스로 하나님을 예배하는 삶을 살았다.
창세기 6:9은 단순한 말씀이 아니다.

본문을 새번역으로 읽어보면 다음과 같다.

노아의 역사는 이러하다.
노아는 그 당대에 의롭고 흠이 없는 사람이었다.
노아는 하나님과 동행하는 사람이었다.

성경을 읽고 연구하는 독자 여러분도 여러분을 선택하신 그 하나님 앞에서 그 하나님이 기뻐하시는 일을 이루고 하나님이 싫어하는 일을 멀리하는 하나님의 사람으로 이 세대에 의로운자요 완전한 자가 되어 하나님의 뜻을 이루어 드리는 성도가 되기를 바란다.

> 노아 ― 하나님의 은혜를 입음
> 노아 ― 그 시대의 의인이 됨

창세기 6:10 아들을 낳았으니 셈과 함과 야벳이라

	וַיּוֹלֶד	נֹחַ	שְׁלֹשָׁה	בָנִים	אֶת־שֵׁם	אֶת־חָם	וְאֶת־יָפֶת:
음역)	바욜레드	노아ㅎ크	쉘로솨	바님	에트–쉐임	에트– 캄ㅎ	베에트–야페트
직역)	그가 낳았다	노아가	3	아들들을	셈을	함을	그리고 야벳–을

노아가 아들을 낳았다는 말은 창세기 5:32에서 이미 말했다. 그런데 본문에서 다시 말하는 이유는 무엇인가? 그것도 '노아가 하나님과 함께 걸어갔다(동행하였다)'는 말을 한 다음에 세 아들을 낳았다는 말을 다시 한 번 더 반복하여 말한 이유가 무엇인지 연구하는 것이 바람직하다. 이것은 노아가 하나님을 예배하는 삶을 자녀들에게 가르쳐 '하나님의 사람'으로 '의로운 자'로 '완전한 자'로 세우려고 훈련시켰다는 것을 가르쳐 주려는 의도를 가지고 기록한 것이다. 이처럼 노아는 자녀들에게 본을 보여주는 아버지로 살았다는 것을 가르쳐준다.

노아가 세 아들을 낳았다고 말한 다음 세 아들의 이름을 말하는데, 그 순서는 셈, 함 그리고 야벳이다. 한글성경을 읽어보면 이 순서에 문제가 없어 보인다. 그러나 영어성경 킹 제임스 역본과 한글 킹 제임스 역본을 읽어보면 야벳이 장자인 것으로 보인다.

Unto Shem also, the father of all the children of Eber, the brother of Japheth the elder, even to him were children born(Gen. 10:21 KJV).

셈은 모든 에벨 자손의 조상이요, 형 야펫의 동생이라. 그에게서도 자녀가 출생하였으니(창 10:21 KKJ).

이 구문은 창세기 10장을 공부할 때 좀 더 자세히 연구하는 것이 좋겠다. 노아의 아들들의 순서는 어찌 되었든 노아에게는 세 아들이 태어났으며 노아는 그 자녀들에게 하나님과 동행하는 삶을 잘 가르친 것으로 보인다.

탈무드 또한 야벳을 형으로 말하면서 성경이 말하는 순서는 나이순이 아니라 그들이 가지고 있는 지혜에 따라 순서가 결정 된다고 하였다(Sanhedrin 69b). 이제 노아의 아들들의 순서는 뒤로 하고 그들의 이름이 가지고 있는 의미를 간략하게 살펴보자. 라비 허쉬(Hirsch)는 노아의 아들들의 이름은 그들의 성격과 성품이 아주 다름을 보여준다고 하였다.

'셈 שֵׁם 쉐임' 은 문자적으로 '이름'이라는 의미를 가진다. 아담은 하나님이 지으신 것들의 이름을 지어 불렀다고 하는데 이는 모든 피조물이 가지고 있는 특성과 성품을 잘 알고 있다는 말이다. 현대 과학자들이나 제품을 만드는 사람들도 그들이 만든 것의 이름을 지을 때 깊이 생각하여 지을 것이다. 그 때 그 만든 자는 그것의 속성을 완전히 알고 있기 때문에 그것에 알맞은 이름을 지어 줄 수 있다. 노아의 아들 '셈'은 모든 것의 이름을 알 수 있는 지혜를 가지고 있었던 것으로 보인다. 이러한 셈의 지혜는 사물의 개념이나 본질을 이해하고 그것을 정의하는 '능력'을 가졌다고 볼 수 있다. 두 번째로 나오는 이름 '함 חָם ㅎ캄'의 의미는 '뜨거움' 또는 '열'이다. 이는 함은 매우 감각적이고 열정적이고 뜨거운 사람임을 알려준다. 그리고 세 번째로 등장하는 이름 '야벳 יֶפֶת 야페트'의 의미는 '열려있음' 또는 '개방성'을 의미한다. 이는 모든 것을 향하여 열려있는 사람, 모든 것을 수용할 수 있는 넓은 마음의 사람이라는 의미를 가진다. 이처럼 좋은 의미를 가진 이름인데 거기에 노아는 그들을 하나님의 사람으로 세우기 위하여 하나님과 동행하는 삶을 살도록 교육하였으니 그들은 좋은 신앙과 성품을 가지고 그 시대를 인도하는 지도자가 되었을 것이다. 이처럼 노아의 아들들의 이름은 간략히 살펴보아도 인류를 멸망시키는 홍수로부터 구원 받기에 합당한 이름으로 보인다. 이 시대를 살아가는 성경 독자 여러분도 하나님의 사람다운 사람이 되어 이 시대를 하나님 앞으로 인도하는 능력을 소유한 사람들이 되었으면 좋겠다.

창세기 6:11 그 때에 온 땅이 하나님 앞에 부패하여 폭력(포악함)이 땅에 가득한지라

	הָאָרֶץ	חָמָס׃	וַתִּמָּלֵא	הָאֱלֹהִים	לִפְנֵי	הָאָרֶץ	וַתִּשָּׁחֵת
음역)	하라레쯔	ㅎ카마쓰	바티마레이	하엘로힘	리퍼네이	하아레쯔	바티솨ㅎ케이트
직역)	그 땅이	폭력	그녀가 가득 채워졌다	그 엘로힘	앞에서	그 땅이	그녀가 타락되어졌다

그녀가 타락되었다고 하였는데, 이는 '땅'이 여성이므로 '그녀'는 땅을 가리키고, 다시 풀어쓰면 '그 땅이 타락되어졌다'는 말이다. 그런데 특이한 것은 '그 땅이 타락했다'가 아니라 '그 땅이 타락되어졌다' 이다. 이 말은 누군가 그 땅을 타락하게 만들었다는 말이다. 성경을 읽어보면 하나님이 무엇을 심판하실 때 그 심판의 대상이 '타락되어졌다'고 한다. 본문에 쓰인 '타락하다 שָׁחַת 샤하트'는 '파괴하다', '망가뜨리다'는 의미인데, 본문에서는 '니프알(수동태)형'으로 쓰여 '망가뜨려졌다', '파괴되어졌다'는 의미로 쓰였다. 성경에서는 주로 하나님이 심판을 내릴 때는 '타락했다'고 해석한다. 성

경에서 타락은 '부도덕한 것'과 '우상숭배'를 말하는 경우가 대부분인데 이 두 가지 의미가 모두 포함된 단어가 바로 '타락하다'는 의미이다. 그러므로 '그 땅이 타락되어졌다'는 말은 '인류의 도덕이 무너졌을 뿐만 아니라 우상숭배가 만연하여졌다'는 것을 알려주는 말이다(Sanhedrin 57a).

그 다음 구문은 '그 엘로힘 앞에서' 인데 성경주석가들은 다양한 해석과 의견을 제시한다. 이븐 에즈라(Ibn Ezra)는 다음과 같이 설명하였다.

'그들의 부패는 은밀하게 오직 그 엘로힘에게만 알려졌다'고 하였다.

이븐 에즈라는 '주인과 종의' 예를 들어 설명하였다. 어느 집에 주인과 종이 있었는데 그 주인은 인자하고 선한 사람이었고 종은 그 선한 주인 앞에서 주인에게 도전하여 죄를 지으면서도 그 죄를 인식하지 않을 뿐 아니라 주인을 두려워하지도 않는 종이었다. 이 종이 주인 앞에서 뻔뻔스러운 것처럼 노아시대 사람들도 은혜의 엘로힘 앞에서 뻔뻔스럽게 죄를 지었다고 말하였다. 다시 말해서 그 엘로힘 앞에서 죄를 죄로 여기지 않았다는 것이다(Ibn Ezra).

반면에 조하르(Zohar)의 설명을 들어보면 이렇다. 노아시대 사람들이 처음에는 은밀하게 죄를 지었으므로 '그 엘로힘 앞에서만' 범죄 했지만 후에 점점 더 악한 길로 가다가 나중에는 공개적으로 죄를 범했다는 것을 가르쳐 주는 구문이라고 하였다. 그러므로 다음에 나오는 구문은 '그리고 그 땅은 폭력으로 가득 채워졌다' 하였는데 이는 그들의 폭력이 점점 더 증가하여 마침내 모든 사람에게 뿐만 아니라 모든 자연에게까지 가득하게 되었다는 말이다.

또 다른 부류의 학자들은 '엘로힘'을 그 시대의 지도자로 번역하기도 하였다. 노아시대 사람들은 지도자들 앞에서 반항하며 지도자를 향하여 범죄할 뿐만 아니라 공개적으로 악한 일을 행하였다고 하였다.

'그 엘로힘 앞에서 그는 타락하였다'는 말은 하나님을 두려워하지 않았다는 말이며 하나님이 아닌 우상을 숭배했다는 말로 이해할 수 있다. 그들이 아마도 사사시대와 마찬가지로 그들 자신이 보기에 좋은 대로 그들 자신이 원하는 대로 모든 일을 하였던 것으로 보인다.

그 결과 그 땅은 폭력으로 가득 채워졌다. 엘로힘을 두려워하지 않으므로 그들은 서로서로의 것을 폭력과 싸움과 강도의 행위로 자기의 것으로 만들어 가고 있었다. 그러므로 그 땅은 그 시대의 사람들의 악함으로 가득하게 채워질 수밖에 없었다. 이 말은 하나님이 없는 세상이 되었으며 그 땅은 하나님이 없는 사람으로 가득 채워지게 되니 폭력, 그릇됨, 강도 및 부정만 가득하고 하나님의 정의는 사라졌다. 앞에서도 잠깐 언급한 것처럼 사사기17장 -21장에 왕이 없는 세상, 하나님을 떠난 세상, 하나님이 없는 세상이 되는 모습을 보여주는데 레위인이 첩을 얻고, 우상숭배가 만연하여 있고, 도덕적으로 타락한 시대와 같은 시대였다. 본문은 바로 노아시대가 사사시대처럼 완전히 타락한 시대였음을 보여준다.

그러면 우리가 살고 있는 21세기 첨단 과학시대는 노아시대와 얼마나 다른가? 노아시대에 하나님을 믿는 사람이 없었으며, 예배하는 자도 없었던 것으로 보인다. 물론 사사시대 사람들은 예배하는 행위를 하였지만 신상을 만들어 놓고 예배하므로 우상으로 가득한 시대였다. 우리가 사는 시대는 아마도 노아 시대와 사시시대를 합하여 놓은 시대가 아닌가 생각된다. 이러한 시대와 이 땅을 바라보시는 하나님은 무엇이라 평가하실까?

창세기 6:12 하나님이 보신즉 땅이 부패하였으니 이는 땅에서 모든 혈육 있는 자의 행위가 부패함이었더라

	וַיַּרְא	אֱלֹהִים	אֶת־הָאָרֶץ	וְהִנֵּה	נִשְׁחָתָה
음역)	바야르	엘로힘	하아레쯔-에트	버히네이	니슈ㅎ카타
직역)	그가 보셨다	엘로힘이	그 땅을	보라 그리고	그녀가 타락되어졌다

	כִּי־הִשְׁחִית	כָּל־בָּשָׂר	אֶת־דַּרְכּוֹ	עַל־הָאָרֶץ: ס
음역)	키-히쉬ㅎ키트	콜- 바사르	에트-다르코	알-하아레쯔
직역)	왜냐하면 그가 타락하게 만들었다	모두- (육체 하나하나) 육체를	-을 그의 길	그 땅-위에

'엘로힘이 그 땅을 보셨다'고 하셨는데 '사람'이 아닌 '그 땅'을 보셨다고 하였다. 이것은 무엇을 말하는가? 이 말은 땅 위에서 일어나는 모든 일을 보셨다는 말이다.

단순히 사람의 행위만을 보신 것이 아니라 사람의 행위로 인하여 땅위에 나타나는 현상과 그 결과까지 모두 보셨다는 말이다. 그리고 하나님은 그 땅이 어떻게 되었다는 말씀을 하시기 전에 '보라'는 말을 하므로 주위를 환기시키는 것을 볼 수 있다. 즉 그 엘로힘이 그 땅을 보시고 그 땅이 어떤지 설명할 것이니 주의를 집중하라는 말이다. 그러면 지금 하나님은 누구에게 '보라'고 말한 것인가? 아마도 땅은 아니라고 생각된다. 다음 구문을 읽으면서 그 답을 찾아보도록 하자.

다음 구문은 '그녀가 타락되어졌다'인데, 그녀는 누구인가? 히브리어로 '땅'은 여성명사이기 때문에 '그녀'는 앞 구문에 나온 '그 땅'을 가리킨다. 그러므로 하나님이 보신 그 땅이 타락되어졌다는 말이다. 성경은 '그 땅이 타락하였다' 하지 않고 '그 땅이 타락되어졌다'는 수동형 표현을 사용하였다. 이 말은 그 땅이 스스로 자기가 타락한 것이 아니라 '누군가' 아니면 '무엇인가'가 그 땅을 타락하게 만들었다는 말이다. 그래서 하나님은 '보라'는 말로 주의를 환기시키며 그 땅을 타락하게 만든 자를 부르고 있는 것으로 보인다.

본 구문에서 '타락되어졌다'는 말은 문자적으로 보면 음란과 우상 숭배에 완전히 빠졌다는 말이다. 그 정도는 구제불능의 상태라는 것을 해설자는 설명하고 있다. 이것은 인간이 살고 있는 땅의 전 조직체계가 분해되었습니다. 땅의 외부로부터 오는 무력과 불법으로 인하여 그 땅은 땅이 가지고 있는 모든 기능을 상실하였다. 그래서 스포르노(Sforno)는 말하기를 '혹시 신이 처벌을 내리지 않는다 하더라도 보라, 스스로 파멸의 길로 가고 있다'고 하였다. 조하르(Zohar)는 사람이 지구를 다스리는 권세를 가졌기 때문에 인간의 부패가 지구를 완전히 감염시켜 지구는 완전히 타락되었다고 하였다

> 지구는 의로운 자녀를 키우며 하나님을 기쁘시게 하지 못했기 때문에 부끄러웠다.

성경 다른 곳에서 비슷한 구문을 찾아 읽어보면 쉽게 이해할 수 있을 것이다.

> 땅이 또한 그 주민 아래서 더럽게 되었으니 이는 그들이 율법을 범하며 율례를 어기며 영원한 언약을 깨뜨렸음이라 (사 24:5)

이는 마치 신실하지 못한 아내가 남편에게 자기 얼굴을 숨기는 것과 같다고 할 수 있겠다.

'땅은 그 주민들 밑에서 더럽혀졌다'고 했으며 본문에서도 '땅은 부패되어졌다'고 했는데 무엇 때문에 부패 되었다는 말인가? 그 대답은 '모든 혈육 있는 자의 행위가 부패함이었더라'고 하였는데 즉 '육체가 그들의 길을 부패 시켰기 때문이다'고 성경은 말한다. 그러나 본문을 주의 깊게 읽어보면 '그가 타락하게 만들었다'는 의미로 히필형을 사용하고 있는 것을 볼 수 있다. '타락하게 만들었다'는 동사의 주어이다. 그러면 '무엇이' 타락하게 만들었다는 말인가? 이는 어느 누구의 잘못이 아니라 '모든 육체 하나하나'가 그렇게 만들었다는 의미이다.

본문의 의미를 좀 더 이해하기 위하여 성경 몇 구절을 찾아 읽어 보면 좋을 것이다. 열왕기하 18:25과 예레미야 36:29 그리고 신명기 4:16과 잠언 28:24을 차례로 읽어보자.

> 내가 어찌 여호와의 뜻이 아니고야 이제 이 곳을 멸하러 올라왔겠느냐 여호와께서 전에 내게 이르시기를 이 땅으로 올라와서 쳐서 멸하라 하셨느니라 하는지라(왕하18:25)

> 또 유다의 여호야김 왕에 대하여 이와 같이 말하기를 여호와의 말씀에 네가 이 두루마리를 불사르며 말하기를 네가 어찌하여 바벨론의 왕이 반드시 와서 이 땅을 멸하고 사람과 짐승을 이 땅에서 없어지게 하리라 하는 말을 이 두루마리에 기록하였느냐 하도다(렘36:29).

그리하여 스스로 부패하여 자기를 위해 어떤 형상대로든지 우상을 새겨 만들지 말라 남자의 형상이든지, 여자의 형상이든지(신4:16)

부모의 물건을 도둑질하고서도 죄가 아니라 하는 자는 멸망 받게 하는 자의 동류니라(잠28:24)

앞에 언급한 두 구절 열왕기하와 예레미야는 '모든 육체가 자기의 길을 깨뜨려버리고 파괴시켰다'는 말이다. 그리고 뒤에 나오는 두 구절, 신명기와 잠언의 말씀은 그들이 그들 자신의 길을 사악하게 만들었다는 말이다. 그러므로 본문은 '모든 사람(육체) 하나하나 모두가 그 길을 타락하도록 만들었다'는 말이 된다. 그러면 모든 육체 하나하나가 타락의 길을 가고 있다는 말인데 그 길은 어떤 길인가? 하나님께서 창조하신 모든 것 하나하나를 보시고 말씀하신 내용을 묵상해 보면 조금이나마 이해할 수 있을 것이다. 창세기 1:31에 하나님이 모든 것을 보시고 보시기에 좋았다고 하였다. 그러나 본문은 하나님이 만들어 놓은 본성적인 것 즉, 자연적인 속성과 습관이 있는데 이 속성을 벗어나서 반대의 길로 가도록 만들었다는 말인데, 본문은 이 말을 '그가 타락하게 만들었다'고 한 것이다. 즉 하나님이 모든 육체가 자기 길을 가도록 만들어 놓았는데 그 길을 벗어나 제 마음대로 갔다는 말이다.

욥기 22:15-16 말씀을 읽어보면 '네가 악인이 밟던 옛적 길을 지키려느냐 그들은 때가 이르기 전에 끊겨 버렸고 그들의 터는 강물로 말미암아 함몰되었느니라'고 한다. 하나님은 지금도 우리에게 묻고 계신다.

악인이 밟아 가던 그 길을 너도 가려느냐?

시편 14:2-3, 시편53:2-3 말씀을 읽어보면 이런 인생을 바라보시며 안타까워하시는 모습을 읽을 수 있다.

> 여호와께서 하늘에서 인생을 굽어살피사 지각이 있어 하나님을 찾는 자가 있는가 보려 하신즉 다 치우쳐 함께 더러운 자가 되고 선을 행하는 자가 없으니 하나도 없도다(시 14:2-3).

> 하나님이 하늘에서 인생을 굽어살피사 지각이 있는 자와 하나님을 찾는 자가 있는가 보려 하신즉 각기 물러가 함께 더러운 자가 되고 선을 행하는 자 없으니 한 사람도 없도다(시 53:2-3)

독자 여러분은 하나님의 이러한 모습과 하나님의 이러한 심정을 상상해 보았는가? 하나님이 세상을 창조하셨을 때에 보시기에 아주 좋았었는데 지금 하나님이 보시기에 이 땅이 이처럼 타락한 것이다. 하나님이 보시기에 좋았던 땅을 육체 각자가 이렇게 타락시켜 가고 있는 것이다. 그러면 오늘 나는 이 세상을 타락하도록 만드는데 일조한 것은 없는지 돌아보아야 한다. 그리고 그런 모습이 있다고 한다면 빨리 거기서 돌아서야 한다. 혹시 나는 지금도 이 땅을 타락하게 만드는 자리에 있지는 아니한지? 하나님 앞에서 깊이 생각하는 시간을 가진다면 하나님은 우리에게 새로운 능력을 주시어 하나님의 나라를 세우는데 우리를 귀하게 사용하실 것이다.

창세기 6:13 하나님이 노아에게 이르시되 모든 혈육 있는 자의 포악함이 땅에 가득하므로 그 끝 날이 내 앞에 이르렀으니 내가 그들을 땅과 함께 멸하리라

	לְפָנַ֔י	בָּ֣א	כָל־בָּשָׂר֙	קֵ֤ץ	לְנֹ֔חַ	אֱלֹהִים֙	וַיֹּ֤אמֶר
음역)	러파나이	바	바사르-콜	케이쯔	러노아ㅎ크	엘로힘	바요메르
직역)	내 앞에	왔다	육체의-모두	끝(멸망)이	노아에게	엘로힘이	말했다

	וְהִנְנִ֥י	מִפְּנֵיהֶ֑ם	חָמָ֖ס	הָאָ֛רֶץ		כִּֽי־מָלְאָ֥ה
음역)	버힌니	미프네이헴	ㅎ카마스	하아레쯔		키-말아
직역)	나는 여기 있다 그래서	그들로부터	포악이	그 땅에		그녀가 가득하기 때문에=왜냐하면

			אֶת־הָאָֽרֶץ:	מַשְׁחִיתָ֖ם
음역)			하아레쯔-에트	마슈ㅎ키탐
직역)			그 땅-을	망가뜨리는 자

오늘 본문은 심판자가 나타나서 모든 것을 끝내겠다고 경고하시는 모습을 보여준다. 바로 모든 것을 창조하신 하나님이 이제 모든 것의 끝을 보시겠다는 무시무시한 말씀이다. 사실 땅은 이미 오래전에 하나님으로부터 저주를 받았다. '아담이 범죄할 때' 땅이 저주를 받았으며, '가인이 범죄할 때' 다시 한 번 땅이 저주를 받았다. 그리고 본문에서는 모든 육체를 그 땅과 함께 파멸시키겠다고 말씀하신다.

하나님이 노아에게 은혜를 주신 뒤 노아에게 계속하여 말씀하고 계시는 장면이다. '하나님이 노아에게 말씀 하셨다'는 말씀은 7번이나 반복하였다 (6:13, 7:1, 8:15, 9:8, 12, 17). 고대 근동의 메소포타미아 지역에서 전하고 있는 신들의 이야기에서는 일반적으로 신들이 결정한 것을 사람에게 알려

주지 않고 비밀로 유지되어야만 했다. 이것이 성경의 하나님과 분명히 다른 것을 알 수 있다. 하나님은 하나님께서 행하실 일들을 선지자들에게 미리 알려 주시는 것을 우리는 잘 알고 있다.

본문에서도 하나님은 노아에게 앞으로 일어날 일에 관하여 말씀하시는데 특이하게도 가장 먼저 언급하신 단어가 '끝', '종말'이라는 단어인데, 히브리어로 '케이쯔 קֵץ'는 하박국 2:3, 시편 39:5(한4), 욥 6:11에서 사용 된 것과 같이 시간적 맥락에서 끝을 가리키는 의미로 쓰인 경우가 많다. 즉, '케이쯔 קֵץ'는 정해진 기간, 일정한 기간의 완성이나, 그 기간의 끝을 의미한다. 또한 '케이쯔 קֵץ'는 아모스 8:2 과 예레미야 애가 4:18에서와 같이 '운명'을 암시하는 경우에 쓰이기도 하였다. 그리고 후대에 '케이쯔 קֵץ'는 유대인 종말론을 설명하는 용어로 중요하게 사용되었다. 이 단어는 한 시대를 종식시키고 인류의 시대를 알리는 역사 변화의 연결고리를 설명할 때 주로 쓰였던 것으로 보인다. 이러한 의미에서 살펴보면 '끝'이라는 단어는 인간이 어찌할 수 없는 것이며 하나님의 뜻을 알려주는 중요한 기능을 하는 단어임에 틀림없다.

다음 구문을 읽어보면 '그들로부터 포악이 왔다'고 하는데 이 말은 '그들 때문에' 이러한 결과가 왔다고 해석할 수 있다. 즉 그 땅에 살고 있는 인간들이 스스로 그러한 결과를 가져오게 만들었다는 말이다. 이와 같이 땅의 임박한 끝(종말)이 오게 된 것은 하나님의 변덕이나, 하나님이 자연을 향한 맹목적인 분노에서 그러한 결과가 온 것이 아니라는 것을 가르쳐준다.

이제 마지막 구문을 읽어보자. '그리고 보라, 그래서 나는 여기 있다, 망가뜨리는 자, 그 땅을.' 이 구문을 의역하면 '나는 그들을 세상으로부터 멸망시키는 자로 여기 와 있다'는 말로 이해할 수 있다. 본문에서 '나를 보라'

고 한 것은 특이한 구문이다. 이 단어의 모음부호를 조금 바꾸어 읽으면 '내가 여기 있다'는 말이 된다. 이 말은 특정한 상황이나 요청에 의해 요구되는 것이 무엇이든 그것을 행할 준비가 되어 있다는 것을 말할 때 사용하는 단어이다. 그러나 본문은 그렇게 읽는 것보다는 '나를 보라'고 읽는 것이 옳다. 지금 하나님은 세상에 죄악이 가득한 것을 보시고 그 땅을 파괴하지 않을 수 없는 상태에 있는 자로 하나님 자신을 설명하는 구문이다.

하나님은 그 땅을 멸망시킬 수밖에 없는 상황을 확실하게 설명한 다음, 하나님은 자신을 파괴하는 자로 내세우고 있다. 미드라쉬 하가돌(Midrash HaGadol)은 다음과 같은 비유를 들어 이 구문을 설명한다.

> 이것은 어떤 사람들이 아주 좋은 나라에 거주할 수 있는 허가를 받은 것과 그 사람에게 그러한 특권을 허가한 왕을 예로 들어 설명할 수 있다. 왕은 어떤 사람에게 특권을 부여한 뒤 오래 시간이 흐른 뒤 그가 허락한 땅을 방문하게 되었다. 그 땅에 들어가자마자 그 왕이 느낀 것은 그 땅이 그를 반역하는 것으로 가득하다는 것이었다. 그 왕은 너희가 은혜를 악으로 가득하게 채우다니 어찌 이럴 수 있느냐? 나, 나는 이 나라를 파괴할 수밖에 없구나. 나는 너희로 인하여 '파괴하는 자'로 설 수밖에 없다고 말한 왕과 같다.

6:1-8은 하나님이 그 땅에 있는 모든 것이 죄악으로 가득하게 차 있음을 말씀하셨다. 그 다음 6:9-13까지는 그 땅이 어떤 과정을 거쳐서 누구를 통해서 어떻게 어느 정도 타락되어졌는지에 대하여 다시 설명하였다. 이러한 상황에서 하나님은 노아에게 은혜를 베풀어 주시고 하나님으로부터 은혜를 받은 노아에게 네가 할 일이 있다는 것을 가르쳐 주는 말씀이 6:14부터 시작된다.

창세기 6:14 너는 고페르 나무로 너를 위하여 방주를 만들되 그 안에 칸들을 막고 역청을 그 안팎에 칠하라

	תַּעֲשֶׂה	קִנִּים	עֲצֵי-גֹפֶר	תֵּבַת	לְךָ	עֲשֵׂה
음역)	타아세	키님	고페르 – 아쩨이	테이바트	러크하	아세
직역)	너는 만들 것이다	칸들	고페르의-나무들의	상자를	너 자신을 위하여	만들어라

			מִבַּיִת	אֹתָהּ	וְכָפַרְתָּ	אֶת-הַתֵּבָה
음역)			미바이트	오타흐	버ㅋ하파르타	하테이바–에트
직역)			집으로부터	그녀를	그리고 너는 덮을 것이다	그 상자를

					בַּכֹּפֶר׃	וּמִחוּץ
음역)					바코페르	우미후쯔
직역)					그 코페르를 가지고	밖으로 부터 그리고

    하나님은 세상이 죄악으로 가득하여 멸망시킬 수밖에 없다고 말씀하신 다음, 하나님으로부터 은혜를 받은 노아에게 아주 특별한 상자를 만들 것을 요구하신다. 하나님은 노아에게 특별한 상자를 만들라 말씀하신 다음 설계도를 설명하시는데 가장 먼저 하시는 말씀이 '너 자신을 위하여'이다. 이 말씀은 지금부터 내가 말하는 대로 네가 만들 물건은 '오직 너 자신을 위하여 만드는 것'이라는 사실을 알려주시는 말씀이다. 그 다음 만들 물건을 말씀하시는데 히브리어로 읽으면 '테이바 תֵּבָה'로 상자를 의미하는데 한글성경에서는 방주로 번역하였다. 이 단어는 노아와 방주와 관련하여 23절에서 26번 나온다. 그리고 모세와 모세의 상자와 관련하여 2절에서 2번 나온다. 특별히 방주를 건설하기 위한 설계도를 하나님이 노아에게 주시는 과정에서 이 단어가 7번 나온다. 특이하게도 창세기 8:1–14 말씀을 읽어보면 물이 빠지는 과정을 설명할 때도 이 단어가 7번 나온다. 그리고 출애굽기

2:3-5에서 모세를 구원하는 상자로 2번 더 나오고 성경에서는 나오지 않는 단어이다.

방주로 쓰인 단어 '테이바 תֵּבָה'는 물 위에서 떠다니기는 하지만 방향을 조절할 수 있는 키는 없다. 그러므로 항해할 수 있는 어떤 보조 장치도 갖추지 않은 상자에 불과하다. 그러므로 승무원도 필요 없는 아주 특별한 물건으로 물에 떠있는 배와 같다. 그러나 배라고 할 수 없는 특별한 상자에 불과하다. 그러므로 테이바 תֵּבָה에 타고 있는 사람의 운명은 오직 하나님의 뜻에 의해서만 결정되고 사람의 기술이나 방법에 의존하지 않는다는 것을 강조한다. 그러나 고대 근동 신화에 나오는 홍수 기사를 읽어보면 그들은 정상적인 배를 만들어 진수하고 뱃사람을 고용하여 항해하였던 것을 알 수 있다.

그리고 그 다음 구문을 읽어보면 노아가 만들어야 할 상자의 재료에 대하여 하나님은 말씀하신다. 그 상자의 재료는 나무인데, 그 나무의 이름은 '고페르'라고 성경은 말한다. 이 단어는 성경에 한 번 나오는 단어이다. 그러므로 이 나무가 어떤 나무인지 정확하게 설명하는 것은 아주 어렵다. 그러나 하나님은 땅으로 하여금 나무를 내게 하셨기 때문에 어떤 나무는 어떤 성질을 가지고 있는지 잘 아신다.

하나님께서 지목한 이 나무는 아마도 내구성이 좋으며 물에 가장 잘 견디는 나무임에 틀림없을 것이다. 산헤드린(Sanhedrin) 108a와 타르굼(Targums)을 읽어보면 이 나무를 '삼나무'라고 하였다. 많은 현대 학자들은 히브리어와 소리의 유사성을 가졌으며 고대의 조선업에서 널리 사용된 나무인 노송나무라 하였는데 왜냐하면 썩지 않는 특성을 가지고 있기 때문이라 하였다. 한글성경을 읽어보면 개역한글에서는 '잣나무'라고 번역 하였는데 개역개정에서는 '고페르'라고 번역하였다.

하나님은 재료를 말하신 다음 바로 '칸들'을 말하시고 다시 '그 상자'를 만들라 하시는데 '칸들'이 무엇을 의미하는지 분명하게 이해하기는 어렵다. 칸들은 히브리어로 '키님 קִנִּים'인데 이 단어는 '케인 קֵן'의 복수형이다. 단수 '케인 קֵן'은 '새 집(nest)'을 의미(신 22:6, 욥 39:27, 사 10:14, 잠 27:8) 하기 때문에 '키님 קִנִּים'은 온갖 짐승들을 위한 '방들' 또는 '칸들'로 이해하는 것이 좋겠다.

다음 구문을 보면 '너는 그녀를 덮으라'고 하는데 이 말은 '코페르 כֹּפֶר'를 가지고 '그녀'를 '카파르 כָּפַר' 하라는 말로 이해할 수 있다. '그녀'는 상자를 가리키는 말이 분명하다. 그러므로 코페르를 가지고 네가 만든 그 상자를 카파르 하라는 말이다. 즉, 하나님은 노아에게 이렇게 말씀하신 것이다. 코페르를 가지고 네가 만든 그 상자 안과 밖을 덮으라는 말이다. 본문에 사용된 '코페르'와 '카파루'는 같은 단어인데 '코페르'는 명사이며 '카파르'는 동사로 쓰였다

본문에 쓰인 '덮는다'는 말은 하나님이 우리의 죄를 덮는다는 말과 같은 의미이다. 하나님이 우리의 죄를 덮어 가리어 준다는 말로 예수님이 우리의 죄를 가리어 주기 위하여 자신의 피를 흘려 덮어주심과 같은 의미이다. 이와 같이 노아시대에도 하나님은 덮는 것을 가지고 그 상자를 덮으므로 그 안에 있는 사람과 동물을 구원하여 생명을 구원하는 역사를 이루어가고 있다. 이 때 그 상자를 덮는데 사용한 물질이 바로 '코페르 כֹּפֶר'이다. 한글성경에서는 코페르를 역청이라고 번역하였다.

출애굽기 2:3을 읽어보면 모세의 부모는 모세를 더 이상 숨겨 키울 수

없다는 것을 알고 갈대로 상자를 만들고 그 상자에 물이 들어가지 않도록 역청과 나무진으로 칠하고 모세를 그 상자 안에 담아 나일 강가 갈대 사이에 두었다. 이 때 모세가 타고 간 상자나 노아가 타고 간 상자는 히브리어로 같은 단어이다. 단지 재료가 달랐을 뿐이다. 모세의 상자는 갈대로 만들었으나 노아의 상자는 고페르 나무로 만들었다. 무엇으로 만든 상자이든 그 두 상자는 그 안에 있는 생명을 유지하고 보호하는 특별한 장소였다. 어찌 되었든 노아가 타고 있던 상자는 하나님의 은혜로 모든 시련과 환란으로부터 가려짐과 덮임을 받고 있는 특별한 장소였다. 방주는 방주 안에 있는 모든 생명의 구원과 연결되어 있다. 그러기에 방주에 들어갔다 나온 것은 물속에 들어갔다 나온 것과 같다. 그래서 노아의 방주 사건을 세례와 연결지어 가르치기도 한다. 사람들이 예수님의 이름으로 세례를 받을 때 그는 물속에 들어가서 죽고 물 밖으로 나올 때 예수님의 은혜로 말미암아 새롭게 사는 것을 상징한다.

성경을 주의 깊게 읽어보면 흥미있는 것을 발견할 수 있다. 이미 앞에서 말한 것과 같이 방주라는 단어가 방주를 설명할 때에 7회 나오고, 방주에 들어간다고 할 때에 7회 나온다. 그리고 방주에서 나올 때에 7회 나온다. 이렇게 7번씩 3번을 반복하는 것은 아주 특이하다. 하나님이 모든 것을 심판하실 때에도 언약의 말씀을 따라 이루시고 하나님의 은혜로 죄인을 덮어주어 구원을 이루실 때도 언약의 말씀을 따라 이루신다. 이처럼 하나님은 한 번 약속하시면 반드시 이루신다는 약속을 심어주신다. 그래서 언약의 수요, 맹세의 수요, 서약의 수인 7을 3번이나 반복하여 노아에게 하나님의 언약의 확신을 심어주셨다. 노아시대에도 하나님은 은혜를 입은 사람들을 방주로 덮어 안전하게 하신 다음, 심판의 도구로 홍수를 사용하여 심판을 행하시는 것을 볼 수 있다. 이 시간 우리는 나에게 은혜를 주신 하나님께 감사하여야 한다. 미래에 어떤 심판이 온다 하더라도 하나님은 방주를 만들어 우리를 안전하게 덮으신 다음 심판하실 것이다. 불로 심판을 하실 때도 하나님은 우리를 안전한 자리로 옮기신 다음 심판 하실 것이다. 할렐루야!

창세기 6:15 네가 만들 방주는 이러하니 그 길이는 삼백 규빗, 너비는 오십 규빗, 높이는 삼십 규빗이라

		אֹרֶךְ	אַמָּה	מֵאוֹת	שְׁלֹשׁ	אֹתָהּ	תַּעֲשֶׂה	אֲשֶׁר	וְזֶה
음역)		오레ㅋ흐	아마	메이오트	쉴로쉬	오타흐	타아세	아쉐르	버제
직역)		길이	아마	100	3	그녀를	네가 만드는 것(방법)이다	이것이
		הַתֵּבָה	חֲמִשִּׁים	אַמָּה	רָחְבָּהּ	וּשְׁלֹשִׁים	אַמָּה	קוֹמָתָהּ:	
음역)		코마타흐	아마	우쉴로쉼	라흐바흐	아마	ㅎ카미쉼	하테이바	
직역)		그녀의 높이	아마	30 그리고	그녀의 넓이	아마	50	그 상자의	

본 절은 'וְזֶה אֲשֶׁר תַּעֲשֶׂה' (버제 아쉐르를 타아세)로 시작하는데 이 구문의 의미는 '이것은 네가 …을 만들 방법이다'로 해석할 수 있다. 하나님은 노아에게 배를 건설하는 방법을 가르쳐 준다. 즉 배의 설계를 주시겠다는 말이다. 그런데 우리는 이와 똑같은 구문을 출애굽기 29:38에서 읽을 수 있다. 출애굽기 29:38은 제단에서 번제를 올려드리는 방법을 가르쳐주는 말씀이다. 본문과 출애굽기 29:38과 연결하여 연구해보면 제단 위에서 제사를 드

리는 방법과 방주를 만드는 방법 사이에 무슨 연관이 있는 것으로 보인다. 성경의 두 본문에서 하나님이 주신 설계도는 모두 구원과 관계가 있는 것으로 보인다. 노아가 만든 배는 노아와 코로 호흡하는 짐승을 구원하는 방법이었다. 그리고 노아는 방주에서 나온 다음 제단을 쌓고 제사를 드렸다. 출애굽기 29:38은 노아의 방주에 있었던 짐승 가운데 정결한 짐승을 하나님께 올려 드려 죄 지은 자가 구원받는 방법으로 제사하는 방법을 가르쳐 준 말씀이다. 다시 말해서 구원의 방법으로 제사를 설명하였다.

이제 하나님은 노아에게 설계도를 구체적으로 가르쳐 주신다. 조선소에서 배를 만들 때에 배의 길이와 높이의 비율은 1:10으로 하는 것이 최고의 비율이라고 한다. 하나님이 노아에게 말씀하시는 길이와 높이의 비율을 보면 길이가 300아마이고 높이가 30아마이니 정확하게 10:1이다. 그리고 길이와 폭의 비율은 6:1이 가장 알맞은 비율이라고 조선업자들은 말한다. 하나님께서 노아에 말씀하신 것을 보면 길이가 300아마이고 넓이가 50아마이니 이 비율 또한 6:1인 것을 볼 수 있다. 21세기 첨단 과학자들은 수많은 실패를 거듭하면서 배의 비율을 찾아내었지만 하나님은 처음부터 아시고 계셨으며 그 최적의 비율을 노아에게 가르쳐 주셨다. 현대 과학자들과 조선업자들의 말에 의하면 이 비율로 배를 건설하였을 때 폭풍이 와도 안전하게 항해할 수 있다고 말한다.

노아가 만든 상자의 길이와 높이와 넓이의 비율을 과학이 증명해 주었기 때문에 가장 안전하다고 해서는 절대 안 된다. 왜냐하면 과학이 말하기 훨씬 전에 성경이 말씀하는 것이 옳다고 말해야 한다. 우리의 일반적인 논리는 과학이 그렇게 증명 해주었다고 말하면서 과학이 증명해 주었기 때문에 그것이 맞다 하는데 그것은 잘못이다. 왜냐하면 과학이 성경을 증명하는 것이 아니라 성경은 이미 진리를 말했는데 과학이 이제 그것을 발견하였을 뿐이다. 그러므로 과학이 증명해 주지 못하는 것은 진리가 아니라고 말한다면 그것은 과학도 하나님의 말씀도 진리도 모르는 사람이라고 보아야 할 것이다.

전 세계에 전해지는 홍수 이야기는 40여개 이상 존재한다. 노아라는 이름과 비슷한 이름을 가진 신화가 하와이에 있어 소개하려고 한다. 물론 하와이에 전해지는 홍수 신화는 하나만 전해지는 것이 아니다. 그 가운데 성경과 관련이 있는 것으로 보이는 것이 신화에 등장하고 있는 누우(Nu'u)이야기다. 누우가 커다란 배를 만들고 그 배 안에 집을 지었다고 한다. 누우에게는 세 아들과 부인이 있었다고 한다(현준만역, 세계유사신화, 세종서적).

우리나라에 전해지는 홍수 신화도 몇 가지 있다. 홍수가 난 다음 살아남은 남매는 결혼을 해야 할지 하지 말아야 할지 알아보기 위하여 서로 다른 산봉우리에 올라가 불을 피워 연기를 하늘로 올려 보냈다. 그 연기 둘이 만나 새끼를 꼬듯이 서로 꼬면서 올라가는 것을 본 남매는 산에서 내려와 혼인을 하였고 그들을 통하여 후손을 전하였다는 이야기이다. 한 이야기는 이 이야기와 아주 비슷한데 산에 올라가 오빠는 숫 맷돌의 수망을 산 아래로 굴리고 여동생은 암 맷돌을 굴린 다음 산에서 내려와 보니 맷돌은 사람이 포개어 놓은 것처럼 포개져 있었다고 한다. 그것을 본 남매는 둘이 결혼하는 것이 신의 뜻이라 생각하여 혼인하여 후손을 전하였다고 한다. 이 외에도 흥미 있는 홍수 이야기들이 전해지고 있다(손진태, 한국민족설화의 연구, 을유문화사. 장주근, 풀어쓴 한국의 신화).

한자를 연구하는 학자들은 한자를 사용하여 성경을 해석하려한다. 그

가운데 홍수와 관련이 있는 한자를 한 글자만 찾아보려고 한다. 바로 배를 가리키는 배선(船)자이다. 이 글자를 주의 깊게 살펴보면 선(船)자는 배 주(舟) + 여덟 팔(八) + 입 구(口)가 합하여 만들어진 글자인 것을 알 수 있다. 다시 말해서 배 안에 8개의 입이 있었다는 말로 풀이할 수 있다. 이는 중국에도 홍수 신화가 있었다는 사실을 간접적으로 전하는 말로 보인다.

대부분의 홍수 신화의 공통점을 살펴보면 홍수를 피할 배가 있었다는 것이다. 그 가운데 성경이 말하는 홍수 기사만 홍수의 시작과 과정 그리고 마지막으로 그 배 안에 탄 사람과 짐승에 대한 수 등을 정확하게 말하고 있다. 특별히 그 배 안에 타고 있었던 여덟 명 가운데 네 명의 남자들 이름까지 정확하게 말하고 있다. 물론 하와이 홍수 이야기에도 남편과 아내의 이름이 전해지고 있다. 특별히 하나님이 노아에게 배를 만드는데 필요한 설계도를 정확하게 주셨다. 앞에서 살펴본 대로 배의 구조는 길이와 폭이 6:1이고, 길이와 높이가 10:1의 구조로 되어 가장 안전하게 설계되었다는 평을 받고 있다.

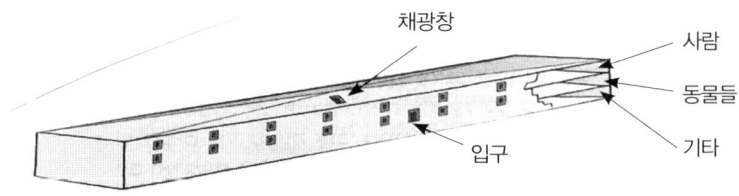

▲출처 : CHUMASH GENESIS 43면

[노아방주]

창세기 6:16 거기에 창을 내되 위에서부터 한 규빗에 내고 그 문은 옆으로 내고 상 중 하 삼층으로 할지니라

	מִלְמַ֔עְלָה	תְּכַלֶּ֣נָּה	וְאֶל־אַמָּ֞ה	לַתֵּבָה֒	תַּעֲשֶׂ֣ה ׀	צֹ֣הַר
음역)	밀마라	터칼레나	아마-버엘	라테이바	타아세	쪼하르
직역)	위로부터	마감 하라	한 아마-..에	그 상자에	만들라	창

	שְׁנַיִ֥ם	תַּחְתִּיִּ֖ם	תִּֽשִׁ֛ים	בְּצִדָּ֣הּ	הַתֵּבָ֖ה	וּפֶ֥תַח
음역)	쉬니임	타ㅎ크티임	타심	버찌다흐	하테이바	우페타ㅎ
직역)	둘	아래	두라	그녀의 옆에	그 상자	문 그리고

	תַּעֲשֶֽׂהָ:	וּשְׁלִשִׁ֖ים
음역)	타아세하	우쉴로쉼
직역)	만들라	셋 그리고

'창'을 가리키는 히브리어 'ㅈ초하르 צֹהַר'는 성경에서 이곳에서만 나온다. 물론 'ㅈ초하르 צֹהַר'와 같은 문자를 가진 동사 'ㅈ차하르 צָהַר'가 욥기 24:11에 나오는데 본문의 의미와는 완전히 다른 의미로 쓰였다. 창세기 8:6을 읽어보면 '창', '창문'이라는 단어가 나오는데 본문에 쓰인 단어와 다른 단어로 'ㅎ칼론 חַלּוֹן'이 쓰였다. 'ㅎ칼론 חַלּוֹן'은 성경에서 30여 번 사용되었는데 언제나 '창' 또는 '창문'으로 쓰였다.

한글로 '창'이나 '창문'으로 쓰인 단어를 찾아보면 히브리어로는 서로 다른 다섯 개의 단어가 여러 번 쓰였는데 그 가운데 가장 보편적인 단어가 'ㅎ칼론 חַלּוֹן'이고 그 이외에 네 개의 단어(아루바 אֲרֻבָּה, 메ㅎ케자 מֶחֱזָה, 슈쿠핌 שְׁקֻפִים, 카바 כַּוָּה)가 있는데 이 네 개의 단어가 쓰인 절을 모두 합하여도 'ㅎ칼론 חַלּוֹן'이 쓰인 절의 수보다 작다. 그러나 한글로 '창'이라고 번

역된 단어는 성경의 다른 본문에서 '창'이나 '창문'으로 쓰인 단어인 위에 나오는 다섯 단어 가운데 들어 있지 않은 특별한 단어이다.

본문에서 '창'이라고 쓰인 단어는 앞에서 말한 대로 성경에 단지 두 번 나오는데 한번은 동사로, 한번은 명사로 나온다. 본문에서는 명사로 유일하게 쓰였기 때문에 해석하기 어렵다. 우리는 창세기 8:6을 근거로 '창' 또는 '지붕'으로 해석하는 것이 바람직하다고 본다. 그러나 그 의미가 분명한 것은 아니다. 그것이 어떤 의미로 쓰였든지 상자의 꼭대기로부터 한 아마 이내에 마무리하라고 하였다. 이 또한 우리가 연구하여야 할 것이다. 창문의 높이를 한 아마로 만들라는 것인지 지붕 꼭대기에서부터 한 아마 아래까지 창문을 만들라는 것인지 불분명하다. 어떤 의미로 어떻게 해석하든 상자의 꼭대기에서 한 아마 이내에 그것을 마무리해야 하는 것은 확실하다.

온켈로스(Onkelos)는 'ㅈ초하르 צֹהַר'를 빛의 근원을 가리키는 단어로 이해하였다. 그래서 그는 'ㅈ초하르 צֹהַר'를 '빛'이라 번역하였다. 그러나 다른 의미로 해석할 수 있다고 말하며 다양성을 열어놓기는 하였다.

탈무드(Talmud)의 현인들이 토론한 것을 읽어보면 '거룩하신 분 하나님께서 노아에게 특별한 축복을 주셨다'고 하였다. 그것은 다름 아닌 '노아가 만든 상자 둘레에 귀중한 돌과 보석을 두어 상자 밖의 빛을 상자 안으로 들여보내기 위한 방법'이란 뜻이다(Sanhedrin 108b). 왜냐하면 '정오'라는 히브리어 단어 'ㅈ초호라임 צָהֳרַיִם'이 바로 'ㅈ초하르 צֹהַר'에서 파생된 것으로 볼 수 있기 때문이다. 'ㅈ초호라임 צָהֳרַיִם'은 성경에서 23번 정도 사용 되었는데 '정오 noon'로 14번, '백주 noonday'로 8번, '한 낮 midday'로 한번 사용되었다. 모두 빛과 관련이 있는 것으로 보인다. 그래서 탈무드 현인들은 하나님께서 노아에게 상자 안 쪽에 빛을 비추기 위한 장치를 만들도록 하였다고 설명하였다. 라쉬(Rashi) 또한 한 가지 의견을 받아들이지 않고 다양한 의견을 제시했다. 어떤 사람들은 말하기를 '그것은 천정에 낸 채광창'이라고 말하였으나 다른 사람들은 '그것은 빛을 내는 귀중한 보석'이라고 말하였다.

창세기 미드라쉬(Midrash)를 읽어보면 흥미로운 구절을 읽을 수 있다. 라브 핀하스(Pinchas)는 라브 레위(Levi)의 이름을 인용하여 다음과 같이 말하였다.

> 노아가 방주에서 보낸 12개월 동안 그는 태양을 통하여 밤과 낮을 알았던 것이 아니다. 그는 달의 빛을 볼 수 없는 시간들이 있었다. 그러면 그는 어떻게 낮과 밤을 구별하여 날짜를 계수하였는가? 노아는 상자의 위쪽 둘레에 진귀한 보석을 가지고 있었다. 그는 그것을 바라보며 하루하루가 지나가는 것을 알았다. 그 보석이 빛을 감추면 낮이라는 것을 알았으며 그 보석이 빛을 발하면 밤이라는 것을 알았다. 왜냐하면 낮에는 태양이 빛을 비추어 주기 때문에 그 보석이 빛을 발할 필요가 없었다.

바알 하 투림(Ba'al HaTurim)은 히브리어 문자가 가지는 수로 이 단어를 해석하기도 하였다. 바로 'ㅈ초하르 צֹהַר'라는 단어가 가지는 문자들의 수를 합하면 295인데 '그 돌의 빛'의 히브리어 구문 לְאוֹר הָאֶבֶן(러오르 하에벤)이 가지는 문자들의 수를 모두 합하면 295가 된다. 그러므로 이 돌은 진귀한 보석으로 빛을 발하는 돌이라고 하였다. 많은 유대인 주석가들, 이븐 야나흐(Ibn Janach), 이븐 에스라(Ibn Ezra), 라닥(Radak)은 'ㅈ초하르 צֹהַר'를 'ㅈ초호라임 צָהֳרָיִם'과 연결시켜 빛이 들어오는 장치로 해석한다. 그래서 창세기 8:6에 나오는 창문과 연결지어 해석한다. 히즈쿠니 (Chizkuni) 또한 진귀한 보석을 상자 안에 둔 것으로 해석하였다. 비가 내리는 동안 창문이 닫히어 빛이 들어 올 수 없을 때 상자 안에 빛을 비추기 위해 특별한 돌을 붙여 놓았을 것이라고 말하였다.

다음 구문을 보면 '한 아마에서 마무리하라 위로부터'라 하였는데 이는 번역하기조차 어려운 구문이다. 대부분의 유대인 주석가들은 미드라쉬 (Midrash)의 설명에 기초하여 '창문이 상자의 윗부분을 경사지게 하여 둥글게 마무리하는 모양'을 설명하는 것이라고 하였다. 윗부분을 둥글게 하므로 경사지게 만들어 물이 사방으로 잘 흐를 수 있도록 만드는데 그것을 위로부터 한 아마에서 마무리하라는 것으로 이해하였다.

다른 주석가들은 다음과 같이 해석하기도 하였다. '이 구문이 설명하는 것은 상자의 윗부분 즉 천정이라고 부를 수 있는 곳으로부터 한 아마 아래에 있는 창문을 말한다'고 하였다. 그래야 지붕이 창문을 덮어줌으로 창문이 보호 받을 수 있다는 것이다(Chizkuni, Da'as Zekeinim, Ha-amek Davar). 하나님으로부터 이 말씀을 듣고 있는 노아는 분명하게 이해하였지만 우리는 4000년 전의 말씀을 이해하는데 많은 어려움을 겪는다. 그 시대의 관습을 모르기 때문에 어떻게 해석하여야 할지 막막할 때가 많이 있다. 이제 다음 구문을 읽어보자.

'그 상자의 문을 그녀의 옆에 두라'하였는데 '문'은 출입문을 말하는 것이 분명한데 그 위치는 정확히 알 수 없다. 성경은 '그녀의 옆에'라 하였는데 그녀는 그 상자를 가리키는 말이므로 그 상자 옆에 문을 만들라는 말로 이해하여야 할 것이다. 우리가 아는 상식으로 배의 문은 위쪽에 들어 올릴 수 있는 것이 보통이다. 위에 있는 문을 들어 올리고 배 안으로 들어가서 배 아래로 내려가는 것이 보통 배의 구조이다. 그러나 하나님이 노아에게 만들라고 하는 상자(배)의 구조는 조금 다른 것 같다. 왜냐하면 용도가 다르기 때문이다. 노아가 만들고 있는 배는 항해를 위한 것이 아니라 단순히 물 위에 안전하게 떠 있으면 된다. 그리고 이 상자는 노아의 식구와 코로 호흡하는 모든 짐승들이 생명을 유지 보존할 수 있는 생활공간이다.

그러므로 보통 배와 다르게 출입구를 상자의 옆에 만들라고 한 것이다. 그래서 어떤 주석가는 말하기를 사다리를 타고 올라가서 상자 안으로 들어갔다고 하였는데(Chizkuni, Ibn Ezra) 이는 무리라고 생각한다. 왜냐하면 짐승들이 어떻게 사다리를 올라가 문으로 들어갈 수 있겠는가? 그럴 수 없기 때문에 그 설명은 무리가 있는 것으로 보인다. 어찌되었든 출입문은 상자의 옆에 만들라고 하나님이 노아에게 말씀하셨다. 우리가 이해할 수는 없지만, 하나님이 가장 적합한 자리에 출입문을 두도록 하셨을 것이다.

이제 16절의 마지막 구문을 읽어보면 하나님은 노아에게 '아래, 2 그리고 3을 만들라'하셨다. 이 구문 또한 이해하기 어렵다. 이 말은 노아가 만든 상자는 밑바닥 층과 2층과 3층으로 나누어진 것으로 보인다. 그런데 각 층을 말하는 단어가 모두 복수형으로 쓰인 것이 특이하다.

이 구문을 이해하기 위하여 길가메쉬 서사시(Gilgamesh Epic)에 나오는 배의 구조를 잠깐 생각해보면 좋을 것 같다. 서사시에 나오는 배의 높이는 175피트이며 넓이 또한 175피트인데 7개의 층으로 나누어져 있으며 각 층은 9개 구역으로 나누어져 있다. 그래서 63개의 공간으로 나누어져 있었던 것으로 보인다. 그러나 아트라하시스(Atrahasis)의 배에는 단지 2개의 층이 있었다(Gilgamesh and Utnapishtim, Table XI col. ii:58-94). 참고로 노아가 만든 상자를 피트로 환산해보면 대략 다음과 같다. 길이는 450피트이고 넓이는 75피트이고 높이는 45피트이다. 두 개의 배를 비교하여 보는 것도 흥미로울 것이다.

길가메시의 배를 참고로 하여보면 노아가 만든 상자 역시 3개 층이 있었던 것으로 보인다. 그래서 층을 말하는 단어가 모두 복수형으로 쓰인 것 같다. 그러나 노아에게 이처럼 큰 공간이 다 필요하지는 않았을 것이다. 그래서 아마도 바닥 층인 1층은 쓰레기를 위한 공간으로 보이며 2층은 짐승을 위한 공간으로 보인다. 제일 위층인 3층은 아마도 노아의 가족과 식물을 위한 공간으로 이해하는 것이 좋을 것 같다.

하나님은 이처럼 노아에게 홍수를 피할 수 있는 완벽한 공간을 만들도록 하셨다. 이는 하나님께서 노아를 구원하기 위한 특별한 섭리를 따라 구원의 방법을 가르쳐 주신 것이다.

이와 마찬가지로 앞으로 있을 불 심판 때에도 하나님은 믿는 사람들을 위한 공간을 완전하게 마련하시고 믿는 사람들을 모두 그 안으로 들여보낸 다음 심판하실 것이다. 우리의 구원의 길을 예비하시고 우리에게 그것을 가르쳐 주시고 그리고 들어가게 한 다음 하나님은 심판하실 것이다. 이 얼마나 놀라운 은혜인가?

창세기 6:17 내가 홍수를 땅에 일으켜 무릇 생명의 기운이 있는 모든 육체를 천하에서 멸절하리니 땅에 있는 것들이 다 죽으리라

	מַיִם	אֶת־הַמַּבּוּל	מֵבִיא	הִנְנִי	וַאֲנִי
음역)	마임	하마불—에트	메이비	힌니	바아니
직역)	물들의	마불(물이 하늘만큼 넓은 대야)을	나는 오게 만들 것이다	나를 보라	그리고 나

	מִתַּחַת	חַיִּים	רוּחַ	אֲשֶׁר־בּוֹ	כָּל־בָּשָׂר	לְשַׁחֵת	עַל־הָאָרֶץ
음역)	미타하트	ㅎ카임	루아ㅎ크	보-아쉐르	바사르—콜	러샤ㅎ케이트	하아레쯔—알
직역)	아래로부터	생명의	루아흐(영)	그 안에—있는	육체—모두	망가뜨리기위해	그 땅 —위에

	הַשָּׁמָיִם	כֹּל	אֲשֶׁר־בָּאָרֶץ	יִגְוָע׃
음역)		하샤마임	콜	바아레쯔—아쉐르	이그바
직역)		그하늘	모두	그 땅 안에 있는	그가 멸절시킬 것이다

    본문은 '나, 나를 보라'는 구문으로 시작하는데 이것은 아주 특이하다. 성경에서 이와 같은 구문으로 시작하는 절이 본 절을 포함하여 다섯 번 나온다(창 6:17, 9:9, 출 14:17, 렘 26:14, 40:10). 하나님은 노아로 하여금 구원의 길을 예비하게 하신 다음, 이제 노아에게 하나님께서 하실 일을 말씀하시겠다는 의지를 보여주는 말씀이다. 네가 구원의 길을 모두 준비하면 나는 내가 준비한 일을 하겠다. 즉 이제 하나님이 일하실 차례가 되었다는 말씀을 하신 것이다.

    본문에 쓰인 '보라'의 히브리어 단어 "הִנְנִי 힌니'를 좀 더 구체적으로 살펴보면 본문을 이해하는데 도움이 될 것이다. 본문은 '나는, 보라, 바아니 힌니'וַאֲנִי+הִנְנִי'인데 영어 번역본 대부분은 '보라 나는, behold, I'로 번역하였다. 그러나 한글 개역개정 번역본은 본문에서 הִנְנִי 힌니'를 번역하지 않

았다. 위에서 살펴본 대로 본문과 일치하는 형태의 구문이 성경에서 다섯 번 나오는데(창 6:17, 9:9, 출 14:17, 렘 26:14, 40:10) 이 가운데 예레미야에 나오는 두 번만 '보라'로 번역하고 나머지 세 곳은 번역하지 않았다. 본문에서 이 단어를 번역하지 않으므로 본문의 의미를 분명하게 나타내지 못하였다. 물론 '힌니 הִנֵּנִי'를 '내가 여기 있다'로 번역할 수 있지만 그렇게 번역하는 경우는 모음부호가 조금 다르게 쓰인 경우가 많다. 'הִנֵּה 힌니'의 기본형이 '히네이 הִנֵּה'인데 이 단어는 성경에서 1000번 이상 쓰였는데 창세기에서 몇 절만 찾아 비교하며 읽어보면 본문을 이해하는데 도움이 될 것이다.

창세기 1:29 하나님이 이르시되 내가 온 지면의 씨 맺는 모든 채소와 씨 가진 열매 맺는 모든 나무를 너희에게 주노니 너희의 먹을 거리가 되리라

창세기 1:31 하나님이 지으신 그 모든 것을 보시니 보시기에 심히 좋았더라 저녁이 되고 아침이 되니 이는 여섯째 날이니라

창세기 6:13 하나님이 노아에게 이르시되 모든 혈육 있는 자의 포악함이 땅에 가득하므로 그 끝 날이 내 앞에 이르렀으니 내가 그들을 땅과 함께 멸하리라

창세기 6:17 내가 홍수를 땅에 일으켜 무릇 생명의 기운이 있는 모든 육체를 천하에서 멸절하리니 땅에 있는 것들이 다 죽으리라

창세기 22:1 그 일 후에 하나님이 아브라함을 시험하시려고 그를 부르시되 아브라함아 하시니 그가 이르되 내가 여기 있나이다

창세기 22:7 이삭이 그 아버지 아브라함에게 말하여 이르되 내 아버지여 하니 그가 이르되 내 아들아 내가 여기 있노라 이삭이 이르되 불과 나무는 있거니와 번제할 어린 양은 어디 있나이까

창세기 11:27 데라의 족보는 이러하니라 데라는 아브람과 나홀과 하란을 낳고 하란은 롯을 낳았으며

창세기 1:18 낮과 밤을 주관하게 하시고 빛과 어둠을 나뉘게 하시니 하나님이 보시기에 좋았더라

창세기 17:4을 읽어보면 ' "보라" 내 언약이 너와 함께 있으니 너는 여러 민족의 아버지가 될지라'고 하였는데 히브리어로 앞 세 단어만 읽어보면 'אֲנִי הִנֵּה בְרִיתִי' 아니 히네이 버리티'로, 의미를 따라 해석하면 '보라 나로 말할 것 같으면 나의 언약을 이렇게 하겠다'는 뜻으로, 말하는 사람의 강한 의지를 표현하는 말이다.

본문에 나오는 'אֲנִי הִנְנִי 아니 힌니'를 문자적으로 번역하면 '나, 나를 보라'인데 이 또한 문장의 의미를 따라 해석하여 보면 '나를 보라, 나는 .... 하겠다'로 말하는 사람의 의지를 표현하는 말이다. 다시 말해서 16절까지는 노아가 해야 할 부분이고, 이제 17절은 하나님이 하실 부분을 노아에게 알려주는 말씀이다. 그리고 18절부터는 노아가 준비해야 할 것을 추가적으로 알려주시는 말씀이다.

노아야 내가 너에게 말한 너의 구원의 방법인 상자를 완성하면 나는 세상을 쓸어버리기 위하여 즉시 물의 마불을 보낼 것이다.

아마도 노아는 자신이 만들고 있는 상자가 무엇을 위하여 사용할 것인지 몰랐을 것이다. 그래서 지금 하나님은 노아에게 그 상자(방주)의 용도를 알려 주시려고 말문을 열고 계신다.

> 나는 홍수를 일으키고 네가 만든 상자는 너와 너의 가족의 피난처가 될 것이다(Abarbanel).

이 구문에서 우리가 주의 깊게 보아야 할 단어는 바로 '나, 나를 보라'는 구문이다. 이 구문을 머리에 그림으로 그려보면 이해하기 쉬울 것이다. 하나님은 지금 노아 앞에 서 계시면서 노아에게 친히 말씀하신다. 하나님 자신이 직접 하실 일을 노아에게 말씀하신다. 하나님이 노아에게 친히 이 말씀을 하셨다는 것은 '대홍수는 자연 현상이 아니라 특별한 하나님의 섭리로 일어 난 것'임을 분명하게 알려주는 말씀이다. 그러므로 홍수가 자연 현상이라고 말하는 사람들의 말문을 닫게 하는 말씀을 본 절에서 하신 것이다.

유명한 유대인 주석가인 라쉬(Rashi)는 미드라쉬(Midrash)를 인용하여 본문에 사용된 '나, 나를 보라'는 구문을 시편을 해석하면서 사용하였다.

> 나를 보라. 나는 내가 오래 전에 나보다 조금 못하게 지은 사람에게 내가 할 일을 가르쳐 주기 위하여 의논해야 한다.
> 그래서 그들이 준비하게 해야 한다(시 8:5, 한글 4절).
>
> 사람이 무엇이기에 주께서 그를 생각하시며 인자가 무엇이기에 주께서 그를 돌보시나이까(시 8:4)

람반(Ramban)은 라쉬가 인용한 미드라쉬는 이해하기 어려운 설명이라고 하였다. 왜냐하면 하나님은 노아와 그의 가족에게 그리고 생명을 가진 모든 피조물 가운데 아주 제한적으로 은혜를 주셔서 하나님의 뜻대로 그들을 구원하시어 땅에 존재하게 하실 것이기 때문이다. 여기서 하나님은 하나님이 친히 사용하시는 '물의 마불'을 도구로 하나님의 은혜를 받은 자와 은혜를 입지 못한 자의 운명을 나누신다. 성경을 읽는 독자 여러분은 '내가 하나님의 은혜를 받은 자로서 하나님 자신이 행하시는 심판에서 구원받을 자로 구별되었다'는 것을 확신하는가? 하나님이 우리에게 '나를 보라, 나는 너에게 구원의 방법을 가르쳐 주었는데 그것이 완성되면 내가 일할 차례라는 것을 말씀하실 수 있도록 하나님이 우리에게 말씀하신 일을 다 이루었는가? 아니라면 어서 빨리 하나님이 우리에게 말씀하신 일을 이루는 자리로 나가는 것이 은혜라는 것을 깨닫고 하나님 앞에서 하나님의 말씀을 이루며 걸어가는 사람이 되어야 한다.

하나님은 '나를 보라' 하시면서 자신의 존재를 확인시키신다. 하나님은 은혜 줄 자에게 은혜를 주시기 위하여 지금도 우리 앞에 서 계신다는 것을 믿어야 한다. 하나님이 바로 내 앞에 계시다는 것을 가르쳐 주시는 말씀을 들을 수 있어야 한다. 우리가 하나님을 인식하고 하나님께 돌아오는 순간, 하나님은 하나님의 일을 이루어 가시기 위하여 우리 앞에 서 계시다는 것을 확인시켜 주시기 위하여 '나를 보라'고 말씀하신다. 지금 노아 앞에 계시는 하나님은 하나님의 일을 이루실 것이라고 말씀하신다. 이처럼 어떤 사건을 일으킨다는 말을 하나님은 '오게 만들 것이다'는 표현으로 말씀하셨다. 하나님이 가장 먼저 오게 하시는 것, 일어나게 하시는 사건은 '물의 마불을 오게 만든다는 것'이다. 이 구문 또한 해석하기 어렵다. 한국말로 '홍수'라고 하였는데 이는 단순히 비가 많이 오는 것을 의미하지 않는다. 이 특별한 구문에 쓰인 단어 '마불 מַבּוּל'은 지구의 대 격변을 일으키는 비참한 사건의 도구를 말한다. 하나님은 이 '마불'을 사용하여 땅을 청소하시겠다는 말씀이다. 창세기 7:6을 한글번역으로 읽어 보면 '홍수가 땅에 있을 때에 노아가 육백 세라' 이 구문을 조금 다르게 번역하면' 그 마불은 그 땅 위에 있는 물이라'할 수 있다. 이 말을 깊이 생각해보면 '땅 위의 물' 즉 '마불'은 하늘의 기원을 가리키는 것으로 보인다. 그러므로 본문에 쓰인 '마불 מַבּוּל' 은 창조 두 번째 날, 물을 윗물과 아랫물로 나뉘게 하라 하였을 때, 바로 윗물의 기원을 말한다. 그러면 '홍수'로 번역된 단어를 좀 더 주의 깊게 살펴 보는 것이 좋겠다.

본문에 사용된 '마불 מַבּוּל'이라는 단어를 일반적으로 '홍수'라 번역하였는데, 이 단어의 근원은 단순한 홍수보다는 지구상에 존재하는 생명체의 삶의 파괴를 의미하는 전적인 멸망과 관련이 있다. '마불 מַבּוּל'은 물, 불, 우박의 덩어리 같은 것이 하늘에서 떨어지는 것을 말할 때 사용하는 단어이다.

그러므로 본문에 나오는 '물들의 마불'은 '물들의 덩어리' 또는 '물의 대야'라고 할 수 있다. 단순하게 많은 비가 내리는 것이 아니라 윗물을 막고 있는 문이 열리니 물이 덩어리가 되어 쏟아지는 것과 같은 것을 말하거나 대야의 물을 쏟는 것 또는 댐의 수문이 열려 물이 쏟아지는 것과 같은 장면을 연상하게 한다.

그 다음 구문은 하나님이 왜 '물의 마불'을 이 땅위에 보내는지에 대하여 노아에게 그 이유를 설명한다. 하나님께서 물의 마불을 보내시는 이유는 모든 육체를 파괴하기 위함이다. 하나님이 모든 육체를 파괴하는 이유는 그것들이 완전하게 타락하였기 때문에(12절) 벌로 주어지는 것처럼 설명한다. 즉 모든 타락한 육체를 파괴하신다고 선고 공판을 내리시는 장면이다. 이때 동물들도 함께 심판을 받는 이유는 무엇인가? 사람을 제외한 지상에 존재하는 모든 피조물은 사람을 위하여 하나님께서 창조하셨다. 그러므로 사람을 멸절시킨다면 다른 피조물은 존재할 이유가 없기 때문에 하나님께서 사람과 함께 그들 모두를 멸절시키는 것은 아주 당연하다(Midrash Hagadol, Rashi).

본 절의 마지막 구문을 읽어보면 '그 안에 있는 모든 것을 멸절시킬 것이다'고 하나님은 노아에게 말씀하셨다. 이는 윗물, 공중 그리고 그 아래 까지 모두를 포함하여 말하는 것이다. 즉 우주로부터 중간에 있는 것, 땅에 있는 것 그리고 그 아래에 있는 모든 것을 다 멸절시킬 것이다. 이는 아직 모든 것이 멸절되지 않은 상태이다. 본문에서 육체라고 할 때에 이는 사람의 육체만 말하는 것이 아니다. 그 안에 존재하고 있는 하늘의 별, 짐승 등 모든 것을 멸절시키기 위해 이렇게 하셨다. 방주 안에 있는 생명인 육체만 살려두고 나머지는 모두 멸절시킬 것이다. 하나님은 노아에게 말씀하시기를 '네가 상자를 만드는 일을 마치면 그 때 내가 이렇게 할 것이라고 노아 앞에서 노아에게 친히 말씀하신 것이다.

'멸절 시키다'는 말로 쓰인 '가바 גָוַע'는 '기간이 만료되었다'는 말로도 쓰인다(창 25:8, 17, 35:29, 49:33). 이 말은 못 쓰게 되었다는 말이 아니라 '사용기간'이나 '유통기간'이 지나갔다는 말이다. 다시 말해서 이제 폐기처분할 시간이 되었다는 말이다. 그러므로 이 단어는 의인들에게도 사용되는 것을 볼 수 있다. 특별히 족장들의 죽음을 말할 때도 이 단어를 사용하였다(창 25:8, 35:29, 49:33).

람반(Ramban)은 25:17을 인용하여 설명하기를 '이스마엘의 기간이 만료되었다'고 말한 다음 바로 다음 구문에서 '그가 죽었다'고 표현한 것을 예로 들어 다음과 같이 설명하였다.

> '가바 גוע'는 죽었다는 의미보다는 기간이 만료되어 더 이상 존재할 수 없음을 말하는 것이지 죽음을 말하는 것은 아니다. 단순한 육체적 죽음을 말할 때는 죽었다는 단어가 따라온다(창 25:8, 17).

허쉬(Hirsch)는 이 단어를 아주 특별하게 해석하였다. '가바 גוע'는 어원적으로 '반응이 없고 감정이 없는 물질'에서 파생되었다고 했다. 그래서 '죽음'은 고통과 감정이 없는 과정이라고 설명하였다. 그러므로 노아는 그의 세대 사람들이 고통 없이 죽을 것을 확신했다고 하였다(창 7:21-23).

하나님은 노아 앞에 나타나셔서 지금 자신을 보라고 하신다음, 노아에게 모든 것의 기간이 만료되어 멸절시킬 것이다라고 말씀하신다.

> 내가 이런 일을 이루기 전에 네가 할 일이 있으니 이제 내가 말할 것이다.

이제 하나님이 노아에게 하실 말씀이 18절부터 이어지는데, 이 말씀은 하나님이 물의 마불을 보내기 전에 노아가 해야 할 일들이다.

하나님은 어떤 일을 이루실 때 하나님의 사람들에게 하나님이 행하실 일을 미리 알려주시기도 하신다. 현대 성경 독자 여러분도 하나님의 세미한 음성을 듣고 하나님이 원하시는 일을 이루는 진정한 하나님의 사람들이 되기를 기원한다.

창세기 6:18 그러나 너와는 내가 내 언약을 세우리니 너는 네 아들들과 네 아내와 네 며느리들과 함께 그 방주로 들어가고

	וַהֲקִמֹתִי	אֶת־בְּרִיתִי	אִתָּךְ	וּבָאתָ	אֶל־הַתֵּבָה
음역)	바하키모티	버리티-에트	이타ㅋ흐	우바타	하테바-엘
직역)	나는 세우도록 만들 것이다	나의 언약을	너와 함께	너는 올 것이다 그리고	그 상자에

	אַתָּה	וּבָנֶיךָ	וְאִשְׁתְּךָ	וּנְשֵׁי־בָנֶיךָ	אִתָּךְ:
음역)	아타	우바네이ㅋ흐	버이쉬터ㅋ하	바네이ㅋ하-우너쉐이	이타ㅋ흐
직역)	너	너의 아들들 그리고	그리고 너의 부인	너의 아들들의- 부인들 그리고	너와 함께

성경에서 '언약, 버리트 בְּרִית'라는 단어가 처음으로 나온다. 하나님은 노아에게 말씀하신다.

'나는 언약을 세우도록 할 것이다. 나의 언약을 너와 함께'

성경에서 아주 중요한 용어이며 성경에서 매우 중요한 개념을 가지는 용어 중의 하나인 '버리트 בְּרִית 언약'이라는 단어가 심판을 앞두고 처음 나왔다는 것은 아주 특이하다. '버리트 בְּרִית'는 하나님과 사람, 특히 하나님과 이스라엘 사이의 관계를 위해 사용되는 특별한 용어이다. 독자가 성경을 읽어나가다 본 절에 이르렀을 때 처음 만나는 '버리트 בְּרִית'는 하나님께서 새로운 언약을 세우는 것인지 아니면 이미 있는 것을 성취하는 것인지 그 의미를 바르게 이해하는 것은 쉬운 일이 아니다. 유대인 성경학자들은 대체로 후자에 무게를 실어준다. 본문에 나오는 언약의 의미는 창세기 1:28에서 하나님이 아담에게 약속하신 신령한 복이 노아와 그의 계보를 통하여 성취된다는 것을 하나님이 가르쳐주는 장면이다. 다시 말해서 노아와 그의 가족은 세상을 멸절시키는 하나님의 심판 가운데 살아남을 것이며 그 거대한 사건 이후에 하나님은 노아 가족을 통하여 세상을 다시 시작할 것이라는 확신을 주시는 언약이다.

그러나 하나님은 아담에게 신령한 복을 약속하실 때 '버리트 בְּרִית 언약'이라는 단어를 사용하지 않았다. 본 절에 와서 하나님은 언약이라는 특별한 용어를 사용하시면서 노아에게 무조건적인 복과 보증을 주신다. 창세기 6:8에서 우리가 살펴본 대로 하나님은 노아를 은혜의 눈으로 바라보아 주셨다. 노아는 그 은혜로 인하여 의로운 자가 되었으며 하나님의 사람으로 하나님의 언약의 당사자가 되어 아담의 복을 계승하게 되었다. 그 결과가 창세기 8:17-9:1에 나오는 것을 읽을 수 있다. 하나님께서 노아가 만든 상자 안에 있는 모든 생명체를 밖으로 나오게 하시면서 최초의 사람 아담에게 주셨던 복을 노아에게 주시는 것을 알 수 있다. 그러므로 아담이 받았던 신령한 복이 노아에게로 넘어온 것을 분명하게 알 수 있다.

하나님은 특별히 이 언약을 '나의 언약'을 세울 것이라고 말씀하신다. 이 언약은 어떤 언약인가? 여기서 언약이라는 말을 처음 하고 있다. 예레미야 33:25을 읽어보면 본문을 이해하는데 도움이 될 것이다.

> 여호와께서 이와 같이 말씀하시니라 내가 주야와 맺은 언약이 없다든지 천지의 법칙을 내가 정하지 아니하였다면

이 말씀을 깊이 묵상해 보면 언약은 창조 때부터 이미 있었다. 그런데 사람들이 모든 것을 망가뜨렸다. 그래서 하나님이 지금 노아에게 다시 언약

의 말씀을 분명하게 말씀하신다. 하나님께서 언약을 말씀하실 때에는 언제나 은혜를 주기위하여 말씀하는 것이지 심판을 내리기 위해서 말씀하는 것은 아니다. 심판은 내리지 않으면 안 될 때 어쩔 수 없이 심판을 내리시는 것이지 아무 때나 내리지 않으신다(Pesachim 68b; Midrash HaGadol). 아바르 바넬(Abarbanel) 또한 예레미야의 이 구절을 인용하여 하나님의 창조 행위를 하나님의 언약으로 간주하며 해석하는 것을 볼 수 있다. 그는 본 절이 하나님께서 창조의 6일 동안 만드신 것이 언약이라는 것을 설명하는 구절이라고 하였다. 특별히 창 1:6을 읽어보면 '물 가운데 궁창이 있어 물과 물로 나뉘라'말씀하셨다. 그리고 7절은 궁창 아래의 물과 궁창 위의 물로 나뉘게 하셨다.

하나님은 이미 노아에게 말씀하셨다. 물의 마불이 오게 만들 것이라고 하였는데 이는 이미 창조 언약에 근거한 것임을 우리는 알 수 있다. 하나님은 창조 때 이미 궁창 윗물과 궁창 아랫물을 나누어 놓으시고 궁창 아랫물은 한 곳에 모이게 하셨다(창 1:6-9). 그런데 지금 하나님께서는 물의 마블을 땅위에 오게 만들겠다고 말씀하신 다음 노아와 다시 언약의 말씀을 나누고 있다. 이는 노아와 노아의 가족을 구원하기 위한 은혜의 언약이라는 것을 본 절이 가르치고 있다. 할렐루야!

다음 구문을 읽어보면 하나님은 노아에게 '그 상자에 오라'고 하신다. 이 말씀은 노아가 만든 상자 안으로 들어가라는 말씀이 분명하다. 그러나 이 말씀은 단순한 명령이 아니라 신성한 약속임에 틀림없다. 그 상자는 노아의 가족뿐만 아니라 지금 살아있는 수많은 생물이 다 타기에는 너무 작았지만 하나님께서는 그 상자 안에 들어갈 대상을 선택하여 주셨다. 이 말씀은 구원의 초청이며 은혜 언약의 성취이다(Ma'aseh Hashem, HaKsav V'Hakaballah).

계속하여 다음 구문을 읽어보면 아주 특별한 사실을 발견할 수 있다. 노아가 만든 상자 안으로 들어가는 순서를 하나님께서 말씀하신다. 하나님은 노아에게 매우 구체적으로 말씀하시는 것을 볼 수 있다. 하나님은 말씀하신다.

> 너 그리고 너의 아들들 그리고 너의 부인 그리고 너의 아들들의 부인들, 너와 함께

하나님께서 상자 안으로 들어가는 순서를 말씀하시는데 특이하게 남자를 먼저 말씀하시고 나중에 여자를 말씀하신다. 또 남자 가운데 제일 먼저 노아 그리고 그의 아들들을 말한다. 일반적으로 생각해 보면, 노아가 태워야할 모든 것을 태우고 난 뒤 제일 마지막에 탈 것 같은데 하나님은 노아를 제일 앞자리에 두셨다. 그리고 여자들의 순서를 말씀하실 때도 노아의 부인이 먼저 언급된다. 이는 분명 하나님의 특별한 뜻이 있음에 틀림없다.

노아가 만든 상자는 생명을 유지하고 보존하는 장소이지 생육하고 번성하는 장소는 아니다. 그러므로 남자와 여자 또는 암컷과 수컷이 관계하여 생육하고 번성하는 장소가 아니기 때문에 하나님은 1년 동안 그것을 막으신 것 같다. 후에 상자에서 나오는 순서를 가르쳐주는 창세기 8:16을 읽어보면 분명하게 이해할 수 있을 것이다. 그 상자에서 나올 때는 남녀 또는 수컷과 암컷으로 짝을 지어 나오게 한 것을 볼 수 있다. 그리고 생육하고 번성하라고 말씀하신다(Talmud Yerushalmi Taanis 1:6, Talmud Bavli Sanhedrin 108b). 하나님의 말씀은 정말 오묘하고 신비로운 것을 알 수 있다. 하나님의 말씀은 일점일획도 오류가 없다는 것을 온전히 믿고 하나님의 말씀 앞에 겸손하게 서야 한다. 그리고 두렵고 떨리는 마음으로 말씀을

읽고 간절한 마음으로 받고 연구하여야 할 것이다.

　　히브리어 성경으로 본 절을 읽을 때 마지막 단어는 '너와 함께'인데, 한글 성경에서는 단순하게 '함께'라고 번역하였다. 그러나 히브리어로 주의 깊게 읽어보면 단순한 단어가 아닌 것을 알 수 있다. 히브리어로 읽어보면 '이타ㅋ흐 אִתָּךְ'인데 전치사 '에트 את,'에 대명사 접미사 2인칭 여성 단수가 첨가 되었다. 그러므로 문자적으로 읽고 번역하면 '너(여자)와 함께'이다. 이는 하나님께서 노아에게 말씀하고 계시는 것이 분명한데 왜 여성형 2인칭 접미사를 사용하였는가 하는 의문이 생긴다. 이는 언약의 당사자가 노아만이 아니라 노아의 후손 전체를 포함하는 의미로 읽어야 한다. 그리고 여성형으로 사용한 것은 노아를 통하여 앞으로 이루어질 하나님 나라 공동체를 가리키는 것으로 이해하는 것이 바람직할 것이다. 즉 하나님의 언약은 하나님의 공동체를 이루기 위한 하나님의 언약이기에 하나님은 너를 통하여 이루어질 공동체와 세우신다는 것이다. 이와 똑같은 표현을 성경에서 찾아 읽어 보면 이해하기 쉬울 것이다.

창세기 6:8 그러나 노아는 여호와께 은혜를 입었더라

יְהוָֽה׃ פ　　בְּעֵינֵ֥י　　חֵ֖ן　　מָ֥צָא　　וְנֹ֕חַ

하쉠임 ㅍ　버에이네이　ㅎ케인　마짜　버노아ㅎ크

창세기 17:4 내가 너와 내 언약을 세우니 너는 열국의 아비가 될찌라

אֲנִ֕י הִנֵּ֥ה בְרִיתִ֖י אִתָּ֑ךְ וְהָיִ֕יתָ לְאַ֖ב הֲמ֥וֹן גּוֹיִֽם׃

고임　하몬　르아브　바하이타　이타ㅋ흐　브리티　힌네　아니

에스겔 16:62 내가 네게 내 언약을 세워
내가 여호와인 줄 네가 알게 하리니

וַהֲקִימוֹתִ֨י אֲנִ֤י אֶת־בְּרִיתִי֙ אִתָּ֔ךְ
이타크흐 버리티-에트 아니 바하키모티

וְיָדַ֖עַתְּ כִּֽי־אֲנִ֥י יְהוָֽה׃
하쉐임 아니-키 버야다아트

위의 성경을 주의 깊게 읽어보면 하나님의 언약은 영원한 언약임을 가르쳐 주는 구문이 분명하다. 하나님은 한 번 언약하신 것은 반드시 이루시는 '엘 샤다이 אֵל שַׁדַּי' 이시다. 하나님의 영원한 언약이 우리에게까지 이른 것이며 앞으로 영원히 있을 것이다.

260 | 변순복과 함께하는 모세오경 여행 ② **아담에서 셋 그리고 노아**

창세기 6:19 혈육 있는 모든 생물을 너는 각기 암수 한 쌍씩 방주로 이끌어 들여 너와 함께 생명을 보존하게 하되

	תָּבִיא	מִכֹּל	שְׁנַיִם	מִכָּל־בָּשָׂר	וּמִכָּל־הָחַי
음역)	타비	미콜	쉬나임	바사르—미콜	하ㅎ카이—우미콜
직역)	오도록 만들어라	모두로부터	둘	육체의—모두로부터	그 살아 있는—모두로부터

	יִהְיוּ׃	וּנְקֵבָה	זָכָר	אִתָּךְ	לְהַחֲיֹת	אֶל־הַתֵּבָה
음역)	이허우	우네케바	자카르	이타크	레하하요트	하테이바—엘
직역)	그들이 있을 것이다	여성	남성	너와 함께	살게 하기 위하여	그 상자—에

하나님은 그 상자 안에 태워야 할 대상을 노아에게 말씀하신다. 가장 먼저 '살아있는 모두로부터'라 하였는데 이는 '지구가 타락한 상태에 있을지라도 아직은 생명을 유지하고 있는 모든 것'을 가리킨다. 그리고 특별히 '육체 בָּשָׂר'를 말하는 것은 살아있는 것 가운데 식물은 제외된다는 것을 가르쳐 주는 구문이다. 하나님의 말씀은 언제나 그러하듯이 매우 분명한 것을 알 수 있다. 그러므로 하나님의 말씀은 읽으면 읽을수록, 연구하면 할수록 신비하고 오묘하고 놀라울 뿐이다.

하나님은 노아에게 최소한의 것을 지금 요구하시고 계신다. 지상에 살아있는 생명을 가진 육체의 생명을 보존하기 위하여 노아가 만든 상자에 그것들의 최소의 수를 태우라는 것이다. 생명을 유지하고 보존하여 홍수 후에 그 모든 종이 지상에 존재하도록 하기 위하여 모든 종의 암수를 그 상자 안에 태우라고 말씀하신다.

람반(Ramban)은 '코끼리와 같은 거대한 짐승들이 과연 노아가 만든 그 상자 안에 모두 들어갈 수 있을까'라며 의문을 제기하기도 하였다. 람반의 말을 빌리면 노아가 만든 것과 같은 상자가 10개는 있어야 모든 종의 짐승들이 들어갈 수 있을 뿐만 아니라 그것들이 1년 동안 필요한 양식을 실을 수 있을 것이라 하였다. 그러나 그 작은 상자에 모든 것이 들어갈 수 있었다는 것 그것이 하나님이 만드신 기적이라고 람반은 말하였다. 하나님이 노아에게 만들라고 지시하신 상자는 아주 작은 것도 아니며 그렇다고 매우 큰 것도 아니다. 하나님께서 이 정도의 크기로 만들게 한 것 또한 이유가 있다고 람반은 말하며 두 가지 이유를 제시했다.

> 첫째, 그 당시 사람들의 입장에서 보면 그 상자의 구조는 상당히 크게 보였다. 이는 그 구조물을 바라보는 사람으로 하여금 회개하는데 영향을 주기 위함이다.
> 둘째, 구조물이 너무 크면 클수록 하나님이 보내는 기적이 덜 드러난다. 사람들에게 이 모든 일은 기적이라는 것을 알려주기 위함이다.

하나님은 이제 그 살아 있는 육체들이 너에게 오는 것을 막지 말라고 말씀하신다. 그 짐승들이 너에게로 와서 너와 함께 하도록 하라고 하신다. 이 말씀은 네가 짐승들을 모아 데리고 와서 그 상자에 태우라는 말씀은 아니다(Ibn Ezra). 다음 절에서 말하는 바와 같이 그들 스스로가 방주를 향하여 올 것이니 너는 그들이 들어오는 것을 허락하라는 말씀이다(Midrash HaGadol).

그리고 하나님은 노아에게 자신의 삶을 위해 노력하는 것처럼 그 모든 짐승들을 위해 노력하라고 말씀하셨다(Ramban). 하나님은 계속하여 말씀하시기를 짐승은 짐승 자신을 위하여 살 가치는 없으며 의로운 노아가 있기 때문에 그 짐승은 살아 남아야 한다고 말씀하신 것이다. 하나님이 노아를 은혜의 눈으로 보아 주어 의인으로 만들어 주시지 않았다면 세상은 사라졌을 것이라고 알쉬흐(Alshich)는 말하였다. 그래서 하나님은 노아에게 '너와 함께 살게 하기 위하여'라 말씀하신 것이다. 이렇게 그들이 살기 위해서는 암컷과 수컷이 필요하기에 하나님은 각각의 짐승들이 종류대로 둘씩 필요하다고 말씀하신 것이다. 그래서 그들이 둘씩 노아와 함께 있을 것이라고 하나님은 노아에게 말했다.

창세기 6:20 새가 그 종류대로, 가축이 그 종류대로, 땅에 기는 모든 것이 그 종류대로 각기 둘씩 네게로 나아오리니 그 생명을 보존하게 하라

	רֶ֫מֶשׂ	מִכֹּל	לְמִינָהּ	וּמִן־הַבְּהֵמָה	לְמִינֵהוּ	מֵהָע֣וֹף
음역)	레메스	미콜	러미나흐	하버헤이마 –우민	러미네이후	메하오프
직역)	기는 것	모두로부터	그녀의 종류대로	그 짐승–부터 그리고	그들의 종류대로	그 새로부터

	לְהַחֲיֽוֹת׃	אֵלֶ֖יךָ	יָבֹ֥אוּ	מִכֹּ֛ל	שְׁנַ֧יִם	לְמִינֵ֑הוּ	הָאֲדָמָ֖ה
음역)	러하하요트	에일레이카	야보우	미콜	쉬나임	러미네이후	하아다마
직역)	살기 위하여	너에게	그들이 올 것이다	모두로부터	둘	그들의 종류대로	그 땅의

본문은 살아있는 육체를 가진 것의 종류를 구체적으로 나열하는데 특별히 모든 종을 말할 때 '그(그녀, 그들)의 종류에 따라'라는 말을 반복하여 사

용하였다. 이는 다른 종과 교미하여 잡종이 태어난 것과 구별하기 위하여 특별하게 사용한 특수한 구문으로 읽어야 한다. 다른 종과 결합하여 죄를 범한 짐승은 제외되었다(Sanhedrin 108b). 이것은 그 짐승의 순수한 혈통을 보존하지 못하였기 때문에 그런 종은 제외하고 순수 혈통을 지닌 짐승만 하나님께서 노아에게 나오게 한다는 말씀이다(Rashi; Mizrachi). 이 말씀은 하나님께서 창조 다섯째 날에 궁창과 땅에 존재하는 모든 짐승들을 종류대로 만드신 것을 상기시키며 하나님께서 창조 당시에 창조하신 종류대로 그들 스스로가 노아에게 나오도록 하나님께서 만들겠다는 말씀이다.

그 모든 종들이 상자 안에 있는 노아에게로 나아오도록 하나님께서 모든 종의 짐승들을 인도하셨다. 왜냐하면 하나님께서 물의 마불로 인하여 모든 것을 멸절하실 때 그것들을 살아남게 만들기 위하여 지금 하나님은 그 모든 종의 종류대로 노아에게 오도록 만들고 계신다. 이는 노아가 짐승들을 불러 모으지 않았다는 것을 다시 한 번 강조한 말씀이다. 즉 하나님께서 하나님이 창조하신 것 가운데 살려야 할 것을 창조하신 모든 종류대로 노아가 만든 상자에 타도록 만드셨다. 그것도 수컷과 암컷이 같이 나아오도록 하셨다는 것이다. 하나님은 피조물도 이렇게 살리기 위하여 모든 것을 예비하시는데 하나님이 선택한 하나님의 사람들은 얼마나 완벽하게 돌보시겠는가? 언약을 이루시고 지키시는 하나님을 의지하고 그분이 말씀하시는 대로 행하는 진정한 하나님의 사람이 되면 하나님은 어떠한 환경에서도 하나님의 영광을 나타내는 사람으로 사용하실 것이다. 할렐루야!

창세기 6:21 너는 먹을 모든 양식을 네게로 가져다가 저축하라 이것이 너와 그들의 먹을 것이 되리라

	יֵאָכֵל	אֲשֶׁר	מִכָּל־מַאֲכָל	קַח־לְךָ	וְאַתָּה
음역)	예이아케일	아쉐르	마아ㅋ할 –미콜	러ㅋ하 –카ㅎ크	버아타
직역)	그것이 먹어질	..한	음식–모두로부터	너 자신을 위하여–취하라	너는 그리고

	וְלָהֶם	לְךָ	וְהָיָה	אֵלֶיךָ	וְאָסַפְתָּ
음역)	버라헴	러ㅋ하	버하야	에일레이ㅋ하	버아사프타
직역)	그리고 그들에게	너에게	그것이 있을 것이다 그리고	너에게	그리고 너는 모을 것이다

	לְאָכְלָה:
음역)	러아ㅋ흘라
직역)	음식으로

하나님은 노아에게 '먹을 것을 취하라'고 말씀하시는데 노아가 이 말씀을 듣고 어떻게 이해했을까? 성경을 읽고 연구하는 독자 여러분에게 하나님께서 지금 이 말씀을 하셨다면 쉽게 이해할 수 있을까 하고 생각해본다. 이해하기 어려운 말씀임에 틀림없다. 음식을 취하는데 어느 정도의 양을 취하여야 하는가? 몇 일분, 아니면 몇 달분을 취하여하는가? 기간을 알아야 계산을 해서 취할 것이 아닌가? 방주로 모아들여야 할 음식은 사람의 음식만이 아니라 모든 짐승들의 먹이까지도 모아들여야 한다. 하나님은 노아가 모아들인 것이 노아뿐만 아니라 모든 살아있는 동물의 먹이가 될 것이라고 말씀하셨다.

현대인의 상식으로는 이해하기 어렵다. 노아는 자신이 만든 상자 안에서 얼마나 머물러야 할지 알 수 없을 뿐만 아니라 그와 함께 상자 안에 머물게 될 모든 동물들의 식성을 알아야 할 것이다. 왜냐하면 동물들이 먹는 음식은 다양하기 때문이다. 그런데 그 종류대로 음식을 준비해야 한다면 얼마나 어려운 일인가? 이 말씀을 깊이 묵상해 보면 노아는 아담처럼 모든 동물들의 속성을 다 알고 있었던 것처럼 보인다. 그래서 노아는 그들에게 필요한 먹이가 무엇인지 알고 모았을 것이다. 그러나 얼마를 모아야 하는지에 대한 하나님의 말씀은 없기 때문에 노아는 당황하지 않았을까? 그러나 성경을 읽는 독자는 하나님이 노아에게 말씀해 주셨다고 생각할 수 있다. 왜냐하면 성경은 '노아는 하나님이 말씀하신 대로 다 준행하였다'고 말하기 때문이다. 성경은 홍수의 기간이 얼마인지 양식을 얼마나 준비해야 하는지 말하지 않지만 노아는 하나님이 말씀하신 대로 모두 이루었다(창 6:22, 7:5).

노아가 만들고 있는 상자는 노아 시대 사람들이 보기에는 매우 크다고 생각했을 것이다. 그러나 땅에 존재하는 모든 살아있는 짐승들이 다 들어간다고 생각하면 아주 작다고 생각할 수 있다. 성경을 읽고 깊이 묵상하며 연구하는 독자는 생각할 수 있다. 노아의 가족과 동물들은 그 상자 안에서 일 년을 보내야 하는데 많은 양식이 필요하지만 최소의 양식만 있어도 될 수 있다고 믿을 것이다. 왜냐하면 신약성경을 읽어보면 한 어린 아이의 도시락이 오천 명의 사람이 먹고도 남았다는 사실을 알고 있기 때문이다. 노아가 준비한 양이 어느 정도인지는 모르지만 그 상자 안에 있는 모두가 일 년을 먹을 만큼 모으지는 못했을 것이다. 하지만 하나님은 그것으로 그 상자 안에 있는 모두가 일 년을 먹고 남게 하였을 것이다. 신약에 나오는 모든 기적과 기사는 구약에 기초한 것으로 해석할 수 있다. 노아가 만든 상자는 기관실도 배의 키도 없는 단순한 상자이다. 그것이 그 큰 물의 마물을 견디어 내었다는 것 자체가 기적이다. 그리고 그 안에 있는 노아 가족과 모든 동물들이 일 년을 잘 살아 있을 수 있었다는 것 또한 기적이다. 이러한 기적은 노아가 하나님을 믿고 말씀대로 준행하였기 때문이다. 그러나 이러한 믿음 자체도 하나님이 먼저 노아를 찾아가 은혜의 눈으로 바라보아 주셨기 때문에 가능하였다. 그러므로 모든 것은 하나님의 은혜로 이루어진 것이다. 노아는 오직 하나님의 은혜로만 살았던 인물이다.

현대를 사는 하나님의 사람인 크리스천은 오직 하나님의 은혜로만 산다고 고백하는가? 오직 하나님의 영광을 외치는 크리스천은 그의 말대로 자신을 위한 삶의 자리를 내려놓고 하나님이 기뻐하는 자리에 서 있는가? 여전히 자신의 욕구를 충족시키기 위하여 하나님을 하나의 도구로 이용하지는 않는가? 노아처럼 자신의 모든 것을 내려놓을 때 하나님의 말씀이 임한다. 바울도 자신의 모든 것을 다 내려놓고 자기가 가장 소중한 것을 찾았다고 하였다. 가장 소중한 것을 발견하고 나니 그 이전에 자신이 중요하다고 생각하던 모든 것은 배설물과 같다고 하였다. 본문의 노아는 자신의 뜻을 내려놓을 때 하나님의 뜻을 이룰 수 있다는 것을 성경 독자들에게 보여준다. 성경은 우리에게 가르쳐준다.

내 뜻을 내려놓을 때 하나님은 기적을 만드신다.

노아도 하나님의 말씀대로 상자를 만들고 난 다음 그 상자 안으로 들어가려 할 때 그의 보기에 좋은 것, 탐스러운 것, 가지고 가고 싶은 것이 얼마나 많이 있었을까? 동물들과 함께 그 상자 안으로 들어가는 것이 얼마나 싫었을까? 그러나 노아는 그 모든 것을 내려놓고 하나님이 지시하신 대로 다 이루었다. 노아는 자기가 만든 상자를 자기 마음대로 사용하지 않았으며 자기가 좋아하는 것을 태우지 않았다. 오직 하나님의 말씀대로 다 준행하였다.

창세기 6:22 노아가 그와 같이 하여 하나님이 자기에게 명하신 대로 다 준행하였더라

	וַיַּעַשׂ	נֹחַ	כְּכֹל	אֲשֶׁר	צִוָּה	אֹתוֹ	אֱלֹהִים	כֵּן	עָשָׂה:
음역)	바야아스	노아ㅎ크	커ㅋ홀	아쉐르	찌바	오토	엘로힘	케인	아사
직역)	그가 했다	노아가	모두처럼	한	그가 명령하다	그에게	엘로힘이	그렇게	그가 했다

본문은 '아싸 עָשָׂה'를 두 번 사용하여 두 구문으로 나누는 것처럼 보인다. 본문을 시작하는 단어로 '아싸 עָשָׂה'는 '그는 만들었다(이루었다)'이다. 무엇을 이루었다는 말인가? 물론 '하나님이 명령한 모두대로 했다'고 하였다. 이는 아마도 이렇게 상자를 만들라고 말씀하신 것을 다 이루었다는 말로 보인다(Rashi). 노아는 상자를 완성한 다음 이제 다음 일을 해야 할 것이다.

그러므로 본 절 마지막에 나오는 단어 '그가 이루었다(했다)'는 말은 상자를 완성한 다음 해야 할 일 또한 하나님이 말씀하신 대로 그렇게 하였다는 결론적인 말을 한 다음, 노아가 해야 할 일은 창세기 7:1부터 구체적으로 나온다(Radak, Ramban). 그리고 창세기 7:5에서 이 일을 결론 지으며 본 절 처음에 사용된 단어와 똑같은 단어가 사용된다. 그러나 하나님의 호칭은 창세기 7:5과 본 절에서 다르게 사용되었는데 그 설명은 창세기 7:5을 공부할 때까지 미루어 두는 것이 좋을 것 같다.

그러므로 노아는 상자에 관한 하나님의 첫 번째 명령을 따라 즉시 상자 만들기를 시작하여 이제 완성하였다는 말이다. 그리고 홍수에 대비한 음식을 모으는 일과 동물들이 방주로 나아오도록 하는 일은 홍수가 시작될 때까지는 이루어지지 않았던 것으로 보인다(Malbim).

본문이 성경을 읽고 연구하는 독자에게 가르치는 것은 일의 시작이나 마지막이 모두 하나님의 손에 달려 있다는 것이다. 그러므로 일의 시작과 끝 모두 하나님의 말씀대로 이루어야 한다는 교훈을 준다. 노아는 시작도 하나님과 함께, 마감하는 일도 하나님과 함께 하였다. 현대 크리스천 또한 하나님과 함께 모든 일을 시작하고 마감하는 하나님과 함께하는 삶을 살아야 할 것이다. 본 장을 마감하면서 깊이 생각해보자!

우리는 언제나 하나님의 말씀대로 행하고 있는지?
아니면 내 마음대로 행하고 있는지?
아니면 하나님을 나의 뜻을 이루는 도구로 이용하고 있지는 않은지?

노아의 때(마 24:37-39, 눅 17:26-30)와 노아의 믿음(창 6:22, 7:5, 히 11:7, 벧전 3:20, 벧후 2:5)을 함께 읽으며 묵상하면 노아의 순종이 얼마나 큰 것인지 알 수 있을 것이다. 창세기 6장이 우리에게 가르치는 순종은 단순한 순종이 아니라 그 순종 자체에 생사가 달려 있다는 것을 가르쳐준다.

참고문헌

더 깊은 연구를 위해 읽으면 유익한 도서를 소개합니다.

Abbott, Walter M.; Gilbert, Arthur; Hunt, Rolfe Lanier; and Swain, J. Carter. *The Bible Reader: An Interfaith Interpretation.* New York: Bruce Publishing Co., 1969.

Adar, Zvi. *Humanistic Values in the Bible.* New York: Reconstructionist Press, 1967.

Adler, Morris. *The Voice Still Speaks.* New York: Bloch Publishing Co., 1969.

Aharoni, Yohanan, and Avi-Yonah, Michael. *The Macmillan Bible Atlas.* New York: Macmillan, 1976.

Alter, Robert. *The Art of Biblical Narrative.* New York: Basic Books, 1981.

Asimov, Isaac. *Animals of the Bible.* Garden City, New York: Doubleday, 1978.

Avi-Yonah, Michael, and Malamat, Abraham, eds. *Views of the Biblical World.* Chicago and New York: Jordan Publications, Inc., 1959.

Baron, Joseph L., ed. *A Treasury of Jewish Quotations.* New York: Crown Publishers, Inc., 1956.

Blumenthal, David R. *God at the Center.* San Francisco: Harper and Row, 1987.

Braude, William G., and Kapstein, Israel J., trans. Author unknown. *Tanna Debe Eliyahu.* Philadelphia: Jewish Publication Society, 1981.

Buber, Martin. *Moses.* New York: Harper and Row Publishers, Inc., 1958.

Bulka, Reuven P. *Torah Therapy: Reflections on the Weekly Sedra and Special Occasions.* New York: Ktav, 1983.

Chavel, Charles B., trans. *Ramban (Nachmanides) Commentary on the Torah.* New York: Shilo Publishing House, Inc., 1974.

Chiel, Arthur. *Guide to Sidrot and Haftarot.* New York: Ktav, 1971.

Chill, Abraham. *The Minhagim: The Customs and Ceremonies of Judaism, Origins and Rationale.* New York: Sepher-Hermon Press, 1979.

Cohen, Philip. *Rambam on the Torah.* Jerusalem: Rubin Mass Ltd. Publishers, 1985.

Culi, Yaakov. *The Torah Anthology, Yalkut Me'am Lo'ez.* Translated by Aryeh Kaplan. New York and Jerusalem: Maznaim Publishing Corp., 1977.

Danby, Herbert, trans. *The Mishnah.* London: Oxford University Press, 1933.

Deen, Edith. *All of the Women of the Bible.* New York: Harper and Brothers, 1965.

Doria, Charles, and Lenowitz, Harris, trans. and eds. *Origins, Creation Texts from the Ancient Mediterranean.* New York: Anchor Press, 1976.

Dresner, Samuel H., and Siegel, Seymour. *The Jewish Dietary Laws.* New York: Burning Bush Press, 1959.

Efron, Benjamin. *The Message of the Torah.* New York: Ktav, 1963.

Epstein, I., trans. and ed. *The Babylonian Talmud.* London: Soncino Press, 1952.

Fields, Harvey J. *Bechol Levavcha: With All Your Heart.* New York: Union of American Hebrew Congregations, 1976.

Freedman, H., and Simon, Maurice, trans. *Midrash Rabbah: Genesis,* Vols. I and II. London: Soncino Press, 1961.

Friedman, Alexander Zusia. *Wellsprings of Torah.* Compiled and edited by Nison Alpert. Translated by Gertrude Hirschler. New York: Judaica Press, 1986.

Friedman, Rikchard Elliott. *Who Wrote the Bible?* New York: Summit Books, 1987.

Fromm, Erich. *You Shall Be as Gods.* New York: Holt, Rinehart and Winston, 1966.

Frye, Northrop. *The Great Code: The Bible and Literature.* New York: Harcourt Brace Jovanovich Publishers, 1981.

Gaster, Theodor H. *Festivals of the Jewish Year.* New York: William Morrow and Co., Inc. 1953.

Gilbert, Martin. *Jewish History Atlas.* New York: Macmillan, 1976.

Ginzberg, Louis. *Legends of the Jews.* Philadelphia: Jewish Publication Society, 1968.

Glatzer, Nahum N., ed. *Hammer on the Rock: A Midrash Reader.* New York: Schocken Books, 1962.

──────. *On the Bible: 18 Studies.* New York: Schocken Books, 1968.

Goldman, Solomon. *In the Beginning.* Philadelphia: Jewish Publication Society of America, 1949.

Graves, Robert, and Patai, Raphael. *Hebrew Myths: The Book of Genesis.* New York: Greenwich House, 1983.

Greenberg, Moshe. *Understanding Exodus.* New York: Behrman House, 1969.

Herford, R. Travers. *Pirke Aboth, The Ethics of the Talmud: Sayings of the Fathers.* New York: Schocken Books, 1971.

Hertz, J.H., ed. *The Pentateuch and Haftorahs.* London: Soncino Press, 1966.

Heschel, Abraham J. *The Prophets*. Philadelphia: Jewish Publication Society, 1962.
Hirsch, Samson Raphael, trans. *The Pentateuch*. London, England: L. Honig and Sons Ltd., 1959.
The Interpreter's Bible. 12 vols. Nashville: Abingdon, 1951–1957.
Jacobson, B.S. *Meditations on the Torah*. Tel Aviv: Sinai Publishing, 1956.
Katz, Mordechai. *Lilmod Ul'lamade: From the Teachings of Our Sages*. New York: Jewish Education Program Publications, 1978.
Lamm, Maurice. *The Jewish Way in Death and Mourning*. New York: Jonathan David Publishers, 1975.
Leibowitz, Nehama. *Studies in Bereshit*. Jerusalem: World Zionist Organization, 1980.
———. *Studies in Shemot*. Jerusalem: World Zionist Organization, 1980.
———. *Studies in Vayikra*. Jerusalem: World Zionist Organization, 1980.
Samuel, Maurice. *Certain People of the Book*. New York: Alfred A. Knopf, Inc., 1955.
Sandmel, Samuel. *Alone Atop the Mountain: A Novel About Moses and the Exodus*. New York: Doubleday, 1973.
Sarna, Nahum M. *Understanding Genesis*. New York: Schocken Books, 1966.
Schneerson, Menachem M. *Torah Studies*. London: Lubavitch Foundation, 1986.
Silberman, A.M., ed. *Pentateuch with Rashi Commentary*. Jerusalem: Silbermann Family Publishers, 1933.
Silver, Abba Hillel. *Moses and the Original Torah*. New York: Macmillan, 1961.
Simon, Solomon, and Morrison, David Bial. *The Rabbis' Bible*. New York: Behrman House, 1966.
Speiser, E.A., trans. *The Anchor Bible: Genesis*. New York: Doubleday, 1964.
Van Doren, Mark, and Samuel, Maurice. *In the Beginning . . . Love*. Edited by Edith Samuel. New York: John Day Company, 1973.
Wiesel, Elie. *Messengers of God*. New York: Random House, 1976.
Zakon, Miriam Stark, trans. *Tz'enah Ur'enah: The Classic Anthology of Torah Lore and Midrashic Commentary*. Brooklyn, New York: Mesorah Publications Ltd./Hillel Press, 1983.
Zeligs, Dorothy F. *Psychoanalysis and the Bible*. New York: Bloch Publishing Company, 1974.

Zlotowitz, Meir, trans. *Bereishis*. Art Scroll Tanach Series. New York: Mesorah Publications Ltd., 1977–1981.

변순복. 창조홍수바벨탑이야기. 서울:정금, 2001.
———. 랍비들이 말하는 창세기. 서울: 로고스, 2003.
———. 시내산에서 들려오는 거룩한 음성 토라 상. 서울: 대서, 2015.

부록 1

유대인 절기 달력

민간행정력	종교력	태양력	기원과 의미	기간(일)	별자리	유대(이스라엘)절기
1 티슈리	히브리 달력의 첫 달, 니산월 7월	9-10	아카드어(Tashritu, 시작) 성경은 에다님(힘)월로 표기	30	천칭	1-2 로쉬 하샤나, 3 그다랴의 금식일(그다랴 총독의 암살을 기념(왕하 25:25)), 10대 속죄일, 15-21 초막절, 21 호산나 라바, 22 슈미니 아쩨레트 및 심하 토라
2 마르헤시반	티슈리 기준 둘째 달, 니산월 기준 8월	10-11	아카드어(Varhu samnu, 8번째 달), 헤시반으로 줄여 부른다. 성경은 '불월(Bul, 생산)'로 기록	29 혹은 30	전갈	
3 키슬레이브	티슈리 기준 3번째 달, 니산월 기준 9월	11-12	아카드어(Kislimu, Kislivu)	29 혹은 30	사수	25 하누카(테베트월 2 혹은 3일까지 8일간)
4 테베트	티슈리 기준 4번째 달, 니산월 기준 10월	12-1	아카드어(Tebeitu, 뜻은 '밑으로 지는 달'로 추정)	29	염소	1-3 하누카 마지막 3일, 10 테베트월 금식일(느부갓네살이 예루살렘을 포위)
5 슈바트	티슈리 기준 5번째 달, 니산월 기준 11월	1-2	아카드어(Shabatu, 폭우의 달)	30	물병	15 식목일
6 아달	티슈리 기준 6번째 달, 니산월 기준 12월	2-3	아카드어(Addaru, 타작하는 달)	29, 윤년(아달1은 30, 어덜 2는 29)	물고기	7 모세의 탄생과 죽음, 무명용사 기념일과 일치, 13 에스더 금식일, 14 부림절, 15 수산 부림절
7 니싼	유대 종교력 정월	3-4	아카드어(Nisannu), 성경은 아빕월(봄)로 기록	30	양	14 유월절 전야 15-21 유월절 16 오멜 계수(오순절까지 49일) 27 홀로코스트 기념일
8 이아르	니산월 기준 2월	4-5	아카드어(Ayaru), 성경에서는 시브월(광채)	29	황소	4 이스라엘 순교자(Fallen Solderirs) 기념일, 5 이스라엘 독립기념일, 18 라그 바오멜
9 시반	니산월 기준 3월	5-6	아카드어(simanu)	30	쌍둥이	6 오순절(혹은 칠칠절), 시내산에서 율법을 받은 날과 초실절을 기념
10 타무즈	니산월 기준 4월	6-7	바벨론어	29	게	17 타무즈 금식일(예루살렘이 무너짐)
11 아브	니산월 기준 5월	7-8	아카드어로 'Abu' 혹은 'Menahem(위로자) Av'	30	사자	9 아브월 9일 금식일(제1,2 성전 파괴), 15 포도원 축제
12 엘룰	니산월 기준 6월	8-9	아카드어(Elulu, 추수 혹은 추수기)	29	처녀	

부록 2   히브리어 알레프 베이트의 문자 변화의 역사

페니시안					히브리				사마리안
주전 1000	주전 8-7세기	주전 8세기	주전 7-1세기	새로운 형태	주전 1000	모압체 주전 850	주전 7세기	주전 6세기	주전 2세기	주전 13세기

(표 내용 – 각 행은 알파벳 한 글자의 시대별·지역별 자형 변천을 보여줌)

아람어				유대문자			라틴어
주전 7세기	주전 4세기	주전 5-4세기	주전 3세기	주전 100	주전 1세기	현대 히브리어	

							A
							B
							C G
							D
							E
							F U V W Y
							Z
							H
							I J
							K
							L
							M
							N
							X
							O
							P
							Q
							R
							S
							T

부록 3 　　　　　　　　　히브리어 문자의 발음

문자	숫자	이름	음역표기	발음
א	1	알레프	(ㅇ)	음가가 없다. 단어의 중간에 오면서 모음부호를 가지지 않으면 소리가 없으나 모음부호를 가지면 모음부호만 발음하면 된다.
בּ	2	베이트	b(ㅂ)	완전한 ㅂ소리(문자가 가슴에 점을 가짐)
ב			v(ᐯ)	영어에서 v소리 가벼운 ᐯ(문자가 점을 가지지 않음)
גּ	3	기멜	g(ㄱ)	완전한 ㄱ소리(문자가 점을 가진 때와 가지지 않을 때 발음이 동일하다)
ג			gh(ㄱ)	완전한 ㄱ소리
דּ	4	달레트	dh(ㄷ)	완전한 ㄷ소리(가슴에 점을 가질 때와 가지지 않을 때 발음이 동일하다)
ד			dh(ㄷ)	완전한 ㄷ소리
ה	5	헤이	h(ㅎ)	ㅎ소리
ו	6	바브	vw(ᐯ)	베이트가 가슴에 점을 가지지 않은 문자와 같은 소리
ז	7	자인	z(ㅈ)	ㅈ소리
ח	8	ㅎ케이트	ch(ㅎㅋ)	ㅎㅋ이 합쳐진 소리
ט	9	테이트	t(ㅌ)	ㅌ소리
י	10	요드	y(요)	영어의 y와 같은 음가로 한글 표기는 없다.
כּ,ךּ	20	카프	k(ㅋ)	가슴에 점을 가지면 ㅋ
כ,ך			kh(ㅋㅎ)	가슴에 점이 없으면 ㅋ과 ㅎ이 합쳐진 소리
ל	30	라메드	l(ㄹ)ㄹ	영어 l과 같은 소리로 한글 음가로는 ㄹ을 두번 발음하면 된다.
מ,ם	40	멤	m(ㅁ)	ㅁ 소리
נ,ן	50	눈	n(ㄴ)	ㄴ 소리
ס	60	싸메ㅎㅋ	s(ㅆ)	된ㅅ 소리
ע	70	아인	(ㅇ)	알레프와 마찬가지로 음가가 없다. 모음부호를 가지면 모음부호만 읽으면 된다.
פּ	80	페이	p(p)	가슴에 점을 가지면 ㅍ소리
פ			ph(f)	가슴에 점을 가지지 않으면 영어에서 f소리
צ,ץ	90	ㅊ자디	tz, ts(ㅊㅈ)	한글의 ㅊ과 ㅈ을 합친 소리

ק	100	코프	q(ㅋ)	ㅋ소리
ר	200	레이쉬	r(ㄹ)	영어에서 r소리로 한글 표기로는 ㄹ소리
שׁ	300	쉰	sh(쉬)	영어에서 sh소리로 한글 표기로는 쉬 소리
שׂ			s(ㅆ)	쉰의 왼쪽위에 점을 가지면 한글의 된ㅅ소리
תּ	400	타브	t(ㅌ)	ㅌ소리
ת			th(ㅌ)	가슴에 점을 가지나 가지지 않으나 동일하게 ㅌ소리

부록 4   모음 부호의 발음

	모음부호	이름	음역표기	발음
1) 장모음	אָ	카마츠가돌	ā	긴 ㅏ
	אֵ	체이레이	ē	길게 ㅔ이
	אִי	히릭가돌	i	긴 ㅣ
	אוֹ	홀람	ō	긴 ㅗ
	אוּ	슈룩	ū	긴 ㅜ
2) 단모음	אַ	파타흐	a	짧은 ㅏ
	אֶ	세골	e	짧은 ㅔ
	אִ	히릭카탄	i	짧은 ㅣ
	אָ	카마츠카탄	o	짧은 ㅗ
	אֻ	쿠부츠	u	짧은 ㅜ
3) 반모음	אְ	슈바	ᵉ	아주 짧게 ㅡ와 ㅓ가 합쳐진 발음
	אֲ		a	매우 짧은 ㅏ
	אֱ	하타프파타	e	매우 짧은 ㅔ
	אֳ	하타프카마츠	o	매우 짧은 ㅗ